Christel Stix

Gerichtliche und außergerichtliche Durchsetzung ziviler Rechtsansprüche

Rechtlicher Vergleich und ökonomische Analyse

Christel Stix

Gerichtliche und außergerichtliche Durchsetzung ziviler Rechtsansprüche

Rechtlicher Vergleich und ökonomische Analyse

DUV Deutscher Universitäts Verlag
GABLER · VIEWEG · WESTDEUTSCHER VERLAG

Die Deutsche Bibliothek — CIP-Einheitsaufnahme

Stix, Christel:
Gerichtliche und außergerichtliche Durchsetzung ziviler Rechtsansprüche : rechtlicher Vergleich und ökonomische Analyse / Christel Stix. — Wiesbaden : Dt. Univ.-Verl., 1992
(DUV : Wirtschaftswissenschaft)
Zugl.: Frankfurt (Main), Univ., Diss., 1991
ISBN-13: 978-3-8244-0115-4

Der Deutsche Universitäts-Verlag ist ein Unternehmen der Verlagsgruppe Bertelsmann International.

Gedruckt auf chlorarm gebleichtem und säurefreiem Papier

ISBN-13: 978-3-8244-0115-4 e-ISBN-13: 978-3-322-85644-9
DOI: 10.1007/ 978-3-322-85644-9

Geleitwort

In 1988 betrug die Anzahl der neu eingeleiteten Mahnverfahren rd. 5,5 Mio und die Anzahl der Zivilverfahren über alle Instanzen rd. 5,7 Mio. Der Zivilprozeß hat damit im Wirtschaftsleben eine erhebliche Bedeutung, er sollte daher in der praktischen Betriebswirtschaftslehre mehr Beachtung finden.
Mit der Monographie "Ökonomische Analyse des Zivilprozesses" hat M. Adams 1981 dieses Thema als Entscheidungsproblem in die Ökonomie eingeführt. Diese beachtliche Schrift ist die Grundlage für diese Arbeit.
Die Verfasserin bemüht sich sehr um den Leser, von dem sie implizit unterstellt, daß er kein Jurist, sondern Ökonom oder Praktiker ist. Deshalb gibt sie zunächst eine fundamentale Einführung in die Institution der Zivilgerichtsbarkeit, ihre Organisation und in das Rechtsprechungsverfahren. So etwas habe ich in dieser Kürze und Prägnanz noch nirgendwo gelesen: Zivilprozeß ganz klar! Selbstverständlich behandelt die Verfasserin auch die Kosten der Rechtsverfolgung, und zwar sowohl die Gerichts- als auch die Anwaltskosten. Diese Kosten spielen später bei der Optimierung der Prozeßentscheidung eine wesentliche Rolle. Sie sind dafür verantwortlich, daß prinzipiell die Vergleichsbereitschaft hoch sein sollte.
Bei der praktischen Durchsetzung von Rechtsansprüchen spielt das sogenannte Mahnverfahren eine große Rolle, das ebenfalls sorgfältig und kenntnisreich dargestellt wird.
In dem ersten Teil der Arbeit vermittelt die Verfasserin Wissen, mit dem man sich umfangreiche forensische Erfahrungen ersparen kann.
Immer um das praktische Problem einer kostengünstigen, erfolgreichen und möglichst friedlichen Durchsetzung von zivilrechtlichen Ansprüchen bemüht, beläßt es die Verfasserin nicht bei der Darstellung der klassischen Instrumente "Mahnverfahren und Zivilprozeß", sondern in einem weiteren Teil der Arbeit werden auch Schiedsgerichte und die erst in jüngster Vergangenheit entstandenen Schiedsstellen dargestellt, sozusagen Konkurrenzinstitutionen zur klassischen Zivilgerichtsbarkeit.

Die Etablierung der Schiedsstellen hat viele Ursachen. Einerseits schrecken die Zivilgerichte viele rechtsuchende Bürger durch ein rigides Verfahrensrecht, hohe Kosten, lange Prozeßdauer und wenig Bürgerfreundlichkeit ab. Andererseits haben in der Vergangenheit gewisse Branchen die Gewinnmaximierungsidee übertrieben und sind dadurch in öffentlichen Mißkredit geraten. Um dem entgegenzuwirken, haben die betreffenden Dachverbände mit der Einrichtung von Schiedsstellen entgegenzusteuern versucht.
Schiedsstellen gehören nicht gerade zum bevorzugten Interessengebiet der Juristen und auch nicht der Betriebswirtschaftslehre. Um so erstaunlicher ist, welche Informationen - häufig unterlegt mit interessanten Statistiken - die Verfasserin zu geben vermag.
Im weiteren befaßt sich die Verfasserin mit dem Formalproblem "Optimierung der Zivilprozeßentscheidung". Zunächst gibt sie einen Überblick über die elementaren Methoden der Entscheidungstheorie und wendet sich dann dem Adams'schen Zivilprozeßmodell zu, das zunächst knapp und präzise dargestellt wird. Die Verfasserin erweitert dieses Modell einerseits durch eine genauere Behandlung der Vergleichsmarge und andererseits durch explizite Einbeziehung des Stillhalte- und Anerkenntnisbereichs, mögliche Handlungsalternativen, die Adams nicht genauer verfolgt hat. Die Verfasserin kann zeigen, daß diese beiden Bereiche die Prozeßbereitschaft erheblich steigern: Der Vorteil, der dadurch entsteht, den Gegner durch Unnachgiebigkeit zum Anerkenntnis bzw. zum Stillhalten zu bringen, ist so groß, daß viele Fälle, die eigentlich im Vergleich enden sollten, schließlich "vor dem Kadi" landen.
Eine ungewöhnliche Arbeit, in der die drei Gebiete Recht, Betriebswirtschaft und Praxis unter einen Hut gebracht werden.

Prof. Dr. Hans G. Bartels

Vorwort

Die vorliegende Publikation wurde im Sommersemester 1991 vom Fachbereich Wirtschaftswissenschaften der Johann Wolfgang Goethe-Universität in Frankfurt am Main als Dissertation unter dem Titel "Durchsetzung ziviler Rechtsansprüche vor ordentlichen Gerichten und Schiedsstellen - Rechtlicher Vergleich und ökonomische Analyse" angenommen.

Die Anregung zu dieser Arbeit gab mir mein akademischer Lehrer und Doktorvater, Herr Prof. Dr. Hans G. Bartels. Die Entstehung der Dissertation hat er unter anderem mit wertvollen Denkanstößen und konstruktiver Kritik in besonderem Maße gefördert und begleitet. Für seine motivierenden Anregungen und unterstützende Hilfe danke ich ihm von Herzen.

Besonderer Dank gebührt auch Herrn Prof. Dr. Rudolf Gümbel, der Interesse an der Thematik zeigte, das Korreferat übernahm und mir durch seine Flexibilität eine dreimonatig frühere Promotion ermöglichte.

Danken möchte ich an dieser Stelle auch all jenen, die mit Engagement, Interesse, Verständnis und praktischer Hilfestellung zum Gelingen der Arbeit beigetragen haben.

Die Interessengemeinschaft Frankfurter Kreditinstitute hat sich mit einem Förderbeitrag an den Kosten der Veröffentlichung beteiligt, worüber ich mich gefreut habe und Dank sage.

Christel Stix

Inhaltsverzeichnis

Abbildungsverzeichnis

Tabellenverzeichnis

Abkürzungsverzeichnis

a.A. - anderer Ansicht
Abb. - Abbildung
Abk. - Abkürzung
Abs. - Absatz
Abschn. - Abschnitt
ADAC - Allgemeiner Deutscher Automobilclub
AGB-Gesetz - Gesetz zur Regelung des Rechts der Allgemeinen Geschäftsbedingungen
Anh. - Anhang
AntrG. - Antragsgegner
AntrSt. - Antragsteller
ArbGG - Arbeitsgerichtsgesetz
Art. - Artikel
Aufl. - Auflage
BB - Betriebs-Berater
Bd. - Band
BGB - Bürgerliches Gesetzbuch
BGBl. - Bundesgesetzblatt
BGH - Bundesgerichtshof
BGHZ - Entscheidung des Bundesgerichtshofs in Zivilsachen
ber. - berichtigt
BeurkG - Beurkundungsgesetz
BRAGO - Bundesgebührenordnung für Rechtsanwälte
BRAO - Bundesrechtsanwaltsordnung
bzw. - beziehungsweise
DAT - Deutsche Automobil Treuhand GmbH
d.h. - das heißt
Diss. - Dissertation
DM - Deutsche Mark
DRiG - Deutsches Richtergesetz
DTV - Deutscher Textilreinigungsverband
EGGVG - Einführungsgesetz zum Gerichtsverfassungsgesetz
EGZPO - Gesetz, betreffend die Einführung der Zivilprozeßordnung

Einf.	- Einführung
einschl.	- einschließlich
etc.	- et cetera
e.V.	- eingetragener Verein
f.	- folgende
ff.	- fortfolgende
FFG	- Gesetz über die Angelegenheiten der freiwilligen Gerichtsbarkeit
GE	- Geldeinheiten
gem.	- gemäß
GG	- Grundgesetz für die Bundesrepublik Deutschland
GKG	- Gerichtskostengesetz
GmbH	- Gesellschaft mit beschränkter Haftung
Grundz.	- Grundzüge
GS.	- Gebührensatz
GVG	- Gerichtsverfassungsgesetz
GWB	- Gesetz gegen Wettbewerbsbeschränkungen
HGB	- Handelsgesetzbuch
h.M.	- herrschende Meinung
hrsg.	- herausgegeben
HWO	- Gesetz zur Ordnung des Handwerks
incl.	- inclusive
insbes.	- insbesondere
i.S.d.	- im Sinne des
i.V.m.	- in Verbindung mit
JBeitrO	- Justizbeitreibungsordnung
Jg.	- Jahrgang
JGG	- Jugendgerichtsgesetz
JUS	- Juristische Schulung
JZ	- Juristenzeitung
Kap.	- Kapitel
Kfz.	- Kraftfahrzeug
KG	- Kommanditgesellschaft
Kost.Verz.	- Kostenverzeichnis
lt.	- laut
MDR	- Monatsschrift für Deutsches Recht
MHG	- Gesetz zur Regelung der Miethöhe
Mio	- Millionen

NJW	- Neue Juristische Wochenschrift
Nr.	- Nummer
OBL	- Oberstes Bayerisches Landgericht
o.g.	- oben genannte
OHG	- Offene Handelsgesellschaft
OLG	- Oberlandesgericht
p.a.	- per annum
PatG	- Patentgesetz
RGBl.	- Reichsgesetzblatt
RGZ	- Reichsgericht Rechtsprechung in Zivilsachen
RpflG	- Rechtspflegergesetz
RZ.	- Randziffer
S.	- Seite
sog.	- sogenannte
StGB	- Strafgesetzbuch
StVZO	- Straßenverkehrs-Zulassungsordnung
s.u.	- siehe unten
Tab.	- Tabelle
u.a.	- unter anderem
u.U.	- unter Umständen
UWG	- Gesetz gegen den unlauteren Wettbewerb
vgl.	- vergleiche
Vorbem.	- Vorbemerkung
WEG	- Gesetz über das Wohnungseigentum und das Dauerwohnrecht
z.B.	- zum Beispiel
ZDK	- Zentralverband des Kraftfahrzeuggewerbes
ZfB	- Zeitschrift für Betriebswirtschaft
Ziff.	- Ziffer
ZPO	- Zivilprozeßordnung
ZRP	- Zeitschrift für Rechtspolitik
ZSEG	- Gesetz über die Entschädigung von Zeugen und Sachverständigen
ZVG	- Gesetz über die Zwangsversteigerung und die Zwangsverwaltung
ZVK	- Zentralverband des Kraftfahrzeughandwerks
ZZP	- Zeitschrift für Zivilprozeß

Symbolverzeichnis

A	- Anerkenntnisbereich
$\hat{a}$	- Risikobereitschaft des Entscheiders
A_a	- Anzahl der möglichen Handlungsalternativen ($a = 1,...,n$)
A_B^{max}	- Höchstangebot des Beklagten gegenüber dem Kläger
AS	- Anerkenntnis- und Stillhaltebereich
eas	- Ergebnisse der Zuordnung von Handlungsalternative zu Umweltzustand
$\bar{e}_{as}$	- Alternative mit sicherer Einnahme bzw. Ausgabe
E_B	- Erwartete Ausgabe des Beklagten bei einem Zivilprozeßverfahren
E_K	- Erwartete Einnahme/Ausgabe des Klägers bei einer Prozeßentscheidung
F_K^{min}	- Mindestforderung des Klägers gegenüber dem Beklagten
G	- Strittiger Geldbetrag
K	- Erwartete Prozeßkosten
M	- Vergleichsmarge
p^*	- Präferenzwahrscheinlichkeit
p_A	- Wahrscheinlichkeit für eine Anerkennung
p_B	- Subjektive Wahrscheinlichkeitsannahme des Beklagten für einen Prozeßgewinn
p_K	- Subjektive Wahrscheinlichkeitsannahme des Klägers für einen Prozeßgewinn
p_P	- Wahrscheinlichkeit für einen Prozeß
p_V	- Wahrscheinlichkeit für einen Vergleich
S	- Stillhaltebereich
S_s	- Anzahl der möglichen Umweltzustände ($s = 1,...,m$)
U	- Nutzenfunktion
$U(e_{as})$	- Nutzenwert von $e_{(as)}$

V	- Vergleichsbereich
Z	- Vergleichszahlung
Z_{as}	- Wert der Zielgröße bei Wahl der entsprechenden Handlungsalternative A_a und Eintreten des entsprechenden Umweltzustandes S_s
Z_B	- Vergleichszahlung des Beklagten
Z_K	- Vergleichszahlung des Klägers
Z^P	- Erwartete Zahlung des Anspruchgegners an den Anspruchsteller bei gerichtlicher Entscheidung des Streitfalls
Z^V	- Zahlung des Anspruchgegners an den Anspruchsteller im Rahmen eines Vergleichs

A. Einleitung: Zur Fragestellung und Konzeption der Arbeit

I. Problemstellung: Die Ermittlung rechtlicher und ökonomischer Komponenten als Entscheidungskriterium zur Durchsetzung ziviler Rechtsansprüche - ein betriebswirtschaftliches Problem der Praxis

Eine in der juristischen Literatur getroffene Feststellung lautet: Rechtliche Ordnung ist kein Bestandteil der außermenschlichen Natur, sondern eine "Ordnung unter Menschen, für Menschen und durch Menschen".[1] Die Rechtsordnung liegt folglich in der Gesellschaft begründet, die, wie die Realität zeigt, keineswegs konfliktfrei ist.

Trotz bestehender Rechtsordnung und des Wissens um auftretende Konflikte werden tagtäglich Rechtsgeschäfte vorgenommen, bei deren Abschluß die Beteiligten häufig in Unkenntnis zumindest der Feinheiten des geltenden Rechts handeln. Treten Konflikte ein, erfolgt im allgemeinen die sorgfältige Recherche der rechtlichen Regelungen erst dann, wenn eine gütliche Einigung zwischen den Konfliktparteien scheitert. Der Rückgriff auf das geltende Recht liegt u.a. in dem Verbot der Selbstjustiz begründet, wonach - von wenigen Ausnahmen abgesehen - die Durchsetzung eines Rechts gegenüber einem anderen nicht mit eigener, privater Gewalt durchgeführt werden darf.[2]

Das Verbot der Selbstjustiz ergibt sich aus der Verfassung, insbesondere aus Artikel 20 Abs.2 GG: "Alle Staatsgewalt geht vom Volke aus. Sie wird vom Volke in Wahlen und Abstimmungen und durch besondere Organe der Gesetzgebung, der vollziehenden Gewalt und der Rechtsprechung ausgeübt." Da nach der Verfassung die Gewaltanwendung ausschließlich staatlichen Organen vorbehalten ist (staatliches Gewaltmonopol), ist der Staat auch zur Justizgewährung verpflichtet, d.h., Rechtspflegeorgane zu schaffen und den Gang des Verfahrens zu regeln.[3] Die Justizgewährungspflicht erzeugt gleichzeitig für den Einzelnen ein sub-

---

1) CUBE-HADDING (1978), S. 227

2) Selbsthilfe als natürliche Reaktion zur Wahrung von Rechten ist nur in engem Rahmen zulässig, z.B. §§ 227, 228, 229, 230, 859 BGB; § 32 StGB

3) Vgl. MODEL-CREIFELDS (1987), Nr. 204, S. 386

jektiv öffentliches Recht gegenüber dem Staat. Das Justizanspruchsrecht verpflichtet die um Rechtsschutz angerufenen Gerichte, im Rahmen und nach Maßgabe der jeweiligen Verfahrensordnung tätig zu werden.

Vor Inanspruchnahme des subjektiv öffentlichen Rechts bzw. vor gerichtlicher Austragung eines Rechtsstreits sollte der Rechtsschutzsuchende, da ein gerichtliches Verfahren mit Kosten, Zeitaufwand, psychischen und physischen Belastungen verbunden ist, rechtliche und ökonomische Beurteilungen vornehmen, die insbesondere Aufschluß darüber geben, ob

- die rechtlichen Voraussetzungen, die an ein gerichtliches Verfahren geknüpft und für den Erhalt eines Sachurteils notwendig sind, aus juristischer Sicht vorliegen,

- die Anstrebung eines gerichtlichen Verfahrens in bezug auf die Erfolgsaussicht und der sich aus der richterlichen Entscheidung ergebenden Kosten vorteilhaft ist oder

- aus rechtlichen und ökonomischen Gesichtspunkten einer außergerichtlichen Beilegung des Rechtsstreits durch gütliche Einigung oder Inanspruchnahme einer außergerichtlichen Institution der Vorzug zu geben ist.

Beurteilungen in bezug auf das Vorliegen der rechtlichen Voraussetzungen, die insbesondere bei gerichtlicher Klärung des Streitfalls von Bedeutung sind, bereiten einem Nichtjuristen im Regelfall Schwierigkeiten, da sowohl detaillierte Bestimmungen zur Begründung und Beweislage des Anspruchs als auch gesetzliche Formvorschriften, insbesondere Verfahrensvorschriften, zur Durchsetzung des Anspruchs nicht oder nur unzureichend bekannt sind. Auch unter Zuhilfenahme der juristischen Literatur, deren Aufbau und Sprachtermini oftmals undurchdringbar erscheinen, bleiben dem juristisch nicht Versierten die konkrete Rechtslage und die Möglichkeiten zur rechtlichen Durchsetzung des Anspruchs häufig unklar. Bei subjektivem Empfinden im Recht zu sein, werden Rechtsschutzsuchende die Klärung des Rechtsstreits

einem Rechtsanwalt übertragen. Bei Vorliegen eines materiellrechtlichen Anspruchs und Nichtanerkennung des geltend gemachten Rechtsanspruchs seitens des Konfliktgegners wird der Rechtsanwalt, nicht zuletzt wegen des bei gerichtlicher Austragung höheren Honorars, zur Durchsetzung des Rechtsanspruchs im allgemeinen ein staatliches Gericht anrufen.
Unabhängig von der Hinzuziehung eines Rechtsanwalts begründet sich die häufige Anrufung des staatlichen Gerichts mit dem geringen Bekanntheitsgrad von Institutionen, wie Schiedsgerichten und Schiedsstellen, die zur außergerichtlichen Klärung bestimmter ziviler Rechtsstreitigkeiten zur Verfügung stehen.

Ökonomische Beurteilungen, welcher Rechtsverfolgung - Anstrebung eines gerichtlichen Verfahrens, gütliche Einigung oder Einschaltung einer außergerichtlichen Institution - der Vorzug zu geben ist, werden in der Praxis kaum vorgenommen. Im allgemeinen werden nur die Kosten des gerichtlichen Verfahrens und bei Inanspruchnahme eines Rechtsanwalts dessen Honorar anhand von Gebührentabellen im voraus berechnet und die Kosten dem jeweiligen Anspruch gegenübergestellt. Eine detaillierte ökonomische Analyse, welcher der möglichen Rechtsverfolgungsalternativen unter Berücksichtigung der Erfolgs- und Kostenkomponente der Vorzug zu geben ist, unterbleibt.

Die unzureichend vorgenommenen rechtlichen und ökonomischen Beurteilungen können jedoch kaum der Praxis vorgeworfen werden, denn zur Abwägung der Rechtsverfolgungsmöglichkeiten sowie des Erfolgs- und Kostenrisikos ist sowohl die Rechtswissenschaft als auch die Betriebswirtschaftslehre aufgerufen, entsprechende Entscheidungskriterien zu liefern.

In der juristischen Literatur werden zwar in unterschiedlicher Form zivile Rechtsansprüche und Möglichkeiten zu deren Durchsetzung aufgezeigt, doch werden notwendige rechtliche Voraussetzungen zur Durchsetzung des Rechtsanspruchs sowie die Rechtsverfolgungsalternativen nicht im Zusammenhang dargestellt.[4] Bedingt durch die unterschiedliche Rechtslage des Einzelfalls und die Komplexität der Gesetzesvorschriften, ist die Forderung nach expliziter Begründung und Rechtfertigung eines jeden zivilen Rechtsanspruchs unrealistisch und nicht erfüllbar. Unabhängig davon liefert die Rechtswissenschaft jedoch keine überschaubaren Lösungskonzepte hinsichtlich der rechtlichen Voraussetzungen zur Durchsetzung eines zivilrechtlichen Anspruchs unter Berücksichtigung von Gegnerverhalten, Kosten und bestehenden Rechtsverfolgungsalternativen.

Erklärungsansätze zur Lösung rechtlicher Konflikte werden in deutschsprachigen wissenschaftlichen Veröffentlichungen seit den 70er Jahren zunehmend aufgestellt.[5] Den entwickelten Theorien liegen jedoch vornehmlich rechtssoziologische und psychologische Ansätze zugrunde, die in bezug auf die Beendigungsart einer Zivilstreitigkeit nur eine normative Entscheidungs- und Orientierungshilfe bieten. Einige Forschungsansätze zur ökonomischen Analyse des Rechts[6] liefern dagegen Entscheidungskriterien, unter welchen Bedingungen einer gütlichen Einigung oder einer gerichtlichen Entscheidung der Vorzug zu geben ist. Neueren Datums ist eine ökonomische Untersuchung von Roehl,[7] der anhand eines theoretischen Erklärungsmodells darstellt, unter welcher Bedingung ein Arbeitsgerichtsverfahren durch streitiges Urteil oder durch gütliche Einigung in Form eines Prozeßvergleichs beendet werden sollte.
Im Gegensatz zu Roehl, der innerhalb eines Arbeitsgerichtsverfahrens die zur Verfügung stehenden Einigungsmöglichkeiten analysiert, konzentriert sich eine Veröffentlichung von Adams[8] auf die Klärung der Frage, unter welchen ökonomischen Bedingun-

4) Vgl. statt aller BAUMBACH-LAUTERBACH (1990); BAUR (1989); BAUMGÄRTEL (1986); ROSENBERG-SCHWAB (1986); STEIN-JONAS (1984); THOMAS-PUTZO (1987)
5) Vgl. statt aller FREUND (1981); WEBER (1978); STRUCK (1975); WASSERMANN (1978); LUHMANN (1969); RÖHL-RÖHL (1979); alle mit weiteren Literaturhinweisen
6) Vgl. zur ökonomischen Analyse des Rechts ASSMANN (1978); KIRCHNER (1978); POSNER (1978)
7) Vgl. RÖHL (1985)
8) Vgl. ADAMS (1981)

gen ein Verfahren vor ordentlichen Gerichten einer außergerichtlichen Beilegung des Rechtsstreits und umgekehrt vorzuziehen ist. In diesen Modellen berücksichtigt Adams auch Einflußfaktoren, wie z.B. Rechtsschutzversicherungen, welche die Prozeßentscheidung beeinflussen. Auf das Zusammenwirken von rechtlichen und ökonomischen Faktoren wird in der Untersuchung jedoch nur ansatzweise eingegangen. Rechtliche Kriterien, wie die Art der vor ordentlichen Gerichten ausgetragenen Rechtsstreitigkeiten, gerichtliche Verfahrensvoraussetzungen, Reaktionsmöglichkeiten des Konfliktgegners auf den geltend gemachten Anspruch, prozessuale Einigungsmöglichkeiten sowie die annähernde Bestimmung der Kosten eines gerichtlichen Verfahrens werden vernachlässigt. Unberücksichtigt bleibt auch, daß bestimmte zivile Rechtsstreitigkeiten durch Schiedsgerichte oder Schiedsstellen geklärt werden können.

In vorliegender Untersuchung wird der Versuch unternommen, rechtliche und ökonomische Kriterien aufzuzeigen, die in ihrer Gesamtheit - unter individueller Berücksichtigung der Gegebenheit des einzelnen Streitfalls - eine Entscheidungshilfe bieten, welcher Rechtsverfolgungsalternative der Vorzug zu geben ist.

II. Gang der Untersuchung

Der juristische Teil der vorliegenden Untersuchung, der sich auf die Klärung ziviler Rechtsstreitigkeiten vor ordentlichen Gerichten und Schiedsstellen bezieht, zeigt die wesentlichen rechtlichen Kriterien auf, die bei institutioneller Austragung des Rechtsstreits erfüllt sein müssen, um den geltend gemachten Rechtsanspruch mit Erfolg durchzusetzen. Die Darlegung der Kriterien erfolgt analog der Rechtsverfolgungspraxis in systematischer Form. Nach Bestimmung von Zuständigkeitsbereich, Organisation und Entscheidungsgremium der jeweiligen Institution werden die rechtlichen Voraussetzungen für ein Sachurteil oder einen Schiedsspruch ermittelt und die rechtlichen Konsequenzen bei deren Nichtvorliegen aufgezeigt. Des weiteren wird das mögliche Gegnerverhalten in bezug auf den geltend gemachten Rechtsanspruch analysiert sowie das Rechtsverhältnis zwischen Rechtsanwalt und Mandant geklärt.
Nach Festlegung der rechtlichen Voraussetzungen folgt die Darstellung des gerichtlichen Zivilprozeßverfahrens und des außergerichtlichen Schiedsstellenverfahrens, wobei der Schwerpunkt auf einzuhaltende Verfahrensvorschriften, gerichtliche und vorprozessuale gütliche Einigungsmöglichkeiten und die Verfahrensbeendigung durch Urteilsspruch/Schiedsspruch gerichtet ist.
Die Beurteilung der rechtlichen Wirkung von Urteils- und Schiedsspruch und die Ermittlung der Kosten zur Durchsetzung des Rechtsanspruchs beenden den juristischen Teil der Untersuchung.

Eines der wichtigen Ziele ökonomischer Überlegungen ist es, Hilfestellung zur Lösung wirtschaftlicher Entscheidungsprobleme zu geben. Die Zielsetzung des ökonomischen Teils der vorliegenden Untersuchung besteht folglich darin, einen Beitrag zu leisten, der die Auswahl der jeweiligen Rechtsverfolgungsalternative aus ökonomischen Gesichtspunkten rechtfertigt.
Bei Klärung eines Rechtsstreits bevorzugen Konfliktparteien im allgemeinen diejenige Rechtsverfolgungsalternative, welche die höchste Einnahme bzw. geringste Ausgabe verspricht. Unter die-

sem Gesichtspunkt werden, bezogen auf einen exemplarischen Rechtsstreit, einige klassische betriebswirtschaftliche Entscheidungsregeln unter Risiko dahingehend untersucht, ob mit deren Hilfe die optimale Rechtsverfolgungsalternative ausgewählt werden kann.
Grundlage der weiteren Untersuchung ist das von Adams[1] entwickelte Zivilprozeßmodell. Es liefert den Konfliktparteien konkrete ökonomische Entscheidungsregeln, unter welchen Bedingungen eine gütliche Einigung dem Richterspruch und umgekehrt vorzuziehen ist.
Mit Weiterentwicklung des Adams'schen Modells in bezug auf Bestimmung der außergerichtlichen Vergleichszahlung, Auswirkung von Anerkenntnis- und Stillhaltebereitschaft der jeweiligen Konfliktpartei auf den geltend gemachten Anspruch bzw. Durchsetzung des Anspruchs und die Bestimmung von Einflußfaktoren auf das entwickelte Modell, insbesondere der Einfluß von Schiedsstellen, werden weitere ökonomische Entscheidungskriterien ermittelt, die bei Durchsetzung eines zivilen Rechtsanspruchs zu beachten sind.

---

1) Vgl. ADAMS (1981); das Modell wurde zur wohlfahrstheoretischen Analyse der Wirkung von Rechtsschutzversicherungen entwickelt.

B. Die Durchsetzung ziviler Rechtsansprüche vor ordentlichen Gerichten

I. Das ordentliche Gericht als Instrument der ordentlichen Gerichtsbarkeit

1. Begriffsbestimmung

In Anbetracht der Vielfalt der Rechtsgebiete hat der Gesetzgeber folgende Gerichtsbarkeiten geschaffen (Art. 95 Abs.1 GG):

- Ordentliche Gerichtsbarkeit
- Arbeitsgerichtsbarkeit
- Verwaltungsgerichtsbarkeit
- Sozialgerichtsbarkeit
- Finanzgerichtsbarkeit

Aus den unterschiedlichen Gerichtsbarkeiten resultiert, daß zivile Rechtsstreitigkeiten nicht einer beliebigen Gerichtsbarkeit unterliegen, sondern vorwiegend und durch Gesetz bestimmt der ordentlichen Gerichtsbarkeit, die durch das ordentliche Gericht ausgeübt wird.[1)] Eine explizite Definition des Begriffs "ordentliche Gerichtsbarkeit" oder "ordentliches Gericht" findet sich weder im Grundgesetz noch im Gerichtsverfassungsgesetz, in welchem der Aufbau und die Organisation der ordentlichen Gerichte geregelt ist. Erst der Rückgriff auf das Einführungsgesetz zum Gerichtsverfassungsgesetz vom 27.01.1877 macht deutlich, daß der ordentlichen Gerichtsbarkeit ursprünglich alle Rechtsstreitigkeiten unterlagen, die vor unabhängigen Gerichten, den sogenannten ordentlichen Gerichten, ausgetragen wurden.[2)] Zu den unabhängigen Gerichten zählten grundsätzlich nur diejenigen Gerichte, die mit äußerer und innerer Unabhängigkeit, d.h. besetzt mit persönlich und sachlich unabhängigen Richtern, zur Entscheidung von Rechtsstreitigkeiten berufen wa-

---

1) Vgl. MODEL-CREIFELDS (1987), Nr. 204, 205, S. 386 ff.; HEINTZMANN (1985), S. 220 ff.
2) Vgl. zur Organisation der Gerichtsbarkeit WOLF (1987), Kap. 1, S. 43 - 151

ren. Mit Ausnahme von einigen Spezialspruchkörpern im Bereich des heutigen Sozialrechts bestanden keine weiteren unabhängigen Gerichtszweige. Gerichte der Verwaltungs- und Finanzgerichtsbarkeit waren demnach keine unabhängigen Gerichte, sondern organisatorisch der Verwaltung eingegliedert und deren Weisung unterworfen.

Seit Inkrafttreten des Grundgesetzes im Jahr 1949 gelten alle in der Bundesrepublik Deutschland und West-Berlin bestehenden Gerichte, dem Gewaltenteilungsprinzip entsprechend, als unabhängige Gerichte.[3] Die historisch begründete Bezeichnung "ordentliche Gerichtsbarkeit" wurde als feststehender Begriff beibehalten und steht heute als Oberbegriff für die Strafgerichtsbarkeit und die Zivilgerichtsbarkeit, welche sich nochmals in freiwillige und streitige Gerichtsbarkeit unterteilt.
Die rechtliche Unterscheidung in Zivil- und Strafgerichtsbarkeit liegt in der Art der Rechtsverfolgung begründet.[4] Während die Strafgerichtsbarkeit in erster Linie den Strafanspruch des Staates gegenüber dem Einzelnen verfolgt, regelt die Zivilgerichtsbarkeit die Feststellung und Durchsetzung von Rechten, wobei sich die am Rechtsverhältnis Beteiligten rechtlich "gleichberechtigt" gegenüberstehen.
Im Gegensatz zu der Zivil- und Strafgerichtsbarkeit ist eine exakte Abgrenzung zwischen den beiden Gerichtsbarkeiten der Zivilgerichtsbarkeit, der streitigen und freiwilligen Gerichtsbarkeit, bis zum gegenwärtigen Zeitpunkt nicht gelungen. Nach herrschender Meinung[5] verfolgt die streitige Gerichtsbarkeit primär die Durchsetzung streitiger Rechte oder Rechtsansprüche, während die freiwillige Gerichtsbarkeit eher auf die Gestaltung von Rechten und Rechtsverhältnissen gerichtet ist.

---

3) Vgl. LEIBHOLZ-RINCK (1990), Art. 95, S. 816 ff.; MAUNZ-DÜRIG (1990), Art. 95, S. 4 - 24
4) Vgl. BERNHARDT (1968), § 7, S. 53 ff.
5) Vgl. KEIDEL-KUNTZE (1987), § 1, S. 81 - 107; PFEUFFER (1984), S. 942; BUMILLER-WINKLER (1987), § 1, S. 6 - 10; BASSENGE-HERBST (1990), S. 31 ff.; zu den Aufgaben der freiwilligen Gerichtsbarkeit zählen insbesondere Vormundschafts- und andere Familiensachen, Personenstandssachen, Nachlaß-, Grundbuch-, Register- und Handelssachen, Landwirtschaftssachen, Beurkundungen und Beglaubigungen.

Unter dem Gesichtspunkt, daß sich diese Untersuchung auf Rechtsstreitigkeiten konzentriert, findet die ordentliche streitige Gerichtsbarkeit zur Erledigung von Zivilsachen Anwendung, die durch das ordentliche Gericht in Zivilsachen ausgeübt wird.

2. Die streitige Gerichtsbarkeit in Zivilsachen als Teilgerichtsbarkeit der ordentlichen Gerichtsbarkeit und das ihr staatlich zugeordnete Gericht

2.1. Abgrenzung und Zuständigkeitsbereich der ordentlichen streitigen Gerichtsbarkeit zur Erledigung von Zivilsachen

Der ordentlichen streitigen Gerichtsbarkeit in Zivilsachen, nachfolgend als streitige Zivilgerichtsbarkeit bezeichnet, unterliegen nach §§ 12, 13 Gerichtsverfassungsgesetz (GVG) alle bürgerlichen Rechtsstreitigkeiten. Dazu zählen alle Streitfälle, in denen sich Parteien über Rechtsverhältnisse und Rechtsfolgen des Privatrechts auseinandersetzen.[6)] Der Konkretisierung auf das Privatrecht folgend, bedarf es zur Feststellung und Abgrenzung von bürgerlichen und nicht bürgerlichen Rechtsstreitigkeiten der Klärung der privatrechtlichen Gesetzesgrundlage sowie der Gegenüberstellung von Privatrecht und Rechtsgebieten, die nicht dem Privatrecht zuzuordnen sind.

Gesetzesgrundlage des allgemeinen Privatrechts bildet das Zivilrecht,[7)] das im Bürgerlichen Gesetzbuch (BGB) und in einigen

---

6) Vgl. BAUR (1989), § 5 II. 2., RZ. 59, S. 52; ROSENBERG-SCHWAB (1986), § 14 II. 5. und 8., S. 68, 69, 72; ZEISS (1989), § 2 I., RZ. 8, S. 4; HEINTZMANN (1985), S. 220 ff.

7) Vgl. HELDRICH (1983), S. 43 f.; der Begriff "Zivilrecht" geht auf das römische Recht der Antike zurück und ist eine Übersetzung des lateinischen "jus civile".

Nebengesetzen[8)] kodifiziert ist. Das Zivilrecht, auch Bürgerliches Recht genannt,[9)] umfaßt die für alle Bürger geltenden privatrechtlichen Gesetzesvorschriften und bildet zugleich den allgemeinen rechtlichen Rahmen, in welchen sich der Lebensweg einer natürlichen Person einfügen läßt.[10)] So enthält das Zivilrecht z.B. Vorschriften über die Rechtsfolgen der Geburt, den Abschluß von Verträgen zur Sicherung der materiellen Lebensumstände (Kauf, Miete, Eingehung eines Arbeitsverhältnisses), die Gründung einer Familie und die Verteilung des Vermögens an die Erben.
Das im Zivilrecht zusammengefaßte allgemeine Privatrecht wird durch eine Reihe von Sondergesetzen ergänzt, die für bestimmte Berufsgruppen oder Wirtschaftsbereiche Anwendung finden und dem Sonderprivatrecht zuzuordnen sind.[11)] Zu diesen Sondergesetzen zählen insbesondere das Handelsrecht als Sonderrecht für Kaufleute, das Arbeitsrecht als Sonderrecht der Arbeitnehmer, das Gesellschaftsrecht als Sonderrecht der handelsrechtlichen Gesellschaft, das Wirtschaftsrecht als Sonderrecht der gewerblichen Wirtschaft sowie das Sonderrecht der Urheber und Erfinder. Soweit die Sondergesetze keine Spezialregelung enthalten, bleiben die Beziehungen der Personen bzw. der von ihnen geschaffenen privaten Organisationen weiterhin dem allgemeinen Zivilrecht unterworfen.

Die Bedeutung des Privatrechts im Rahmen der gesamten staatlichen Rechtsordnung erschließt sich erst voll in der Gegenüberstellung von Rechtsgebieten, die nicht dem Privatrecht, sondern

---

8) Zu den Nebengesetzen zählen z.B. das Gesetz zur Regelung des Rechts der Allgemeinen Geschäftsbedingungen, das Gesetz zur Regelung der Miethöhe, das Beurkundungsgesetz und das Gesetz über das Wohnungseigentum und das Dauerwohnrecht.
9) Aus dem Zivilrecht läßt sich auch der im Sprachgebrauch verwendete Terminus "zivile Rechtsstreitigkeiten" ableiten, der als Synonym des juristischen Begriffs "bürgerliche Rechtsstreitigkeiten" anzusehen ist.
10) Vgl. HELDRICH (1983), S. 45
11) Vgl. HELDRICH (1983), S. 45 f.

dem öffentlichen Recht zuzuordnen sind.[12] Während sich bei Anwendung des Privatrechts die am Rechtsverhältnis Beteiligten prinzipiell gleichberechtigt gegenüberstehen, regelt das öffentliche Recht die Funktionsweise des Staates und anderer Träger hoheitlicher Gewalt, wie z.B. Gemeinden, Landkreise, Sozialversicherungsträger oder Universitäten.[13] Entscheidend für die Zuordnung der Rechtsstreitigkeit zum öffentlichen Recht ist zunächst, daß an dem Rechtsgeschäft ein Träger hoheitlicher Gewalt als Partei beteiligt ist. Da aber auch Träger hoheitlicher Gewalt am allgemeinen Geschäftsleben, welches im Privatrecht geregelt ist, beteiligt sind, bedarf der Zuordnungsgrundsatz zur Begründung der Anwendung des öffentlichen Rechts einer Erweiterung. Die Zuordnung der Rechtsstreitigkeit zum öffentlichen Recht und dessen Anwendung ist grundsätzlich nur dann gegeben, wenn der Staat bzw. Träger hoheitlicher Gewalt in hoheitlicher Funktion auftreten, d.h., es muß sich um Tatbestände handeln, die nur von Trägern öffentlicher Gewalt gesetzt werden können.[14]

Die nach dieser Abgrenzung von Privatrecht und öffentlichem Recht naheliegende Vermutung, daß bürgerliche Rechtsstreitigkeiten grundsätzlich der streitigen Zivilgerichtsbarkeit unterliegen und vor ordentlichen Gerichten in Zivilsachen verhandelt werden, ist nur bedingt richtig. So unterliegen z.B. Rechtsstreitigkeiten zwischen Arbeitgebern und Arbeitnehmern, obwohl zu den bürgerlichen Rechtsstreitigkeiten zählend und daher dem Privatrecht unterworfen, nicht der streitigen Zivilgerichtsbarkeit als Teilgerichtsbarkeit der ordentlichen Gerichtsbarkeit, sondern der Arbeitsgerichtsbarkeit.[15] Der streitigen Zivilge-

---

12) Vgl. zum Stand der Meinungen über die Unterscheidung von öffentlichem und privatem Recht SCHELLHAMMER (1984), Kap. 2, RZ. 1168 - 1180, S. 593 - 599; RIMMELSPACHER (1975), S. 357 - 381; MENGER (1979), S. 149 - 166

13) Zum öffentlichen Recht zählen z.B. die Erteilung oder Verweigerung einer staatlichen Genehmigung, die Gewährung von Sozialhilfe oder die Erteilung von Steuerbescheiden.

14) Vgl. ZEISS (1989), § 2 I., RZ. 9, S. 5

15) Vgl. § 2 Abs.1 Nr.3 ArbGG; zur Rechtswegzuständigkeit der Gerichte für Arbeitssachen insbes. GRUNSKY (1990), §§ 2, 2a, S. 51 - 125

richtsbarkeit unterliegen folglich nicht alle bürgerlichen Rechtsstreitigkeiten, sondern nur die ihr im Gesetz ausdrücklich zugewiesenen, zu denen vornehmlich vermögensrechtliche Streitigkeiten zählen. Vermögensrechtliche Streitigkeiten ergeben sich vorwiegend aus den besonderen Schuldverhältnissen, geregelt im Zweiten Buch des BGB, wobei Verträge i.S.d. §§ 433 ff. BGB im Vordergrund stehen.

Eine Übersicht, welche Art von Rechtsstreitigkeit welcher Gerichtsbarkeit unterliegt, welches Recht den bürgerlichen und öffentlichen Rechtsstreitigkeiten vorwiegend zugrunde liegt und vor welchem Gericht die jeweilige Rechtsstreitigkeit ausgetragen wird, ist in Abb. 1 dargestellt.

Gerichtsbarkeiten	Arbeits-gerichtsbarkeit	ordentliche Gerichtsbarkeit: Zivil-gerichts-barkeit	ordentliche Gerichtsbarkeit: Straf-gerichts-barkeit	Finanz- Verwaltungs- und Sozialgerichtsbarkeit
Art der Rechtsstreitigkeit	bürgerlich-rechtliche Streitigkeiten	bürgerlich-rechtliche Streitigkeiten	öffentlich-rechtliche Streitigkeiten	öffentlich-rechtliche Streitigkeiten außer strafrechtlicher oder verfassungsrechtlicher Art
vorwiegende Gesetzes-grundlage	Arbeitsrecht: - Bürgerliches Gesetzbuch - Betriebsverfassungsgesetz - Kündigungsschutzgesetz - Mitbestimmungsgesetz	Allgemeines Privatrecht: - Bürgerliches Gesetzbuch - Erbrecht - Miet- und Wohnungsrecht - Familienrecht Sonderprivatrecht: - Handelsrecht - Gesellschaftsrecht - Wirtschaftsrecht	Strafrecht (z.B. Strafgesetzbuch)	Steuerrecht (z.B. Einkommen-steuerrecht) Verwaltungsrecht (z.B. Bau-recht, Schulrecht) Sozialrecht (z.B. Sozial-versicherungsrecht) Verfahrensrecht (z.B. Zivil-prozeßordnung, Strafprozeß-ordnung)
zuständiges Gericht	Arbeitsgericht	ordentliches Gericht: Zivil-gericht	ordentliches Gericht: Straf-gericht	Finanz- Verwaltungs- oder Sozialgericht

Abb. 1: Gerichtsbarkeiten in der Bundesrepublik Deutschland und West-Berlin

2.2. Aufbau, Organisation und Zuständigkeit der ordentlichen Gerichte in Zivilsachen

Aufbau, Organisation und Zuständigkeit der ordentlichen Gerichte in Zivilsachen, nachfolgend als Zivilgerichte bezeichnet, werden zwar nicht abschließend, doch vorwiegend im Gerichtsverfassungsgesetz geregelt.[16] Nach §§ 12 GVG ist der Staat zur Errichtung von
- Amtsgerichten,
- Landgerichten,
- Oberlandesgerichten und des
- Bundesgerichtshofes

verpflichtet.

Das Amtsgericht als unterste Instanz der Zivilgerichte ist nach § 23 GVG für alle vermögensrechtlichen Streitigkeiten[17] bis zu einem Streitwert von DM 5.000 zuständig, sofern die Rechtsstreitigkeit nicht ausdrücklich durch Gesetz dem Landgericht zugewiesen ist.[18] Ohne Berücksichtigung der Höhe des Streitwertes entscheidet das Amtsgericht als Eingangsgericht ferner bei den in § 23 Nr.2 GVG aufgeführten Rechtsstreitigkeiten. Bürgerliche Rechtsstreitigkeiten, die Kindschafts-, Unterhalts- und Ehesachen betreffen, werden zwar nach § 23a GVG wegen des Kriteriums "bürgerliche Rechtsstreitigkeiten" den Zivilgerichten zugewiesen, doch dann den Familiengerichten als besondere Abteilung der Amtsgerichte übertragen.[19] Darüber hinaus ist das Amtsgericht für Mahnverfahren und Aufgebotsverfahren sowie für Zwangsvollstreckungssachen zuständig.[20]

---

16) Wichtige Ergänzungen zum GVG sind im Grundgesetz, Jugendgerichtsgesetz, Deutschen Richtergesetz und im Rechtspflegergesetz enthalten.

17) Als vermögensrechtlich gelten alle Ansprüche, die eine Leistung in Geld oder Geldeswert oder eines sonstigen wirtschaftlichen Wertes zum Gegenstand haben.

18) Vgl. KISSEL (1981), § 71, RZ. 15, S. 837; die Zuweisung ist in verschiedenen bundesrechtlichen Vorschriften geregelt, u.a. in § 14 AGB-Gesetz, §§ 87, 96 GWB, § 51 PatG.

19) Vgl. auch § 23 b GVG

20) Vgl. zur sachlichen Zuständigkeit MODEL-CREIFELDS (1987), Nr. 236, S. 415

Das Landgericht urteilt nach § 71 Abs.1 GVG als erstinstanzliches Gericht über alle bürgerlichen Rechtsstreitigkeiten, die nicht den Amtsgerichten zugewiesen sind. Dazu zählen alle vermögensrechtlichen Streitigkeiten mit einem Streitwert von über DM 5.000 sowie alle bürgerlichen Rechtsstreitigkeiten, die unabhängig von der Streitwerthöhe durch Gesetz ausdrücklich den Landgerichten zugewiesen sind.[21)]
Die Austragung des Rechtsstreits vor dem Landgericht erfolgt entweder vor der Zivilkammer oder vor der Kammer für Handelssachen, sofern eine solche bei dem jeweiligen Landgericht eingerichtet ist (§ 93 GVG). Die Kammer für Handelssachen, eine Spezialkammer der Landgerichte, ist nach § 94 GVG ausschließlich für Handelssachen zuständig. Welche bürgerlichen Rechtsstreitigkeiten zu den Handelssachen zählen, legt § 95 GVG fest. Danach gelten z.B. Klagen gegen einen Kaufmann aus beiderseitigen Handelsgeschäften, aus Wechseln, aufgrund des Scheckgesetzes, aus handelsrechtlichen Gesellschaftsverträgen oder wegen unlauteren Wettbewerbs als Handelssachen. Die Verhandlung vor der Kammer für Handelssachen findet grundsätzlich nur auf Antrag des Klageeinreichenden statt (§ 96 GVG). Ohne Antragstellung wird die Verhandlung des Rechtsstreits der Zivilkammer zugewiesen. Der Konfliktgegner besitzt allerdings, sofern er ebenfalls Kaufmannseigenschaft nachweist, das Antragsrecht, daß der Streitfall von seiten des Gerichts auf die Kammer für Handelssachen übertragen werden soll.[22)] Daneben ist die Zivilkammer und die Kammer für Handelssachen auch Rechtsmittelinstanz in Zivilsachen: In zweiter Instanz werden Beschwerden und Berufungen gegen zivilrechtliche Beschlüsse und Urteile der Amts-

---

21) Vgl. MODEL-CREIFELDS (1987), Nr. 236, S. 415; das Landgericht entscheidet in erster Instanz z.B. über Anfechtungs- und Nichtigkeitsklagen nach dem Aktiengesetz, dem GmbH-Gesetz und dem Genossenschaftsgesetz, über Patent- und Gebrauchsmuster-Streitsachen und andere Klagen aufgrund von Bestimmungen in anderen Bundesgesetzen.

22) Vgl. ZEISS (1989), § 18 III., RZ. 123, S. 46; § 98 GVG i.V.m. § 102 GVG

gerichte verhandelt, soweit der Streitwert des ergangenen Urteils über DM 700 liegt.[23)]

Die in Zivilsenate untergliederten Oberlandesgerichte sind zuständig, wenn gegen Entscheidungen der Landgerichte das Rechtsmittel der Berufung oder Beschwerde eingelegt worden ist.[24)]

Der Bundesgerichtshof mit Sitz in Karlsruhe ist die oberste Rechtsmittelinstanz der Zivilgerichtsbarkeit. Die beim Bundesgerichtshof gebildeten Zivilsenate sind für die Verhandlung und Entscheidung solcher bürgerlichen Rechtsstreitigkeiten zuständig, über die das Rechtsmittel der Beschwerde oder Revision gegen Entscheidungen der Oberlandesgerichte oder, mit Einwilligung des Gegners, gegen erstinstanzliche Urteile der Landgerichte, die sogenannte Sprungrevision, eingelegt wurde.[25)]
Die Einlegung der Revision ist jedoch an die Voraussetzung geknüpft, daß das Oberlandesgericht die Revision wegen grundsätzlicher Bedeutung der Rechtssache oder wegen Abweichung von einer Entscheidung des Bundesgerichtshofes zugelassen hat.[26)]
Bei vermögensrechtlichen Streitfällen, deren Streitgegenstand DM 40.000 übersteigt, ist die Revision zwar ohne Zulassung statthaft, doch steht dem Revisionsgericht bei einer Zweidrittelmehrheit das Recht zu, die Revision wegen fehlender Bedeutung der Sache abzulehnen. Anstelle des Bundesgerichtshofes ist auch das im Bundesland Bayern eingerichtete Oberste Bayerische Landesgericht (OBL) als Revisionsinstanz zur Entscheidung berechtigt, soweit es sich um die Auslegung von Landesrecht handelt.[27)]
Neben den Zivilsenaten existieren beim Bundesgerichtshof des weiteren der Große Senat für Zivilsachen und die Vereinigten

---

23) Vgl. § 72 GVG i.V.m. § 511a ZPO
24) Vgl. § 119 GVG; ZEISS (1989), § 82 III., RZ. 666, S. 248 i.V.m. § 11 III., S. 26 f., § 84 I., RZ. 723, S. 262; Berufungen richten sich gegen Endurteile der ersten Instanz; mit Beschwerden, die durch Gericht zugelassen sein müssen, lassen sich Beschlüsse und Verfügungen anfechten.
25) Vgl. §§ 130, 133 GVG, § 566a ZPO
26) Vgl. MODEL-CREIFELDS (1987), Nr. 245, S. 422 f.
27) Vgl. ROSENBERG-SCHWAB (1986), § 22 II. 5., S. 114

Großen Senate, die zur Wahrung der einheitlichen Rechtsprechung des Bundesgerichtshofes bzw. zur Vermeidung von Innerdivergenzen gebildet wurden.[28]

Amts-, Land- und Oberlandesgerichte sowie das Oberste Bayerische Landesgericht sind Gerichte der Länder und üben deren Justizhohheit aus. Dem Bundesgerichtshof, als Gerichtsbarkeit des Bundes, obliegt die Wahrung der Rechtseinheit im Bundesgebiet. Die Anzahl der vom Staat eingerichteten Zivilgerichte[29], aufgeteilt nach Bundesländern, ist in Tab. 1 dargestellt.

Gerichte / Bundesländer	Amtsgerichte	Landgerichte	Oberlandesgerichte
Baden-Württemberg	108	17	2
Bayern (incl. OBL)	72	22	4
West-Berlin	7	1	1
Bremen	3	1	1
Hamburg	6	1	1
Hessen	58	9	1
Niedersachsen	79	11	3
Nordrhein-Westfalen	130	19	3
Rheinland-Pfalz	47	8	2
Saarland	11	1	1
Schleswig-Holstein	30	4	1
Bundesgebiet	551	94	20

Tab. 1: Anzahl der Zivilgerichte am 01.01.1990

28) Vgl. § 132 Abs.1,4 GVG; SALGER (1987), § 132, RZ. 2, S. 1787 f.
29) Vgl. STATISTISCHES BUNDESAMT (1990), Statistisches Jahrbuch, S. 336

Einen Überblick der in der Bundesrepublik und West-Berlin im Jahr 1988 eingeleiteten Zivilverfahren liefert Tab. 2.[30]

Mahnsachen		5.492.183
Zivilverfahren vor Amtsgerichten		4.698.937
- Prozeßsachen	1.275.077	
- Vollstreckungssachen	3.383.561	
- Konkurs- und Vergleichssachen	39.499	
Zivilverfahren vor Landgerichten		528.119
- Erste Instanz	357.216	
- Berufungsinstanz	96.435	
- Beschwerdeinstanz	74.468	
Verfahren vor Familiengerichten		386.557
- Amtsgerichte	362.200	
- Oberlandesgerichte	23.957	
Zivilverfahren vor Oberlandesgerichten		92.432
- Berufungsinstanz	60.813	
- Beschwerdeinstanz	31.619	
Zivilsachen vor dem Bundesgerichtshof		3.121

Tab. 2: Anzahl der 1988 in der Bundesrepublik und West-Berlin eingeleiteten Zivilprozeßverfahren

2.3. Entscheidungsgremien der Zivilgerichte

Die von Zivilgerichten auszuübende Gewalt ist gesetzlich berufenen Richtern anvertraut, die, abgesehen von den ehrenamtlichen Richtern (s.u.), im Dienste des Bundes oder eines Landes stehen.[31] Regelungen über die Anforderungen an den Status der Richter enthält das Deutsche Richtergesetz (DRiG), in dem u.a. festgelegt ist, daß Richter auf Lebenszeit, auf Zeit, auf Probe

30) Vgl. STATISTISCHES BUNDESAMT (1990), Rechtspflege, S.14, 28, 30, 46, 58, 60, 74, 78, 94, 109

31) Vgl. Art. 92 GG; SCHMIDT-BLEIBTREU (1983), Art. 92 5., S. 990; die Anzahl der Richter im Landes- und Bundesdienst bei ordentlichen Gerichten betrug im Jahr 1989 insgesamt 13440; STATISTISCHES BUNDESAMT (1990), Statistisches Jahrbuch, S. 336;

oder kraft Auftrags zu berufen sind.[32] Darüber hinaus bestimmt § 28 Abs.1 DRiG, daß bei Gerichten, sofern in einem Bundesgesetz nichts anderes festgelegt ist, nur die auf Lebenszeit berufenen Richter über den Streitfall entscheidungsbefugt sind. Gesetzlicher Richter i.S.d. Art. 101 GG ist sowohl der Spruchkörper, also das Prozeßgericht, als auch der dem einzelnen Spruchkörper angehörende einzelne Richter. Die Richter unterliegen bei der Entscheidung über den Streitfall dem Unabhängigkeitsgrundsatz und damit der Verpflichtung, unabhängig und allein nach Gesetz und Recht eine Entscheidung zu treffen.[33]
Nach klassischer Auffassung umfaßt der Grundsatz der richterlichen Unabhängigkeit die sachliche und persönliche Unabhängigkeit des Richters.[34]
Die sachliche Unabhängigkeit bezieht sich auf die Weisungsfreiheit, wonach weder der Justizminister noch ein höheres Gericht berechtigt sind, dem Richter Anweisungen oder Befehle zu erteilen, in welcher Weise dieser im allgemeinen oder im Einzelfall zu entscheiden hat.[35]
Die persönliche Unabhängigkeit, welche die sachliche Unabhängigkeit des Richters untermauern soll, bezieht sich auf die gesicherte Rechtsstellung des Richters, d.h., dem Richter darf durch seine Rechtsentscheidungen, die unter Einhaltung von Recht und Gesetz getroffen wurden, kein persönlicher Nachteil erwachsen.[36] Die Absicherung der persönlichen Unabhängigkeit garantiert Art. 97 Abs.2 GG, wonach hauptamtlich und planmäßig endgültig ernannte Richter in bezug auf Entlassung, Amtsent-

---

32) Vgl. § 8 DRiG; zu den Arten der Richterverhältnisse und der Voraussetzungen für die Berufung SCHMIDT-RÄNTSCH (1988), §§ 8 - 14, S. 246 - 278; MODEL-CREIFELDS (1987), Nr. 209, S. 390 ff.

33) Vgl. Art. 20 Abs.3, 97 Abs.1 GG, § 1 GVG, § 25 DRiG

34) Vgl. SCHELLHAMMER (1984), RZ. 1158, 1159, S. 587; JAUERNIG (1988), § 8 V., S. 26 - 30; SCHMIDT-RÄNTSCH (1988), § 25, S. 347 - 357; Art. 97 Abs.1 GG; MAUNZ-DÜRIG (1990), Art. 97, RZ. 8 - 11, S. 7 f.; über die klassische Einteilung hinaus existieren weitere Differenzierungen unter anderen Gesichtspunkten, statt aller BETTERMANN (1959), S. 523 - 642

35) Vgl. JAUERNIG (1988), § 8 V., S. 27

36) Vgl. WOLF (1987), § 20, S. 203 - 211

hebung und Versetzung besonders geschützt werden.[37] Zu dem abgesicherten Personenkreis zählen allerdings nur Richter auf Lebenszeit und Richter auf Zeit, da nur diese Inhaber einer haushaltsmäßig eingerichteten Planstelle sind bzw. ein konkretes Richteramt innehaben.[38] Für die Richter auf Probe und die Richter kraft Auftrags gilt die persönliche Unabhängigkeit nur bedingt, da sie in einer zeitlich begrenzten Entwicklungsstufe stehen, welche zum Richter auf Lebenszeit oder, beim Richter auf Probe, auch zum Amt des Staatsanwalts hinführen soll.[39] Entlassungen, Amtsenthebungen und Versetzungen sind an enge tatbestandsmäßig normierte Voraussetzungen geknüpft, die gegen den Willen des Betroffenen nur ergriffen oder als Rechtsfolge geltend gemacht werden können, wenn eine rechtskräftige richterliche Entscheidung vorausgegangen ist.[40]

Spruchkörper in Zivilsachen sind:

(1) Bei Amtsgerichten der Einzelrichter: Dieser bildet alleine den Spruchkörper.[41]

(2) Bei Landgerichten die Zivilkammer oder die Kammer für Handelssachen:[42] Die Zivilkammer besteht aus drei Richtern, einem Vorsitzenden und zwei weiteren Richtern.[43] In Ausnahmefällen kann die Zivilkammer den Rechtsstreit auch einem ihrer Mitglieder als Einzelrichter zur Entscheidung übertragen. Die Übertragung ist jedoch an die Bedingung geknüpft, daß der Rechtsfall in der Sache keine besonderen Schwierigkeiten tatsächlicher oder rechtlicher Art aufweist

---

37) Vgl. zu den Schutzbestimmungen KISSEL (1981), § 1, RZ. 141 - 149, S. 162 ff.
38) Vgl. SCHMIDT-RÄNTSCH (1988), § 28 III., IV., S. 389, 391; § 11 IV., S. 267
39) Vgl. MODEL-CREIFELDS (1987), Nr. 209, S. 391
40) Vgl. §§ 21 Abs.3, 30 Abs.2, 34 DRiG; KISSEL (1981), § 1, RZ. 143, S. 163
41) Vgl. § 22 GVG
42) Vgl. ROSENBERG-SCHWAB (1986), § 22 II. 2., S. 113
43) Vgl. § 75 GVG

und/oder der Rechtssache keine grundsätzliche Bedeutung beizumessen ist.[44]
Die Kammer für Handelssachen besteht ebenfalls aus drei Richtern, einem Vorsitzenden und zwei ehrenamtlichen Richtern, den sogenannten Handelsrichtern (§ 105 GVG). Die Handelsrichter, die kaufmännische Qualifikationen nachweisen müssen, werden auf gutachterlichen Vorschlag der Industrie- und Handelskammer für die Dauer von drei Jahren ernannt.[45]
Der Vorsitzende der Kammer unterliegt nach § 349 Abs.1 ZPO zusätzlich der Verpflichtung, "die Sache so weit zu fördern, daß sie in einer mündlichen Verhandlung vor der Kammer erledigt werden kann." Der Vorsitzende gilt somit als vorbereitender Einzelrichter und entscheidet darüber hinaus als Einzelrichter in den in § 349 Abs.2 ZPO aufgeführten Fällen.

(3) Als Spruchkörper der Oberlandesgerichte fungieren die Zivilsenate in der Besetzung von jeweils drei Richtern.[46]
In Ausnahmefällen ist auch der Einzelrichter als Spruchkörper zulässig, wenn das Einverständnis der Parteien vorliegt oder soweit es sich um den Anwendungsbereich des § 524 Abs.3 ZPO handelt.[47]

(4) Entscheidungen des Bundesgerichtshofes erfolgen entweder durch den Zivilsenat, den Großen Senat in Zivilsachen oder den Vereinigten Großen Senat.[48]
Die insgesamt elf Zivilsenate bestehen aus jeweils fünf Berufsrichtern, die vom Bundesminister der Justiz und dem

44) Vgl. § 348 ZPO; BAUMBACH-LAUTERBACH (1990), § 348 2. B., 3. A., S. 1152; KISSEL (1981), § 75, RZ. 2 - 6, S. 869 ff., Einzelrichter beim Landgericht zuzulassen war mit dem Ziel verbunden, die Prozeßwirtschaftlichkeit zu steigern und der Prozeßverschleppung entgegenzuwirken.
45) § 108 GVG; in bezug auf Unabhängigkeit und besondere Pflichten der ehrenamtlichen Richter vgl. SCHMIDT-RÄNTSCH (1988), § 45, S. 478 - 482
46) Vgl. §§ 116, 122 Abs.1 GVG; KISSEL (1981), § 116, RZ. 1, S. 952, § 122, RZ. 2, 3, S. 987
47) Vgl MODEL-CREIFELDS (1987), Nr. 218, S. 402
48) Vgl. §§ 130, 132 Abs.1,4 GVG

Richterwahlausschuß gemäß dem Richterwahlgesetz berufen und vom Bundespräsidenten ernannt werden.[49]
Der Große Senat in Zivilsachen entscheidet in der Besetzung eines Vorsitzenden, dem Präsidenten des Bundesgerichtshofes, und acht weiteren Mitgliedern.[50] Das Entscheidungsgremium des Vereinigten Großen Senats besteht aus den Mitgliedern des Großen Zivilsenats und des Großen Strafsenats.

Die Besetzung der Spruchkörper sowie der Instanzenzug der Zivilgerichte sind in Abb. 2 dargestellt.

49) Vgl. §§ 139 Abs.1, 125 Abs.1 GVG
50) Vgl. § 132 Abs.2 GVG

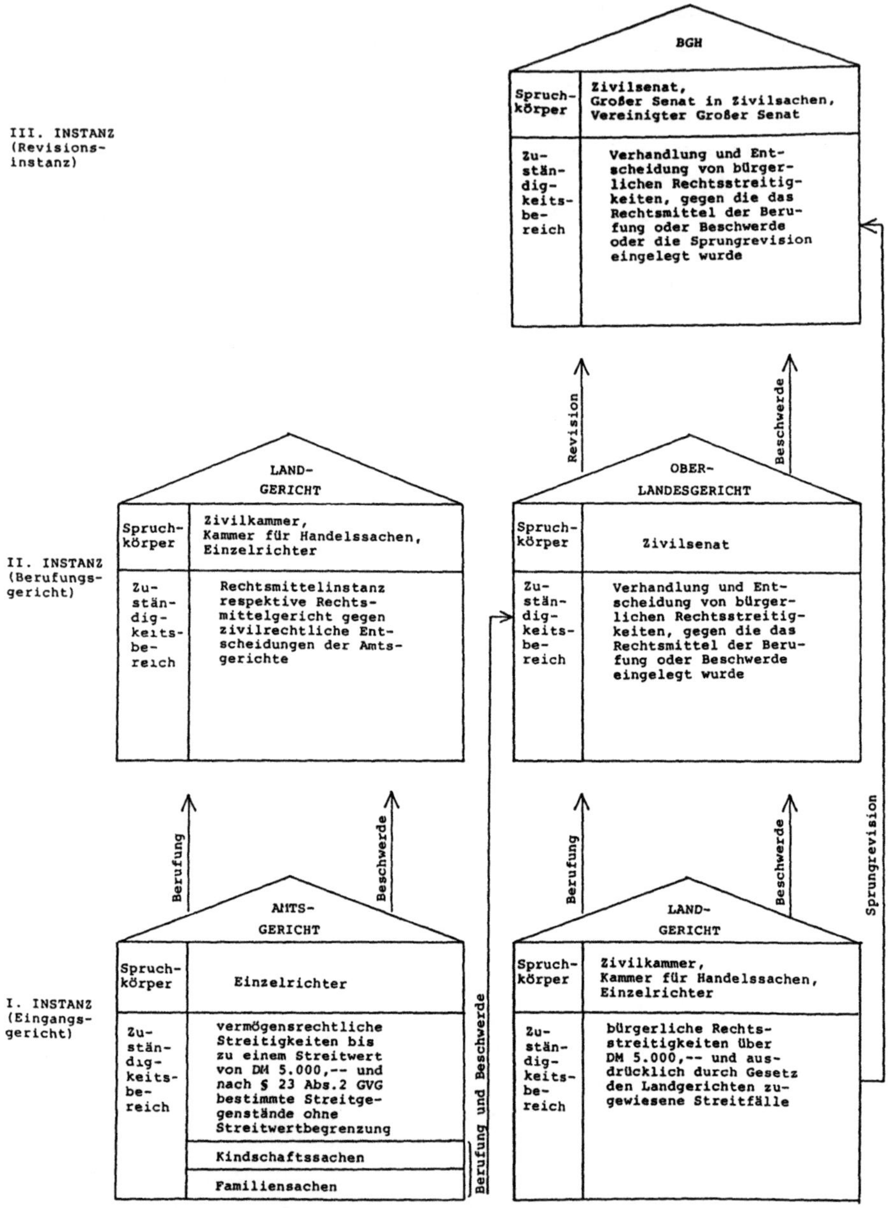

Abb. 2: Besetzung der Spruchkörper und Instanzenzug der ordentlichen Gerichte in Zivilsachen

II. Feststellung und Klärung rechtlicher Kriterien vor Anrufung eines Zivilgerichts

1. Voraussetzung an die Zulässigkeit einer Klageschrift

Wesentliche Voraussetzung, daß über den streitigen Rechtsfall eine richterliche Entscheidung in der Sache ergeht, das sogenannte Sachurteil, ist die Zulässigkeit der Klageschrift.[1] Die dafür erforderlichen rechtlichen Voraussetzungen lassen sich wie folgt einteilen:

- Wirksame Klageeinreichung
- Erfüllung der Sachurteilsvoraussetzungen
- Ausschluß prozeßhindernder Einreden

1.1. Wirksame Klageeinreichung

Eine wirksame Klageeinreichung setzt voraus, daß die Klageschrift den gesetzlich vorgeschriebenen Formvorschriften genügt, d.h., die Klageschrift darf keine schweren Einreichungsmängel aufweisen und die deutsche Gerichtsbarkeit muß zur Austragung des Streitfalls zuständig sein.[2] Eine wirksame Klageeinreichung liegt insbesondere nicht vor, wenn

- die Klageschrift bei einem nicht zuständigen Gericht eingereicht wird;
- die Abfassung der Klageschrift entgegen der gesetzlichen Vorschrift (§ 184 GVG) in einer Fremdsprache erfolgt;
- der Konfliktgegner zu demjenigen Personenkreis zählt, der nach §§ 18 - 20 GVG von der deutschen Gerichtsbarkeit ausgeschlossen ist;
- die Klageschrift nicht unterzeichnet ist.[3]

---

1) Vgl. ROSENBERG-SCHWAB (1986), § 97 V. 6., S. 576 f.
2) Vgl. JAUERNIG (1988), § 38 II. 4., S. 140 f.; zu den Einreichungsmängel THOMAS-PUTZO (1987), § 253 4., S. 503 f.
3) Vgl. § 253 Abs.4 ZPO i.V.m. § 130 Ziff. 6 ZPO

Die wirksame Klageeinreichung bzw. das Vorliegen der sogenannten echten Prozeßvoraussetzungen garantiert der anspruchstellenden Partei die gerichtliche Zustellung der Klageschrift an den Konfliktgegner, die Anberaumung eines Termins zur mündlichen Verhandlung vor dem Zivilgericht und das Stattfinden der mündlichen Verhandlung. Eine unwirksame Klageeinreichung hat zur Folge, daß die Klageschrift von dem Zivilgericht, ohne Zustellung an den Konfliktgegner und ohne Anberaumung eines mündlichen Verhandlungstermins, als unzulässig abgewiesen wird.

1.2. Erfüllung der Sachurteilsvoraussetzungen

Für die Zulässigkeit der Klageschrift müssen des weiteren die Sachurteilsvoraussetzungen vorliegen; die rechtlichen Bedingungen für die Verhandlung zur Sache und den Erlaß eines Sachurteils.[4)]
Wesentliche Sachurteilsvoraussetzungen sind:[5)]

- Parteifähigkeit
- Prozeßfähigkeit
- Zuständigkeit und Zulässigkeit des Gerichts
- Fehlen anderweitiger Rechtshängigkeit und Nichtvorliegen entgegenstehender Rechtskraft

Liegt eine der Sachurteilsvoraussetzungen nicht vor, wird die Klageschrift zwar an den Konfliktgegner zugestellt, ein Termin zur mündlichen Verhandlung anberaumt, die mündliche Verhandlung vor dem Zivilgericht aufgenommen und ein Urteilsspruch verkündet, doch bezieht sich das richterliche Urteil nicht auf den geltend gemachten Anspruch, sondern die Klageschrift wird, ohne

---

4) Vgl. CRAUSHAAR (1979), S. 66 ff.
5) Die genannten Sachurteilsvoraussetzungen werden auch Prozeßvoraussetzungen genannt, obwohl die Ungenauigkeit dieser Bezeichnung anerkannt ist; JAUERNIG (1988), § 33 III. - IV., S. 110 f.; BAUMBACH-LAUTERBACH (1990), Grundz. § 253, 3. A., S. 774; GRUNSKY (1974), § 34 I., S. 318 f.; BERNHARDT (1968), § 3 II. 2., S. 22 - 27

Behandlung in der Sache, aufgrund fehlender Sachurteilsvoraussetzungen durch Prozeßurteil als unzulässig abgewiesen.[6)]
Die oben genannten Sachurteilsvoraussetzungen werden im weiteren näher erläutert.

1.2.1. Parteifähigkeit

Als Parteien in einem Zivilprozeß, in der Klageschrift als Kläger(in) oder Beklagte(r) bezeichnet, gelten nach den gesetzlichen Bestimmungen nur diejenigen Personen, von denen und gegen die im eigenen Namen Rechtsschutz begehrt wird.[7)] Zu dem Personenkreis der Parteifähigen bestimmt § 50 Abs.1 ZPO alle Personen, die Rechtsfähigkeit aufweisen, also alle natürlichen und juristischen Personen, da sie die Fähigkeit besitzen, Träger von Rechten und Pflichten zu sein.[8)] Obwohl § 1 BGB bestimmt, daß die Rechtsfähigkeit des Menschen mit Vollendung der Geburt vorliegt, ergibt sich aus § 1912 BGB, daß auch die Leibesfrucht Parteifähigkeit aufweist, soweit sie nach gesetzlichen Vorschriften Träger von Rechten ist.[9)]
Parteifähigkeit besitzen kraft gesetzlicher Vorschrift des weiteren:[10)]

- OHG und KG (§§ 124 Abs.1, 161 Abs.2 HGB)
- Politische Parteien (§ 3 ParteienG)
- Bundespost (§ 4 PostverwG)
- Bundesbahn (§ 2 BundesbahnG)
- Gewerkschaften (§ 10 ArbGG i.V.m. BGHZ 50/325)

---

6) Vgl. SCHELLHAMMER (1990), RZ. 144, S. 110
7) Vgl. zu dem Parteienbegriff BAUR (1989), § 6, RZ. 73 - 77, S. 61 f.; JAUERNIG (1988), § 18 II., S. 46; BERNHARDT (1968), § 19, S. 107 - 116; ROSENBERG-SCHWAB (1986), § 40 II., S. 214; ARENS (1988), RZ. 111, S. 78
8) Vgl. BAUR (1989), § 6 B., RZ. 78 - 80, S. 62 f.
9) Vgl. PALANDT (1990), § 1912, S. 1801
10) Vgl. ZEISS (1989), § 22 II., RZ. 144 - 146, S. 54 f. ROSENBERG-SCHWAB (1986), § 43 II., S. 234 f.

1.2.2. Prozeßfähigkeit

Prozeßfähigkeit impliziert die Fähigkeit, Prozeßhandlungen in eigener Person wirksam vorzunehmen oder vornehmen zu lassen.[11)] Die Vornahme von Prozeßhandlungen steht i.S.d. § 52 ZPO generell nur denjenigen Personen zu, welche nach bürgerlichen Rechtsvorschriften mit Vertragsabschluß auch einer Verpflichtung unterliegen. Daraus folgt, daß die Prozeßfähigkeit die prozessuale Parallele zur unbeschränkten Geschäftsfähigkeit darstellt.[12)] Eine beschränkte Prozeßfähigkeit als Parallele zur beschränkten Geschäftsfähigkeit sieht die ZPO nicht vor.

Als prozeßunfähige Personen, welche zur Vornahme von Prozeßhandlungen in eigener Person nicht berechtigt sind, gelten

- geschäftsunfähige Personen i.S.d. § 104 BGB;
- juristische Personen, da prozessuale Handlungsfähigkeit nur natürlichen Personen zugesprochen wird;[13)]
- Personen, die an sich prozeßfähig sind, für die aber ein Pfleger bestellt wurde (§ 1909 ff. BGB);
- beschränkt geschäftsfähige Personen i.S.d. §§ 106, 114 BGB, d.h. Personen, die das 18. Lebensjahr noch nicht vollendet haben, Entmündigte oder unter vorläufiger Vormundschaft stehende Personen. Eine Ausnahme bildet der Minderjährige, der mit Ermächtigung des gesetzlichen Vertreters und Genehmigung des Vormundschaftsgerichts ein selbständiges Erwerbsgeschäft betreibt. Er ist nach § 112 BGB für bestimmte Rechtsgeschäfte unbeschränkt geschäftsfähig, demzufolge auch prozeßfähig.

Da nach zivilprozessualen Vorschriften grundsätzlich nur für Prozeßfähige die Befugnis zur Prozeßführung besteht, bedürfen Prozeßunfähige zur Prozeßführung eines gesetzlichen Vertreters. Wer als gesetzlicher Vertreter vor Gericht anerkannt wird, bestimmt das materielle Recht. Gesetzliche Vertreter von Minder-

---

11) JAUERNIG (1988), § 20 I., S. 53
12) Vgl. §§ 104 - 115 BGB
13) Vgl. BGHZ 38/75

jährigen sind z.B. Eltern, Pfleger oder Vormund.[14] Bei juristischen Personen gelten, abhängig von der Rechtsform, entweder Vorstand, Geschäftsführer, persönlich haftende Gesellschafter oder staatsrechtlich bzw. satzungsmäßig berufene Organe als gesetzliche Vertreter.[15] Die prozeßfähige Partei sowie der gesetzliche Vertreter des Prozeßunfähigen unterliegen allerdings nicht der Verpflichtung zur persönlichen Führung des Rechtsstreits. In einem gerichtlichen Verfahren vor Amtsgerichten (dem Parteienprozeß) steht den Parteien nach § 79 ZPO das Recht zu, jede prozeßfähige Person als Bevollmächtigten mit der Vertretung zu beauftragen. In einem gerichtlichen Verfahren vor Landgerichten oder höheren Instanzen sind die Parteien gemäß § 78 Abs.1 ZPO verpflichtet, einen bei dem zuständigen Prozeßgericht zugelassenen Rechtsanwalt mit der Prozeßdurchführung zu beauftragen (sogenannter Anwaltsprozeß).[16]

1.2.3. Zuständigkeit des Gerichts

Des weiteren muß das angerufene Gericht zuständig sein. Ob ein Zivilgericht zuständig ist, hat folgende sachliche, örtliche und funktionelle Voraussetzungen:[17]

(1) Die sachliche Zuständigkeit wird innerhalb der streitigen Zivilgerichtsbarkeit durch die erstinstanzliche Zuständigkeit des Gerichts, der Zuständigkeit des Amts- oder Landgerichts, bestimmt.[18]

---

14) Vgl. §§ 1629, 1773, 1793, 1909, 1912, 1915 BGB
15) Vgl. WIECZOREK (1966), § 51 D. III., IV., S. 280 ff.
16) Vgl. zu den Zulassungsvoraussetzungen des Rechtsanwalts WOLF (1987), § 34 II., S. 309 ff.
17) Vgl. ZEISS (1989), §§ 11 - 15, RZ. 64 - 105, S. 24 - 40; zu der angeordneten, vereinbarten und veranlaßten Zuständigkeit des Gerichts JAUERNIG (1988), § 11, S. 35 ff.; die gesetzliche Zuständigkeit eines Gerichts durch einzelvertragliche Gerichtsstandsvereinbarungen der Parteien abzuändern ist seit Abschaffung der Prorogationsfreiheit bei vermögensrechtlichen Streitigkeiten nur in Ausnahmefällen möglich (z.B. § 38 ZPO i.V.m. § 40 ZPO).
18) Vgl. zur sachlichen Zuständigkeit des Gerichts auch Gliederungspunkt B.I.2.2. dieser Arbeit.

(2) Die örtliche Zuständigkeit des Gerichts, der allgemeine Gerichtsstand, bezieht sich auf die Person des Beklagten, und zwar bei

- natürlichen Personen auf deren Wohnsitz (§ 13 ZPO);
- wohnsitzlosen Personen auf deren inländischen Aufenthaltsort (§ 16 ZPO);
- juristischen und parteifähigen Gebilden auf deren Sitz (§ 17 ZPO);
- staatlichen Institutionen auf den Sitz der Behörde (§ 18 ZPO).

Die Ausrichtung der örtlichen Zuständigkeit auf den Beklagten basiert auf dem Gedanken, daß "es nicht gerechtfertigt wäre, dem Beklagten, dem vom Kläger ein Prozeß aufgezwungen wird, die Kosten und Mühen tragen zu lassen, die mit der Führung eines Prozesses an einem fremden Ort verbunden sind".[19]
Neben dem allgemeinen Gerichtsstand existiert des weiteren der besondere Gerichtsstand (§§ 20 ff. ZPO), der die Austragung des Rechtsstreits auch vor einem örtlich näherliegenden Gericht vorsieht.[20] Als besonderer Gerichtsstand von natürlichen Personen gilt auch der Aufenthaltsort des Beklagten oder dessen wirtschaftliche Niederlassung.[21] Bei mehreren örtlich zuständigen Gerichten bestimmt § 35 ZPO, daß die Wahl des Gerichts dem Kläger obliegt.

(3) Die funktionelle Zuständigkeit des Gerichts bestimmt die Funktion des jeweiligen Gerichts innerhalb des Instanzenzuges. So gilt als erste Instanz jeweils das Eingangsge-

---

19) CRAUSHAAR (1979), § 5, RZ. 22, S. 36
20) Vgl. WOLF (1987), § 13 IV., S. 128 f.
21) Vgl. §§ 20, 21 ZPO; weitere Gerichtsstände sind z.B. Gerichtsstand des Vermögens (§ 23 ZPO), dinglicher Gerichtsstand (§ 24 ZPO), ausnahmsweise auch der Gerichtsstand des Erfüllungsortes (§ 29 ZPO).

richt, als zweite Instanz das jeweilige Berufungsgericht.[22]

1.2.4. Fehlen anderweitiger Rechtshängigkeit und Nichtvorliegen entgegenstehender Rechtskraft

Der Erhalt eines Urteils in der Sache bedingt, daß der Streitfall nicht anderweitige Rechtshängigkeit aufweist, d.h., "der Streitgegenstand eines rechtshängigen Prozesses darf nicht zum Gegenstand eines gleichzeitigen zweiten Prozesses unter denselben Parteien gemacht werden".[23]
Die rechtliche Handhabung eingereichter Klageschriften, über deren Streitgegenstand schon in derselben Instanz eine rechtskräftige Entscheidung vorliegt, ist in der juristischen Literatur und Rechtsprechung umstritten.[24] Nach der "ne bis in idem-Lehre" ist die Klageschrift aufgrund der schon ergangenen rechtskräftigen Entscheidung als unzulässig abzuweisen. Nach der Bindungslehre darf das Gericht bei Stattfinden einer mündlichen Verhandlung keine andere als die bereits getroffene Entscheidung fällen.

1.3. Ausschluß prozeßhindernder Einreden

Eine Abweisung der Klage durch Prozeßurteil erfolgt vom Zivilgericht auch dann, wenn der Konfliktgegner von seinem Recht der prozeßhindernden Einrede Gebrauch macht und die Einrede in bezug auf den Sachverhalt des Rechtsstreits greift.[25]
Prozeßhindernde Einreden sind grundsätzlich gegen die Zulässigkeit der Klageschrift gerichtet und finden nur auf Rüge des Be-

---

22) Vgl. zur funktionellen Zuständigkeit des Gerichts Abb. 2 dieser Arbeit.
23) JAUERNIG (1988), § 40 II., S. 145
24) Vgl. BLOMEYER (1985), § 88 III. 2., S. 470 ff.; ROSENBERG-SCHWAB (1986), § 101 III. 1., S. 606 ff.; HEINTZMANN (1985), III. A., S. 96; zu den verschiedenen Rechtsmeinungen BGHZ 34/241, 34/339, 35/340, 36/367
25) Vgl. BAUMANN (1979), 4. III. 1. a, S. 157

klagten Berücksichtigung. Prozeßhindernde Einreden sind:[26)]

- Fehlende Ausländersicherheit (§§ 110 ff. ZPO)
- Fehlende Kostenerstattung (§ 269 Abs.4 ZPO)
- Existenz von Schiedsklauseln (§ 1027a ZPO)

Macht der Konfliktgegner eine prozeßhindernde Einrede geltend, indem er sich z.B. auf eine vertraglich festgelegte Schiedsvereinbarung beruft, nach welcher der Rechtsstreit vor einem Schiedsgericht ausgetragen werden soll, erfolgt bei fristgerechter Rüge die gerichtliche Abweisung der Klageschrift wegen Unzulässigkeit. Nach § 282 Abs.3 ZPO sind Zulässigkeitsrügen spätestens in der mündlichen Verhandlung, jedoch vor Verhandlung zur Hauptsache vorzubringen. Ist von dem Zivilgericht allerdings eine Frist zur Klageerwiderung vor dem mündlichen Verhandlungstermin gesetzt worden, hat die Zulässigkeitsrüge innerhalb dieser Frist zu erfolgen. Eine verspätete Rüge kann, sofern die Verspätung nicht hinreichend entschuldigt wurde, zu deren Zurückweisung (Präklusion) führen.[27)]

2. Schlüssigkeitsvoraussetzung einer Klageschrift

Um ein klagezusprechendes Sachurteil zu erreichen, hat die Klageschrift auch die Schlüssigkeitsvoraussetzung zu erfüllen: Die in der Klageschrift dargelegten Tatsachenbehauptungen müssen einen Anspruch nach materiellem Recht begründen.[28)]
Bei der Schlüssigkeitsprüfung geht das Gericht grundsätzlich von der Unterstellung aus, daß die in der Klageschrift dargelegten Fakten der Wahrheit entsprechen.[29)] Erweist sich jedoch in der mündlichen Verhandlung der geltend gemachte Anspruch aufgrund der vorgetragenen Tatsachen des Klägers nach materiel-

---

26) Vgl. SCHELLHAMMER (1990), RZ. 145, S. 110 f.
27) Vgl. §§ 275 Abs.1, 276 Abs.1 ZPO i.V.m. § 296 Abs.3 ZPO
28) Vgl. SCHELLHAMMER (1990), RZ. 169 - 174, S. 120 ff.; BLOMEYER (1985), § 34 II., S. 198 f.; SCHÖNKE-KUCHINKE (1969), § 41 II. f, S. 194
29) Vgl. BAUR (1989), § 5 III., RZ. 55, S. 50

lem Recht als nicht existent, erfolgt wegen fehlender Schlüssigkeit und der daraus resultierenden Unbegründetheit des Klagebegehrens - ohne weiteres Eingehen auf die Sache - die gerichtliche Abweisung der Klageschrift durch Sachurteil.[30)] Eine an sich unschlüssige Klageschrift kann schlüssig werden, wenn der Beklagte in der mündlichen Verhandlung entsprechende Tatsachen vorträgt und diese vom Kläger aufgegriffen werden; ein klageabweisendes Sachurteil ergeht dann zunächst nicht.

Das Vorliegen eines materiellrechtlichen Anspruchs ist zwar Voraussetzung für die Erfüllung des Schlüssigkeitskriteriums, doch kann eine schlüssige Klageschrift aufgrund der sachlichen Verteidigung des Konfliktgegners auch zu deren Unschlüssigkeit führen, denn die Schlüssigkeit der Klageschrift steht immer auch in Abhängigkeit zu den Verteidigungsargumenten des Konfliktgegners.

3. Verteidigungsstrategie des Konfliktgegners

3.1. Erkundung der gegnerischen Zielsetzung

Bei gerichtlicher Austragung eines zivilen Rechtsstreits verfolgt nicht nur der Anspruchsteller, sondern - für einen Streitfall typisch - auch der Kontrahent die Zielsetzung, über den prozessual geltend gemachten Rechtsanspruch eine richterliche Entscheidung zu erhalten. Die Zielsetzung der Konfliktparteien divergiert allerdings in bezug auf den Inhalt des richterlichen Urteilsspruchs und den daraus resultierenden Folgen. Während die anspruchstellende Partei in dem gerichtlichen Verfahren grundsätzlich ein klagezusprechendes Sachurteil anstrebt, verfolgt die gegnerische Partei entweder die Zielsetzung, ein klageabweisendes Sachurteil zu erlangen oder, sofern eine sachliche Verteidigung gegen den geltend gemachten Rechtsanspruch nicht möglich ist, eine gerichtliche Abweisung

30) Vgl. BERNHARDT (1968), § 43 I. 1., S. 263; THOMAS-PUTZO (1987), § 253 Vorbem. B. 1., S. 496

der Klage wegen Unzulässigkeit in Form eines Prozeßurteils zu erreichen.

Zur Reduzierung der Gefahr eines klageabweisenden Urteils sollte der Anspruchsteller vor Anrufung des zuständigen Gerichts die möglichen Verteidigungsargumente des Gegners berücksichtigen, damit bei gerichtlicher Austragung des Streitfalls schädliche Behauptungen des Gegners durch rechtliche Argumente oder sogar durch entsprechende Beweise entkräftet werden und die Zulässigkeit und Schlüssigkeit der Klageschrift gewährleistet bleiben. Je sorgfältiger der Anspruchsteller die möglichen Verteidigungsargumente antizipiert, desto zutreffender wird auch seine Erfolgs- bzw. Mißerfolgsprognose sein.
Ein gutes Mittel, die gegnerische Position aufzuklären, ist der vorprozessuale Schriftverkehr, der unter Umständen auch als Einschüchterungsversuch gestaltet werden kann, evtl. verbunden mit einem Vorschlag zur gütlichen Einigung. Der Gegner kann auf einen solchen außergerichtlichen Einigungsversuch wie folgt reagieren:[31)]

- Anerkenntnis des Anspruchs
- Teilverweigerung des Anspruchs
- Bestreiten des Anspruchs

Die Anerkennung des Anspruchs läßt vermuten, daß der Konfliktgegner der anerkannten Verpflichtung nachkommt und sich die Aufnahme eines Zivilprozeßverfahrens zur Feststellung und Durchsetzung des Anspruchs erübrigt. Erfüllt der Konfliktgegner jedoch innerhalb einer festgelegten Frist die Verpflichtung nicht, sind weitere Überlegungen hinsichtlich der Durchsetzung des Rechtsanspruchs unabdingbar.
In bezug auf die Durchsetzung des Rechtsanspruchs ist insbesondere von Bedeutung, ob zur Erlangung des Vollstreckungstitels ein streitiges Zivilprozeßverfahren in Form eines Klageverfah-

---

31) Vgl. MODEL-CREIFELDS (1987), Nr. 241, S. 419;
SCHELLHAMMER (1984), RZ. 360 - 403, S. 173 - 187

rens oder ein gerichtliches Mahnverfahren, eine besondere Verfahrensart des Zivilprozesses, angestrebt werden sollte.[32)]

Bestreitet der Gegner den Anspruch ganz oder teilweise, sind dessen Verweigerungsgründe von besonderem Interesse, weil daraus mehr oder minder auf das weitere gegnerische Prozeßverhalten geschlossen werden kann: Der Konfliktgegner kann in einem Zivilprozeßverfahren, abgesehen von dem Anerkenntnis, Teilanerkenntnis oder prozessualen Vergleich, nur die Zielsetzung der Klageabweisung durch Prozeßurteil oder die der Klageabweisung durch Sachurteil verfolgen.[33)]

3.2. Verteidigungsargumente zur Realisierung der Zielsetzung eines klageabweisenden Prozeßurteils

Verfolgt der Konfliktgegner die Zielsetzung der Klageabweisung durch Prozeßurteil, wird er nicht den geltend gemachten Anspruch, sondern lediglich die rechtliche Zulässigkeit der Klageschrift durch entsprechende Behauptungen in Frage stellen. Die gegnerischen Behauptungen, durch welche die Unzulässigkeit der Klageschrift erreicht werden soll, können gegen die von Amts wegen zu prüfenden Sachurteilsvoraussetzungen gerichtet oder prozeßhindernde Einreden sein.[34)] Eine unzulässige Klageschrift hat zur Folge, daß in der mündlichen Verhandlung vor dem Zivilgericht, ohne Bezugnahme auf die Streitsache, ein klageabweisendes Prozeßurteil ergeht.

---

32) Vgl. zu den Vor- und Nachteilen des Mahnverfahrens die Ausführungen zu Gliederungspunkt B.V. dieser Arbeit.

33) Vgl. BAUR (1989), § 15, RZ. 195, S. 157 f.; Abb. 3 dieser Arbeit.

34) Vgl. zu den Sachurteilsvoraussetzungen und prozeßhindernden Einreden die Ausführungen zu Gliederungspunkt B.II.1.2., 1.3. dieser Arbeit.

3.3. Verteidigungsargumente zur Realisierung der Zielsetzung eines klageabweisenden Sachurteils

Strebt der Konfliktgegner das Ziel der Klageabweisung durch Sachurteil an, muß er zur Streitsache Stellung nehmen, um durch entsprechende sachliche Verteidigung die Schlüssigkeit der Klageschrift außer Kraft zu setzen und damit den geltend gemachten Anspruch abzuwehren.
Sachliche Verteidigungsmöglichkeiten im Rechtssinn sind:[35)]

- Einreden im prozessualen Sinne
- Geltendmachung von Gegenforderungen in Form der Aufrechnung oder der Eventualaufrechnung
- Einwendungen gegen die Schlüssigkeit der Klageschrift
- Bestreiten des geltend gemachten Anspruchs

3.3.1. Einreden im prozessualen Sinne

Einreden im prozessualen Sinne richten sich grundsätzlich nicht gegen den materiellrechtlichen Anspruch, sondern gegen das Bestehen eines prozessualen Anspruchs.[36)] Mit prozessualen Einreden ist der Konfliktgegner also bestrebt, den prozessual geltend gemachten Rechtsanspruch auszuräumen, indem neue Tatsachen vorgebracht werden, durch die - ohne Bestreiten des materiellrechtlichen Anspruchs - eine veränderte Sachlage entsteht, mit dem Ziel, den prozessual geltend gemachte Anspruch in rechtlicher Hinsicht außer Kraft zu setzen.
Als Einreden im prozessualen Sinne gelten:[37)]

(1) Rechtshindernde Einreden: Die vorgebrachten Tatsachen verhindern eine Entstehung des Anspruchs, z.B. Geschäftsunfähigkeit bei Abschluß des Vertrages oder Sittenwidrigkeit i.S.d. § 138 BGB.

---

35) Vgl. ZEISS (1989), § 52 II., RZ. 381 - 388, S. 146 ff.; ROSENBERG-SCHWAB (1986), § 104 I. 3., S. 627
36) Vgl. JAUERNIG (1988), § 43 IV., S. 155
37) Vgl. BAUR (1989), § 11, RZ. 134, S. 105 f.

(2) Rechtshemmende Einreden: Die vorgebrachten Tatsachen beseitigen den bestehenden Anspruch des Klägers nicht, weisen aber dem Konfliktgegner das Recht zu, den Anspruch dauernd oder vorübergehend zu verweigern, z.B. Verjährung i.S.d. § 222 BGB oder Stundung i.S.d. §§ 274, 322 BGB.

(3) Rechtsvernichtende Einreden: Die vorgebrachten Tatsachen beseitigen den bestehenden Anspruch, z.B. Einwand der Zahlung i.S.d. §§ 362, 364 BGB.

3.3.2. Geltendmachung von Gegenforderungen

Die Geltendmachung von Gegenforderungen in Form der Aufrechnung erfordert, um den geltend gemachten Anspruch auszuräumen, die Erklärung des Konfliktgegners, die Klageforderung mit einer bestehenden Gegenforderung aufzurechnen.[38] Die Aufrechnung führt zwar, sofern Klageforderung und Gegenforderung in rechtlicher Hinsicht bestehen, zur Beseitigung des Anspruchs, doch stellt die Aufrechnungserklärung zum einen ein materiellrechtliches Rechtsgeschäft dar, dessen Wirksamkeit sich nach den Vorschriften des BGB bestimmt (§§ 387 ff. BGB), zum anderen eine Prozeßhandlung, die gegenüber dem Gericht vorzunehmen ist und deren Wirksamkeit sich nach dem Prozeßrecht beurteilt.[39] Daraus folgt, daß in bezug auf die rechtliche Wirksamkeit der Aufrechnung, soweit die Erklärung während des Prozesses abgegeben wird, wegen des materiellrechtlichen Rechtsgeschäfts einerseits und der darauf gestützten rechtsvernichtenden Einrede andererseits ein Doppeltatbestand eintritt.[40]

---

38) Vgl. SCHELLHAMMER (1990), RZ. 390, S. 255 f.; § 388 BGB
39) Vgl. JAUERNIG (1988), § 45 I., S. 160
40) Vgl. BERNHARDT (1968), § 33 I. 3., S. 212 ff.; ROSENBERG-SCHWAB (1986), § 106 I., S. 632 f.; THOMAS-PUTZO (1987), § 145 II. 1., 2., S. 351; ZEISS (1989), § 53 II., RZ. 390, S. 150

Aus der Aufrechnungserklärung ergeben sich hinsichtlich des Urteils drei Möglichkeiten:[41]

(1) Bei Nichtexistenz des materiellrechtlichen Anspruchs erfolgt, ohne Eingehen auf die Aufrechnungserklärung, Abweisung der Klageschrift durch Sachurteil.

(2) Bestehen materiellrechtlicher Anspruch und Gegenforderung zu Recht, bedingt die Aufrechnung die Abweisung der Klageschrift durch Sachurteil.

(3) Die Existenz des Anspruchs und das Bestreiten der Gegenforderung seitens des Anspruchstellers führen zu einem Vorbehaltsurteil i.S.d. § 302 ZPO, d.h., über die Aufrechnungsforderung bleibt bis zur diesbezüglichen Entscheidung ein Rechtsstreit anhängig; über den Anspruch wird "vorbehaltlich der Entscheidung über die Aufrechnung" zu Lasten des Konfliktgegners entschieden. Begründet sich die Aufrechnung im Nachverfahren, erfolgt Aufhebung des Vorbehaltsurteils und Abweisung der Klage durch Sachurteil. Bei Nichtbegründung des aufzurechnenden Anspruchs bleibt das bestehende Urteil unter Wegfall des Vorbehalts bestehen.

Eine weitere Form der Aufrechnung stellt die hilfsweise erklärte Aufrechnung dar, die sogenannte Eventualaufrechnung, die von dem Konfliktgegner unter der Bedingung geltend gemacht wird, daß die Abweisung der Klage nicht aus anderen rechtlichen Gründen erfolgt.[42]

---

41) Vgl. BAUR (1989), § 11 I. 3., RZ. 135, S. 106 ff.; ROSENBERG-SCHWAB (1986), § 106 II. - IV., S. 634 - 642; BAUMBACH-LAUTERBACH (1990), § 145 D. - F., S. 576 ff.; ZEISS (1989), § 53, RZ. 390 - 399, S. 150 - 154; JAUERNIG (1988), § 45 II. - V., S. 160 - 164

42) Vgl. GRUNSKY (1974), § 15 III., S. 149 ff.

3.3.3. Einwendungen gegen die Schlüssigkeit der Klageschrift

Die sachliche Verteidigung in Form von Einwendungen gegen die Schlüssigkeit der Klageschrift kann einerseits in Einwendungen bestehen, die gegen den materiellrechtlichen Anspruch gerichtet sind.[43] Andererseits kann der Konfliktgegner aber auch, ohne das tatsächliche Vorbringen des Klägers anzugreifen, solche Rechtsausführungen vornehmen, die einen Rechtsanspruch nach geltendem Recht ausschließen: Der Konfliktgegner bestreitet also, daß die aufgeführten und unbestrittenen Klagetatsachen den geltend gemachten Klageanspruch ausreichend begründen. Folgt aus den Rechtsausführungen die Unschlüssigkeit der Klageschrift, ergeht klageabweisendes Sachurteil.

3.3.4. Bestreiten des geltend gemachten Anspruchs

Beabsichtigt der Konfliktgegner, die anspruchsbegründenden Tatsachen zu bestreiten bzw. zu leugnen, verlangt § 138 Abs.2 ZPO eine diesbezügliche Erklärung zu den aufgestellten Tatsachenbehauptungen des Anspruchstellers. Diese Erklärungspflicht entfällt nur in Ausnahmefällen, wenn nähere Angaben nicht möglich sind oder als unzumutbar erachtet werden.[44]
Die von dem Konfliktgegner vorgebrachten Behauptungen, die sich auf unstreitige und streitige Tatsachen beziehen können, unterliegen, ebenso wie Einwendungen und prozessuale Einreden, einer gerichtlichen Erheblichkeitsprüfung. Daraus folgt, daß der Anspruchsteller die anspruchsbegründenden Tatsachen, die der Konfliktgegner bestreitet und die für die richterliche Entscheidungsfindung erheblich sind, durch entsprechende Beweise zu belegen respektive abzusichern hat.[45]
Erweisen sich die sachlichen Verteidigungsbehauptungen des Konfliktgegners als erheblich, d.h., ist aufgrund der dargelegten Tatsachen und der Beweissituation ein Klagebegehren nach pro-

---

43) Vgl. BLOMEYER (1985), § 59 I. 3. b, S. 307 f.
44) Vgl. BAUMBACH-LAUTERBACH (1990), § 138 5. B., S. 560
45) Vgl. BLOMEYER (1985), § 67 I., S. 350 ff.; zur Beweislast B.II.4. dieser Arbeit.

zessualem und/oder materiellem Recht nicht oder nicht hinreichend gerechtfertigt, erfolgt gerichtliche Abweisung der Klageschrift durch Sachurteil, da die Klage aus prozesssualen Gründen und/oder aus materiellrechtlichen Gründen als unbegründet einzustufen ist.[46)]
Die rechtlichen Voraussetzungen zur Erreichung eines klagezusprechenden Sachurteils, eines klageabweisenden Prozeßurteils oder eines klageabweisenden Sachurteils sind in Abb. 3 dargestellt.

46) Vgl. THOMAS-PUTZO (1987), § 253 Vorbem. IV. B., C., S. 496 f.

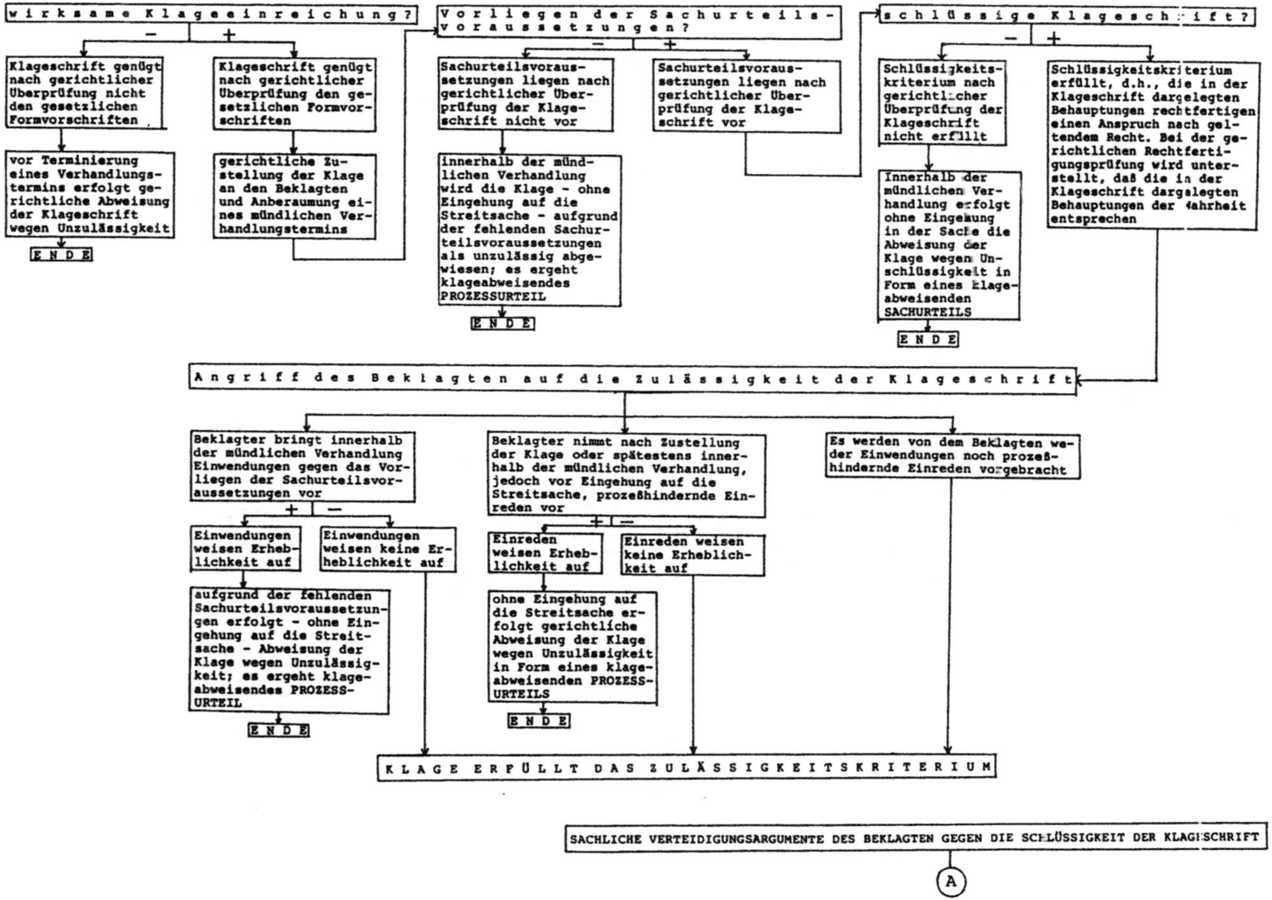

Abb. 3: Alternativen für den Ablauf eines Zivilprozesses

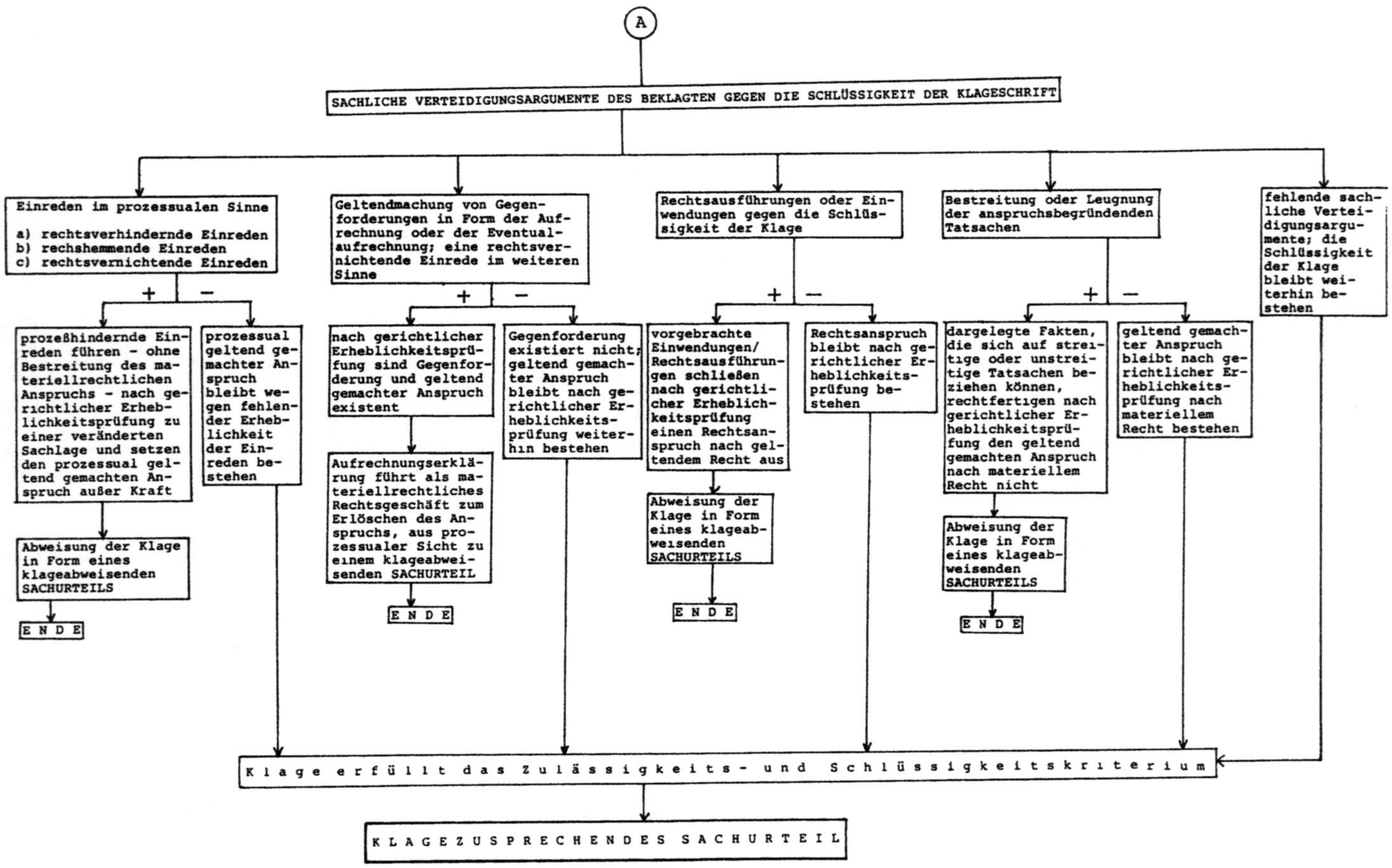
A
SACHLICHE VERTEIDIGUNGSARGUMENTE DES BEKLAGTEN GEGEN DIE SCHLÜSSIGKEIT DER KLAGESCHRIFT
Einreden im prozessualen Sinne a) rechtsverhindernde Einreden b) rechshemmende Einreden c) rechtsvernichtende Einreden
+
−
prozeßhindernde Einreden führen - ohne Bestreitung des materiellrechtlichen Anspruchs - nach gerichtlicher Erheblichkeitsprüfung zu einer veränderten Sachlage und setzen den prozessual geltend gemachten Anspruch außer Kraft
prozessual geltend gemachter Anspruch bleibt wegen fehlender Erheblichkeit der Einreden bestehen
Abweisung der Klage in Form eines klageabweisenden SACHURTEILS
E N D E
Geltendmachung von Gegenforderungen in Form der Aufrechnung oder der Eventualaufrechnung; eine rechtsvernichtende Einrede im weiteren Sinne
+
−
nach gerichtlicher Erheblichkeitsprüfung sind Gegenforderung und geltend gemachter Anspruch existent
Gegenforderung existiert nicht; geltend gemachter Anspruch bleibt nach gerichtlicher Erheblichkeitsprüfung weiterhin bestehen
Aufrechnungserklärung führt als materiellrechtliches Rechtsgeschäft zum Erlöschen des Anspruchs, aus prozessualer Sicht zu einem klageabweisenden SACHURTEIL
E N D E
Rechtsausführungen oder Einwendungen gegen die Schlüssigkeit der Klage
+
−
vorgebrachte Einwendungen/Rechtsausführungen schließen nach gerichtlicher Erheblichkeitsprüfung einen Rechtsanspruch nach geltendem Recht aus
Rechtsanspruch bleibt nach gerichtlicher Erheblichkeitsprüfung bestehen
Abweisung der Klage in Form eines klageabweisenden SACHURTEILS
E N D E
Bestreitung oder Leugnung der anspruchsbegründenden Tatsachen
+
−
dargelegte Fakten, die sich auf streitige oder unstreitige Tatsachen beziehen können, rechtfertigen nach gerichtlicher Erheblichkeitsprüfung den geltend gemachten Anspruch nach materiellem Recht nicht
geltend gemachter Anspruch bleibt nach gerichtlicher Erheblichkeitsprüfung nach materiellem Recht bestehen
Abweisung der Klage in Form eines klageabweisenden SACHURTEILS
E N D E
fehlende sachliche Verteidigungsargumente; die Schlüssigkeit der Klage bleibt weiterhin bestehen
Klage erfüllt das Zulässigkeits- und Schlüssigkeitskriterium
KLAGEZUSPRECHENDES SACHURTEIL

4. Absicherung des materiellrechtlichen Anspruchs

Innerhalb des gerichtlichen Verfahrens bedürfen, von wenigen Ausnahmen abgesehen, alle entscheidungserheblichen bestrittenen Tatsachen eines Beweises.[47)]
Zu den nicht beweisbedürftigen bestrittenen Tatsachen zählen:

- Offenkundige Tatsachen i.S.d. § 291 ZPO
- Tatsachen, die Gegenstand einer gesetzlichen Vermutung sind, und die Partei, zu deren Lasten die Vermutung geht, nicht den "Beweis des Gegenteils" führt (§ 292 ZPO), wie z.B. die an den Besitz anknüpfende Eigentumsvermutung i.S.d. § 1006 BGB
- Tatsachen, für die der sogenannte Beweis des ersten Anscheins greift und der Konfliktgegner den Beweis des ersten Anscheins nicht erschüttert[48)]
- Tatsachen, für die aufgrund einer schuldhaften Vereitelung von seiten des Konfliktgegners eine Beweiserhebung nicht möglich ist[49)], wie z.B. die Nichtpreisgabe einer nur dem Konfliktgegner bekannten Zeugenadresse
- Schadensschätzung i.S.d. § 287 ZPO

Für die Beweislast gilt der allgemeine Grundsatz, daß jede Partei die für sie günstigen Tatsachen beweisen muß.[50)] Danach hat der Anspruchsteller grundsätzlich alle Tatsachen zu beweisen, die den Anspruch begründen, der Beklagte diejenigen, die Einreden im prozessualen Sinn darstellen. Bei Replik gegen prozessuale Einredetatsachen oder gegen anspruchsbegründende und bewiesene Tatsachen obliegt es der Gegenpartei, die vorgebrachten Behauptungen durch entsprechende Beweise zu belegen oder Beweiseinreden vorzunehmen.[51)] Als Beweiseinreden gelten vorge-

---

47) Vgl. BAUMBACH-LAUTERBACH (1990), Einf. § 284 2., S. 914
48) Vgl. BGHZ 8/239, 18/315
49) Vgl. SCHELLHAMMER (1990), RZ. 238, S. 173; BGH-URTEILE vom 06.11.1962, 20.06.1967 und 14.04.1976
50) Vgl. zur Verteilung der Beweislast ROSENBERG-SCHWAB (1986), § 118 II., S. 716 - 722; BGH-URTEIL vom 13.07.1983
51) Der allgemeine Grundsatz der Beweislast wird durchbrochen, wenn gesetzliche Beweislastregeln eingreifen, z.B. §§ 282, 345, 358, 363, 442, 636 Abs.2 BGB

brachte Tatsachen, die sich gegen die Zulässigkeit der Beweismittel wenden oder Bedenken gegen deren Beweiskraft erheben.

Als Beweisarten im Rechtssinne gelten der Strengbeweis, die Glaubhaftmachung und der Freibeweis.[52]
Die Beweisart des Strengbeweises findet in der gerichtlichen Auseinandersetzung über den Streitfall Anwendung, wenn das Gericht voll von der Wahrheit der zu beweisenden Tatsachen überzeugt werden muß (volles Beweisverfahren). Für dieses Verfahren sind die in der ZPO festgelegten fünf Arten von Beweismittel zulässig:[53]

- Augenscheinnahme (§§ 144, 371 ZPO)
- Zeugen (§§ 373 ff. ZPO)
- Sachverständigengutachten (§§ 402 ff. ZPO)
- Urkunden (§§ 415 ff. ZPO)
- Parteivernehmung (§§ 445 ff. ZPO)

Unter der Beweisart der Glaubhaftmachung ist eine Beweisführung zu verstehen, die dem Richter die Vorstellung hinreichender Wahrscheinlichkeit vermitteln soll.[54] Die Glaubhaftmachung i.S.d. § 294 ZPO ist zulässig, sofern gesetzliche Vorschriften die Glaubhaftmachung vorsehen und sie durch sofort verwertbare Beweismittel erfolgt.[55] Neben den fünf Beweismitteln des Strengbeweises ist bei der Glaubhaftmachung auch das Beweismittel der eidesstattlichen Versicherung zugelassen (§ 294 ZPO).

Der Freibeweis ist nicht an die Beweismittel des Strengbeweises gebunden, sondern die Erhebung, das Verfahren und die Beweismittel stehen im Ermessen des Gerichts.[56] Das Gericht ist z.B. berechtigt, Auskünfte einzuholen, die zur Feststellung von Erfahrungssätzen beitragen, d.h. von Regeln allgemeiner Lebenserfahrung oder besonderer Sach- und Fachkunde.

---

52) Vgl. THOMAS-PUTZO (1987), § 284 Vorbem. 3., S. 580 f.
53) Vgl. BAUMBACH-LAUTERBACH (1990), Einf. § 284 7., S. 917 f.
54) Vgl. § 294 ZPO; ROSENBERG-SCHWAB (1986), § 113 III. 1., S. 684 f.; BAUR (1989), § 14 A. 1., RZ. 165, S. 136
55) Vgl. SCHELLHAMMER (1984), RZ. 574, S. 281
56) Vgl. THOMAS-PUTZO (1987), § 284 Vorbem. 3. c, S. 580 f.

Die Bestimmung der Beweismittel, die konkrete Person oder der einzelne Gegenstand, mit deren Hilfe der Beweis erbracht werden soll, ist primär Sache der Parteien. Allerdings ist auch das Gericht, abgesehen vom Zeugenbeweis und dem Beweis mit Urkunden, welche sich in Händen Dritter befinden, zu einer Beweiserhebung von Amts wegen berechtigt.[57]
Die Durchführung der Beweisaufnahme erfolgt durch Beweisantritt, indem das entsprechende Beweismittel durch förmlichen Beweisantrag der jeweiligen Partei in den Prozeß eingeführt wird. In welcher Form die Einführung der Beweismittel des Strengbeweises zu erfolgen hat, regelt das Gesetz für jedes Beweismittel gesondert:

- Beim Augenscheinbeweis die Bezeichnung des Gegenstandes des Augenscheins und Angabe der zu beweisenden Tatsachen (§ 371 ZPO)
- Beim Zeugenbeweis die Nennung des Zeugen mit ladungsfähiger Anschrift und Angabe der zu beweisenden Tatsachen (§ 373 ZPO)
- Beim Sachverständigenbeweis die Bezeichnung des zu begutachtenden Sachverhalts (§ 403 ZPO)
- Beim Urkundenbeweis die Vorlegung der Urkunde bzw. der Antrag, dem Gegner die Vorlegung der Urkunde aufzugeben (§ 421 ZPO)
- Bei Parteivernehmung grundsätzlich der Antrag, den Gegner über die zu beweisenden Tatsachen zu vernehmen (§ 445 ZPO); die Vernehmung der beweispflichtigen Partei ist allerdings nach § 447 ZPO nur mit Einverständnis des Gegners zulässig

Die Beweisaufnahme, deren Anordnung das Gericht trifft, erfolgt grundsätzlich vor dem Prozeßgericht.[58] Nur aufgrund besonderer Bestimmungen der ZPO und der in den Gesetzesvorschriften aufgestellten Voraussetzungen kann die Beweisaufnahme in Ausnahmefällen einem beauftragten oder ersuchten Richter übertragen werden.

---

57) Vgl. ARENS (1988), § 25, RZ. 283, S. 201 f.
58) Vgl. zu den allgemeinen Vorschriften über die Beweisaufnahme §§ 355 ff. ZPO

5. Das Rechtsverhältnis zwischen Rechtsanwalt und Mandant

Die Rechtsberatung sowie die Beauftragung eines Rechtsanwalts zur Prozeßführung stellen zwischen Rechtsschutzsuchendem und Rechtsanwalt ein Rechtsverhältnis her, welches in Innen- und Außenverhältnis zu unterscheiden ist:

(1) Das Innenverhältnis wird durch einen Dienstvertrag begründet, der eine Geschäftsbesorgung zum Inhalt hat.[59] Zur Erfüllung des Dienstvertrages besteht für den Rechtsanwalt nicht nur die Verpflichtung, der ratsuchenden Partei die materielle Rechtslage aufzuzeigen und auf die eventuell entstehenden Kosten hinzuweisen, sondern auch Entscheidungen zu treffen, die zur möglichst sicheren und gefahrlosen Erreichung des erstrebten Rechts beitragen.[60] Bei gerichtlicher Durchsetzung des zivilen Rechtsanspruchs ist der Rechtsanwalt darüber hinaus zur Ingangsetzung des gerichtlichen Verfahrens, zur Vorbereitung der mündlichen Verhandlung und zur sachgemäßen Prozeßführung verpflichtet und hat für die Erfüllung der prozessualen Pflichten seines Mandanten Verantwortung zu tragen.
Mit Abschluß des Dienstvertrages wird der Rechtsanwalt zwar Interessenvertreter des Rechtsschutzsuchenden, doch bleibt er nach § 1 Bundesrechtsanwaltsordnung (BRAO) grundsätzlich ein unabhängiges Organ der Rechtspflege. An die Weisungen des Mandanten ist er nur insoweit gebunden, als diese nicht im Widerspruch zu seinen Aufgaben als Rechtspflegeorgan stehen.
Für den Mandanten ergibt sich aus dem geschlossenen Dienstvertrag die Pflicht zur Zahlung des nach der Bundesrechtsanwaltsgebührenordnung (BRAGO) berechneten Anwaltshonorars.

---

59) Vgl. § 675 BGB i.V.m. § 611 BGB; HEINTZMANN (1985), Abschn. 3. III., S. 72; CRAUSHAAR (1979), RZ. 8, S. 25; in Ausnahmefällen kann der geschlossene Vertrag auch ein Werkvertrag sein, wenn ein durch anwaltliche Arbeit herbeizuführender Erfolg den Gegenstand der Verpflichtung des Rechtsanwalts bildet, BGH-URTEIL vom 20.10.1964; zur Unterscheidung der Verträge WURM-WAGNER (1989), S. 458 - 530

60) Vgl. WOLF (1987), Kap. 4 IV., S. 314 f.

Eine schriftliche Vereinbarung der Parteien, welche die Zahlung einer höheren Gebühr als die gesetzlich fixierte festlegt, ist zulässig.[61]

(2) Das Rechtsverhältnis der Parteien im Außenverhältnis ist durch das Recht des Rechtsanwalts gekennzeichnet, seinen Mandanten nach außen zu vertreten. Die Vertretungsmacht des Rechtsanwalts liegt allerdings erst nach Erteilung einer Bevollmächtigung vor, "die im allgemeinen als Prozeßvollmacht erteilt wird".[62] Die Erteilung der Prozeßvollmacht ist an keine gesetzliche Formvorschrift gebunden. Da der Nachweis einer Vollmacht i.S.d. § 80 ZPO aber nur in Form einer schriftlichen Vollmachtsurkunde erbracht werden kann, erfolgt in der Regel schriftliche Erteilung. Rechtsanwaltskanzleien verwenden für Prozeßvollmachten üblicherweise den in Abb. 4 dargestellten Formvordruck.

Prozeßvollmacht

Soweit Zustellungen statt an den Bevollmächtigten auch an die Partei unmittelbar zulässig sind (z. B. § 16 FGG, § 8 VwZG), bitte ich diese nur an meinen Bevollmächtigten zu bewirken.

wird hiermit in Sachen

gegen

wegen

Prozeßvollmacht erteilt.

Die Vollmacht ermächtigt zu allen den Rechtsstreit betreffenden Prozeßhandlungen, insbesondere zur Stellung von Anträgen auf Scheidung der Ehe und Anträgen in Folgesachen, zur Erhebung der Widerklage, zur Vornahme und Entgegennahme von Zustellungen, zur Bestellung eines Vertreters, zur Beseitigung des Rechtsstreits durch Vergleich, Verzicht und Anerkenntnis, zur Einlegung und Zurücknahme von Rechtsmitteln und zum Verzicht auf solche, ferner zur Empfangnahme von Geldern und Wertsachen, insbesondere des Streitgegenstandes und der vom Gegner, der Justizkasse oder anderen Stellen zu erstattenden Kosten.

Die Vollmacht erstreckt sich auch auf Nebenverfahren, z. B. Arrest und einstweilige Verfügung, Kostenfestsetzung, Zwangsvollstreckung einschl. der aus ihr erwachsenden besonderen Verfahren (z. B. ZPO §§ 726–732, 766–774, 785, 805, 872 ff. u. a.), Zwangsversteigerung und Zwangsverwaltung, Hinterlegungsverfahren, Vergleichsverfahren und Konkurs.

, den

(Unterschrift)

Abb. 4: Formvordruck einer Prozeßvollmacht

61) Vgl. § 3 Abs.1 BRAGO
62) CRAUSHAAR (1979), RZ. 9, S. 26

Die Prozeßvollmacht, deren Umfang §§ 81 - 83 ZPO festlegen, ermächtigt den Prozeßbevollmächtigten zu allen den Rechtsstreit betreffenden Prozeßhandlungen einschließlich der Abgabe rechtsgeschäftlicher Erklärungen innerhalb der gerichtlichen Verhandlung.[63] Die vorgenommenen Erklärungen und Prozeßhandlungen berechtigen bzw. verpflichten die Parteien nach § 85 ZPO in gleicher Weise wie durch Vornahme in eigener Person.
Bei gerichtlicher Durchsetzung eines zivilen Rechtsanspruchs ist ferner von Bedeutung, daß in einem Zivilprozeßverfahren vor Landgerichten, dem sogenannten Anwaltsprozeß, als Prozeßbevollmächtigter nur ein bei dem zuständigen Prozeßgericht zugelassener Rechtsanwalt tätig werden kann, während in einem Verfahren vor Amtsgerichten der beauftragte Rechtsanwalt keiner Zulassung des zuständigen Prozeßgerichts bedarf.[64]
In Tab. 3 ist dargestellt, wie die Parteien in den 1.298.065 im Jahr 1988 erledigten Zivilprozeßverfahren vor Amtsgerichten anwaltlich vertreten waren.[65]

PARTEI	Vertretung durch Rechtsanwalt	
	Anzahl	in %
nur der Kläger	536.077	41,30
nur der Beklagte	45.046	3,40
Beide Parteien	557.602	43,00
Keine Partei	159.340	12,30

Tab. 3: Rechtsanwaltsvertretungen der Parteien

63) Zu den rechtsgeschäftlichen Erklärungen zählen z.B. die Aufrechnungs- und Anfechtungserklärung. Nach § 83 Abs.1 ZPO kann der Mandant allerdings dem Rechtsanwalt untersagen, den Rechtsstreit durch Vergleich, Verzicht oder Anerkenntnis zu beenden.

64) Vgl. MODEL-CREIFELDS (1987), Nr. 211, S. 394 f.

65) Vgl. STATISTISCHES BUNDESAMT (1990), Rechtspflege, S. 24

Die Anzahl der Kläger und Beklagten vor Amts-, Land- und Oberlandesgerichten nach Rechtsformen zeigt Tab. 4.[66)]

Parteien	Amtsgerichte	Landgerichte		Oberlandesgerichte
		Berufungsinstanz	Erste Instanz	Berufungsinstanz
Zahl der Kläger:	1.299.300 (100,0%)	99.403 (100,0%)	360.151 (100,0%)	60.854 (100,0%)
davon waren:				
- Behörden, Körperschaften oder andere juristische Personen des öffentlichen Rechts (ohne Versicherungen)	33,517 (2,6%)	718 (0,7%)	7.861 (2,2%)	1.287 (2,1%)
- Versicherungen	38.307 (2,9%)	2.912 (2,9%)	2.923 (0,8%)	1.528 (2,5%)
- AG, GmbH, KG, OHG und ähnliche Gesellschaften oder sonstige Organisationen, z.B. Vereine, Genossenschaften	374.916 (28,8%)	12.683 (12,8%)	130.010 (36,1%)	14.919 (24,5%)
- Sonstige Firmen / Geschäftsbetriebe	94.210 (7,3%)	4.315 (4,3%)	32.692 (9,1%)	4.085 (6,7%)
- Privatpersonen	758.350 (58,4%)	78.775 (79,3%)	186.665 (51,8%)	39.035 (64,2%)
Zahl der Beklagten:	1.385.699 (100,0%)	106.786 (100,0%)	381.308 (100,0%)	62.220 (100,0%)
- Behörden, Körperschaften oder andere juristische Personen des öffentlichen Rechts (ohne Versicherungen)	8.076 (0,6%)	1.414 (1,3%)	12.496 (3,3%)	3.149 (5,1%)
- Versicherungen	115.061 (8,3%)	11.391 (10,7%)	24.344 (6,4%)	3.894 (6,3%)
- AG, GmbH, KG, OHG und ähnliche Gesellschaften oder sonstige Organisationen, z.B. Vereine, Genossenschaften	148.387 (10,7%)	15.989 (15,0%)	98.083 (25,7%)	17.084 (27,4%)
- Sonstige Firmen / Geschäftsbetriebe	59.216 (4,3%)	4.702 (4,4%)	34.195 (9,0%)	4.195 (6,7%)
- Privatpersonen	1.054.959 (76,1%)	73.290 (68,6%)	212.190 (55,6%)	33.898 (54,5%)

Tab. 4: Anzahl der Kläger und Beklagten nach Instanz und Rechtsfom

66) Vgl. STATISTISCHES BUNDESAMT (1990), Rechtspflege, S. 16, 32, 48, 62; mehrere Kläger/Beklagte derselben Art sind je Verfahren nur einmal gezählt.

III. Das Zivilprozeßverfahren

1. Funktion des Zivilprozesses

Das in der Verfassung kodifizierte Verbot der Selbstjustiz zwingt die anspruchstellende Partei, sofern eine außergerichtliche Beilegung des Rechtsstreits scheitert, zur Feststellung und Durchsetzung des Rechtsanspruchs ein gerichtliches Verfahren in Form eines Zivilprozesses einzuleiten.
Der Zivilprozeß ist ein gesetzliches, auf bestimmten Grundsätzen beruhendes Verfahren. Das Zivilprozeßverfahren steht jedem Rechtsschutzsuchenden zur Feststellung, Durchsetzung und zum vorläufigen Schutz privater Rechte zur Verfügung.[1] Die Verfahrensgrundsätze des Zivilprozesses legt das Zivilprozeßrecht fest. Wesentliche Rechtsquelle ist die Zivilprozeßordnung. Daneben existieren weitere Rechtsquellen, die zum einen die ZPO ergänzen, zum anderen das Recht wichtiger Organe der Zivilgerichtsbarkeit enthalten.[2]

Nach den Vorschriften der ZPO gliedert sich der Zivilprozeß in:[3]

- Erkenntnisverfahren
- Zwangsvollstreckungsverfahren
- Sicherungsverfahren

---

1) Vgl. BAUR (1989), § 1 III., S. 5; BLOMEYER (1985), § 1 I., S. 1 f.; STEIN-JONAS (1984), Einl. I. B., RZ. 2,3, S. 28 f.; ARENS (1988), § 1, S. 1 ff.; BERNHARDT (1968), § 1, S. 1 - 14, der insbesondere auch den Charakter des Zivilprozesses als eines Institutes zur Wahrung der Rechtsordnung und Wiederherstellung und Erhaltung des Rechtsfriedens betont.
2) Vgl. ROSENBERG-SCHWAB (1986), § 5 IV. 1., S. 27 f.; die wichtigsten Gesetze sind die Reichsjustizgesetze mit ihren Nebengesetzen und einige neuere Gesetze wie: Gerichtsverfassungsgesetz, Gesetz über die Zwangsversteigerung und Zwangsverwaltung, Deutsches Richtergesetz, Bundesrechtsanwaltsordnung, Rechtspflegergesetz, Gerichtskostengesetz, Gesetz über die Entschädigung von Zeugen und Sachverständigen und die Bundesgebührenordnung für Rechtsanwälte.
3) Vgl. JAUERNIG (1988), § 2 II. 2., S. 5

Das Erkenntnisverfahren, auch als Klage- oder Urteilsverfahren bezeichnet, dient der Rechtsfindung durch richterliche Überprüfung des mit der Klageschrift behaupteten Rechts und führt von der Erhebung der Klage bis zum rechtskräftigen Urteil.[4]

Das Zwangsvollstreckungsverfahren verfolgt das Ziel der Durchsetzung des zugesprochenen Rechts. Über den Anspruch, der mit Hilfe der Staatsorgane zwangsweise durchgesetzt werden soll, muß allerdings ein Vollstreckungstitel vorliegen. Vollstreckungstitel resultieren vornehmlich aus rechtskräftigen vollstreckbaren Endurteilen oder aus den in § 794 ZPO aufgeführten weiteren Titeln.[5]

Die Aufgabe des Sicherungsverfahrens, auch als beschleunigtes Erkenntnisverfahren bezeichnet, liegt in der einstweiligen Regelung gefährdeter Rechtsverhältnisse und der Sicherung künftiger Rechtsdurchsetzung.[6] Die vorläufige Sicherung von Rechten und Rechtsverhältnissen wird durch den Arrest oder die einstweilige Verfügung erreicht.[7] Aus der Vorläufigkeit der Regelung folgt, daß sich dem Sicherungsverfahren in der Regel ein Hauptverfahren anschließt.

---

4) Vgl. BAUMBACH-LAUTERBACH (1990), Einl. III. 1. C., S. 9; BAUMGÄRTEL (1986), B. I., S. 3; eine besondere Verfahrensart des Erkenntnisverfahrens ist das Mahnverfahren, dargestellt unter Gliederungspunkt B.V. dieser Arbeit.
5) Vgl. BAUR-STÜRNER (1983), § 11, S. 80 ff.
6) Vgl. JAUERNIG (1988), § 2 II. 2., S. 5
7) Vgl. BAUR (1989), § 1 I. 6., RZ. 8, S. 3; BAUR-STÜRNER (1983), § 47, RZ. 834, S. 333; Arrest ist die einstweilige Sicherung eines auf Geld gerichteten Anspruchs, die einstweilige Verfügung die einstweilige Sicherung eines nicht auf Geld gerichteten Anspruchs oder die einstweilige Regelung eines Rechtszustandes.

2. Die Klageschrift als Voraussetzung zur Einleitung des Zivilprozeßverfahrens

2.1. Art der Klage und Inhalt einer Klageschrift

Abhängig von dem begehrten Rechtsschutz und der Art des Zivilprozeßverfahrens ist zwischen Leistungs-, Feststellungs- oder Gestaltungsklage zu unterscheiden.[8]
Die Leistungsklage, auch als Verurteilungsklage bezeichnet, stellt das rechtliche Instrument zur Durchsetzung des behaupteten Anspruchs dar. Mit der Leistungsklage strebt der Kläger gleichzeitig einen Vollstreckungstitel gegen den Beklagten an, um den im Endurteil verbrieften Anspruch nach Rechtskraft des Urteils, gegebenenfalls mit Hilfe staatlicher Zwangsmaßnahmen, in Form eines Zwangsvollstreckungsverfahrens durchzusetzen.[9]
Im Gegensatz zu der Leistungsklage wird mit der Feststellungsklage nicht die Durchsetzung eines Rechtsanspruchs, sondern die gerichtliche Feststellung über das Bestehen oder Nichtbestehen eines zwischen den Parteien streitigen Rechtsverhältnisses begehrt. Mit einer Gestaltungsklage wird die Umgestaltung eines bestehenden Rechtsverhältnisses durch Auflösung, Vernichtung oder Umwandlung verlangt.

Den notwendigen Inhalt einer Klageschrift legt § 253 Abs.2,4 i.V.m. § 130 ZPO fest; zwingend vorgeschrieben sind:

- Die Bezeichnung der Parteien und des zuständigen Gerichts
- Ein genau bestimmter Antrag, der festlegt, welchen Rechtsschutz der Kläger vor Gericht begehrt
- Angaben zum Gegenstand und Grund des Klagebegehrens
- Die Unterschrift des Klägers respektive seines Vertreters oder in einem Anwaltsprozeß die Unterschrift des bei dem zuständigen Gericht zugelassenen Rechtsanwalts

---

8) Vgl. SCHELLHAMMER (1990), RZ. 141, S. 107 f.
9) Vgl. zu den rechtlichen Voraussetzungen der Zwangsvollstreckung JAUERNIG (1987), Kap. 1, S. 11 - 36; BAUR-STÜRNER (1983), Teil 3., S. 77 - 147

Nach § 253 Abs.3 ZPO soll die Klageschrift auch den Wert des Streitgegenstandes enthalten, wenn davon "die Zuständigkeit des Gerichts abhängt und der Streitgegenstand nicht in einer bestimmten Geldsumme besteht, sowie eine Äußerung dazu, ob einer Übertragung der Sache auf den Einzelrichter Gründe entgegenstehen".

2.2. Einreichung der Klageschrift

Die Ingangsetzung des Zivilprozeßverfahrens erfolgt mit Einreichung der gesetzlich vorgeschriebenen Klageschrift bei dem zuständigen Prozeßgericht.[10] In einem Parteienprozeß hat die Einreichung der Klageschrift und eventueller Anlagen in zweifacher Form zu erfolgen.[11] In einem Anwaltsprozeß umfaßt die Einreichung eine Orginal-Klageschrift für die Gerichtsakten, eine vom Rechtsanwalt beglaubigte Klageschrift für den Beklagten und eine einfache Abschrift für den Rechtsanwalt des Beklagten.

Mit Einreichung der Klageschrift sind des weiteren eine allgemeine Verfahrensgebühr als Gerichtskostenvorschuß und gerichtliche Auslagen in Höhe von DM 5 für die Klagezustellung an den Beklagten zu entrichten.[12] Die Gebühr richtet sich nach dem Streitwert und wird nach einer dem Gerichtskostengesetz (GKG) als Anlage beigefügten Tabelle berechnet.[13] Die Entrichtung des Betrages hat entweder durch Einzahlung bei der Gerichtskasse oder durch das Aufkleben von Gebührenmarken auf die Klageschrift zu erfolgen.

---

10) Vgl. § 253 Abs.5 ZPO; zur Art der Einreichung ROSENBERG-SCHWAB (1986), § 65 II. 2., S. 380 ff.

11) In einem Parteienprozeß kann nach § 496 ZPO die Klage auch zu Protokoll der Geschäftsstelle erklärt werden; vorbereitete Schriftsätze sind nach § 129 Abs.2 ZPO nicht zwingend erforderlich. Die Erklärungen zu Protokoll können gemäß § 129a ZPO bei der Geschäftsstelle eines jeden Amtsgerichts abgegeben werden.

12) Vgl. § 65 GKG; § 11 GKG i.V.m. Anlage 1 zu § 11 GKG Nr. 1902

13) Vgl. § 11 GKG i.V.m. Anlage 1 zu § 11 GKG Nr. 1010 und Anlage 2 zu § 11 GKG

Mit Eingang der Klageschrift bei der Geschäftsstelle des zuständigen Gerichts ist der Rechtsstreit anhängig. Der Terminus "anhängig" läßt sich historisch begründen; ursprünglich wurden eingereichte Klagen an einer Leine in der Geschäftsstelle des Gerichts aufgehängt und galten damit als anhängig.[14)]
Nach Prüfung der Entrichtung des Gebührenvorschusses von seiten der Geschäftsstelle des Gerichts wird die eingereichte Klageschrift entweder dem Einzelrichter oder dem Vorsitzenden des jeweiligen Spruchkörpers vorgelegt.

2.3. Zustellung der Klageschrift an den Konfliktgegner

Die gerichtliche Zustellung der Klageschrift an den Beklagten ist an gesetzliche Voraussetzungen geknüpft. Zum einen muß eine wirksame Klageeinreichung vorliegen, zum anderen der erforderliche Gerichtskostenvorschuß entrichtet sein.[15)] Das Nichtvorliegen einer der Voraussetzungen hat zur Folge, daß die Klageschrift, ohne Zustellung an den Beklagten, wegen Unzulässigkeit abgewiesen wird.[16)]
Sind die Voraussetzungen erfüllt, steht dem zuständigen Richter zur Vorbereitung des Haupttermins der mündlichen Verhandlung das Recht zu, einen frühen ersten Termin zur mündlichen Verhandlung (§§ 272 Abs.2, 275 ZPO) oder ein schriftliches Vorverfahren (§§ 272 Abs.2, 276 ZPO) zu veranlassen. Die Entscheidung der Festlegung eines frühen ersten Termins oder eines schriftlichen Vorverfahrens liegt im freien Ermessen des Richters, soll aber unter der Zielsetzung erfolgen, eine zügige Erledigung des Streitfalls zu erreichen.[17)]
Die Anordnung des frühen ersten Termins, eine dem Haupttermin vorausgehende mündliche Verhandlung, kommt in der gerichtlichen Praxis zur Anwendung, wenn eine Sacherörterung der Parteien in

---

14) Vgl. CRAUSHAAR (1979), RZ. 57, S. 56
15) Vgl. §§ 18 - 20 GVG; § 65 Abs.1 GKG; Ausnahme § 65 Abs.7 GKG
16) Vgl. JAUERNIG (1988), § 38 II. 4., S. 140 f.
17) Vgl. zu der Wahl des entsprechenden Verfahrens THOMAS-PUTZO (1987), § 272, S. 548 ff.; BAUMBACH-LAUTERBACH (1990), § 272, S. 869 ff.

bezug auf die Klärung des Streitfalls sinnvoll erscheint oder berechtigte Aussicht besteht, den der Art nach einfachen Rechtsstreit in dem ersten Termin zu erledigen. Bei Anordnung eines frühen ersten Termins zur mündlichen Verhandlung veranlaßt der zuständige Richter die Ladung der Parteien. Dem Beklagten wird die Ladung zu diesem Termin zusammen mit der Klageschrift von Amts wegen zugestellt, dem Kläger nur die Ladung.[18)]

Die Veranlassung eines schriftlichen Vorverfahrens wird Anwendung finden, wenn der Rechtsstreit diffizil ist und einer intensiven Vorbereitung zum Haupttermin der mündlichen Verhandlung bedarf. Bei Bestimmung eines schriftlichen Vorverfahrens erfolgt die Zustellung der Klageschrift an den Beklagten mit der Aufforderung, innerhalb einer Frist von zwei Wochen dem Gericht schriftlich mitzuteilen, ob gegen den geltend gemachten Anspruch eine Verteidigung angestrebt wird. Gleichzeitig wird dem Beklagten für den Fall der Verteidigung eine weitere Frist von mindestens zwei Wochen zur schriftlichen Klageerwiderung gesetzt.[19)] Der Kläger wird von der Anordnung des schriftlichen Vorverfahrens und der gesetzten Klageerwiderungsfrist unterrichtet.

Mit Zustellung der Klageschrift an den Beklagten ist die Klage erhoben und die Streitsache nach § 261 Abs.1 ZPO rechtshängig. Der Eintritt der Rechtshängigkeit hat sowohl prozessuale als auch materiellrechtliche Wirkungen.

Materiellrechtliche Wirkungen sind insbesondere:

- Unterbrechung der Verjährung (§§ 209 ff. BGB)
- Anspruch auf Prozeßzinsen (§ 291 BGB)

---

18) Vgl. § 274 Abs.1,2 ZPO; zwischen der Zustellung der Klageschrift und dem Termin zur mündlichen Verhandlung muß ein Zeitraum von mindestens zwei Wochen liegen (Einlassungsfrist).

19) Vgl. § 276 Abs.1 ZPO i.V.m. § 296 Abs.1 ZPO; der Beklagte wird darüber hinaus auf die Folgen eines verspäteten Verteidigungsvorbringens hingewiesen (§ 276 Abs.2 ZPO) und darüber belehrt, daß bei Unterlassen der Anzeige der Verteidigungsbereitschaft bereits im schriftlichen Vorverfahren ein Versäumnisurteil i.S.d. § 331 Abs.3 ZPO gegen ihn ergehen kann.

Darüber hinaus gibt es folgende prozessuale Wirkungen:

- Es darf keine weitere Klageeinreichung über denselben Streitgegenstand erfolgen (§ 261 Abs.3 Nr.1 ZPO).
- Die Zuständigkeit des angerufenen Gerichts bleibt weiterhin bestehen, auch wenn nach Rechtshängigkeit des Streitfalls Umstände eintreten, welche die Zuständigkeit des Gerichts verändern (§ 261 Abs.3 Nr.2 ZPO).

2.4. Reaktionsmöglichkeiten des Beklagten auf die Klageschrift

Nach Zustellung der Klageschrift bestehen für den Beklagten unterschiedliche Möglichkeiten der Reaktion:[20)]

(1) Nichtbeachtung der zugestellten Klageschrift und des Termins zur mündlichen Verhandlung: Da in einem Zivilprozeßverfahren für die Parteien weder Erscheinungs- noch Verhandlungszwang besteht, ist die Nichtbeachtung der Klageschrift und Ladung zulässig. Die ignorierende Partei riskiert zwar, sofern die Zulässigkeits- und Schlüssigkeitskriterien der Klageschrift vorliegen, ein Versäumnisurteil i.S.d. § 331 ZPO, doch kann das Untätigbleiben des Beklagten bei fehlenden Verteidigungsargumenten von Vorteil sein, da die Kosten eines Versäumnisurteils geringer sind als die eines streitigen Urteils.[21)]

(2) Sofortige Anerkennung des vom Kläger geltend gemachten Anspruchs: Bei sofortiger Anerkennung des Anspruchs bestimmt § 93 ZPO, daß der Kläger, sofern der Beklagte zur Klageerhebung keine Veranlassung gab, die Prozeßkosten zu tragen hat.

---

20) Vgl. MODEL-CREIFELDS (1987), Nr. 241, S. 419
21) Vgl. SCHELLHAMMER (1990), RZ. 435 - 437, S. 283 ff.; zu den Voraussetzungen eines Versäumnisurteils §§ 330 ff. ZPO; dem Versäumnisurteil liegt der Gedanke zugrunde, daß der Rechtsstreit auch dann entschieden werden muß, wenn eine Partei ihrer Obliegenheit zur Mitwirkung im Verfahren nicht nachkommt; zu den Kosten LAPPE (1987), Kap. 3. 1., S. 26, Kap. 4. 2. b, S. 41

(3) Versuch, eine Klageabweisung durch Prozeßurteil zu erreichen: Der Beklagte verfolgt die Zielsetzung, in der mündlichen Verhandlung ein klageabweisendes Prozeßurteil zu erreichen, indem er die Zulässigkeit der Klageschrift anzweifelt.[22]

(4) Verteidigung gegen den prozessual und/oder materiellrechtlich geltend gemachten Rechtsanspruch: Der Beklagte nimmt zum Streitfall Stellung und verfolgt, nach Abwägung der Erfolgs- und Kostenkomponente, die Zielsetzung, in der mündlichen Verhandlung eine Klageabweisung durch Sachurteil oder einen prozessualen Vergleich zu erreichen.[23]

3. Verhandlung der Streitsache vor dem Zivilgericht

3.1. Vorbereitung zum Verhandlungstermin

Die Vorschrift des § 272 Abs.1 ZPO, den Rechtsstreit in einem umfassend vorbereiteten Termin zur mündlichen Verhandlung (Haupttermin) zu erledigen, verpflichtet sowohl das Gericht als auch die Parteien zu prozeßfördernden Handlungen. Diese Verpflichtung gilt unabhängig davon, ob ein schriftliches Vorverfahren (§ 276 ZPO) angeordnet oder ein früher erster Termin zur mündlichen Verhandlung (§ 275 ZPO) angesetzt worden ist.

Für die Parteien postuliert § 282 ZPO die Prozeßförderungspflicht. Danach sind Angriffs- und Verteidigungsmittel "so zeitig vorzubringen, wie es nach der Prozeßlage einer sorgfältigen und auf Förderung des Verfahrens bedachten Prozeßführung entspricht".[24]

---

22) Vgl. Ausführungen zu Gliederungspunkt B.II.1. dieser Arbeit.
23) Vgl. zur Wertung der Vorgehensweise die Ausführungen zu Gliederungspunkt B.II.3.3., III.4.1.5., IV., dieser Arbeit.
24) Der Wortlaut des § 282 Abs.1 ZPO, der die Prozeßförderungspflicht auf die jeweilige Prozeßlage bezieht, schließt ein stufenweises prozeßtaktisches Vorgehen nicht aus.

In einem Anwaltsprozeß, in welchem nach § 129 Abs.1 ZPO zur Vorbereitung der mündlichen Verhandlung Schriftsätze vorgeschrieben sind, besteht für die Parteien die Verpflichtung, die Schriftsätze, in denen die in der Verhandlung gestellten Anträge anzukündigen sind, innerhalb einer festgelegten Frist (§§ 132, 282 Abs.2 ZPO) vor Verhandlungstermin einzureichen.[25]

Das Prozeßgericht bzw. die Richter unterliegen ebenfalls der Verpflichtung - abhängig von der jeweiligen Streitsache, den Schriftsätzen und dem Verhalten der Parteien - den Rechtsstreit auf schnellste Weise zur Entscheidungsreife zu bringen.[26] Um diesem Beschleunigungsgrundsatz gerecht werden zu können, stehen dem Richter zur Vorbereitung der mündlichen Verhandlung nach § 273 Abs.2 ZPO entsprechende Mittel zur Verfügung, wie z.B. die Anordnung zur Ergänzung bzw. Erläuterung vorliegender Schriftsätze oder die Anordnung des persönlichen Erscheinens der Parteien. Letzteres wird geboten sein, wenn davon auszugehen ist, daß innerhalb der mündlichen Verhandlung eine Sachaufklärung durch die Parteien erfolgt oder eine Beendigung des Rechtsstreits durch Prozeßhandlungen der Parteien, etwa durch Prozeßvergleich, stattfinden könnte.[27]
Neben den in § 273 Abs.2 ZPO aufgeführten Maßnahmen hat der zuständige Richter zur Vorbereitung des Verhandlungstermins auch die Zulässigkeit und Schlüssigkeit der Klageschrift sowie die Erheblichkeit des Beklagtenvorbringens zu überprüfen, um bereits in diesem Stadium des Verfahrens entsprechende Maßnahmen anzuordnen und damit auf die frühzeitige Beschaffung der entscheidungserheblichen Informationen hinzuwirken.[28]

---

25) Vgl. zum Inhalt der Schriftsätze § 130 ZPO

26) Vgl. ROSENBERG-SCHWAB (1986), § 84 II., S. 477 ff.; zur Konzentration des Verfahrens GRUNSKY (1974), § 24 II., S. 219 - 224

27) Vgl. JAUERNIG (1988), § 56, S. 199 ff.; zu den Prozeßhandlungen der Parteien die Ausführungen zu Gliederungspunkt B.III.4.1. dieser Arbeit.

28) Eine bestimmte Rangfolge für die Prüfung der Kriterien legt die ZPO nicht fest. In der gerichtlichen Praxis werden wohl prozeßökonomische Gesichtspunkte gelten, d.h., erscheinen bei der Prüfung mehrere Kriterien fraglich, werden wohl diejenigen zuerst geprüft, welche am leichtesten und schnellsten als feststellbar erscheinen. Gleichzeitig soll

Geht der zuständige Richter bzw. das Prozeßgericht davon aus, daß dem Stattfinden der mündlichen Verhandlung keine gesetzlichen Vorschriften entgegenstehen, in der mündlichen Verhandlung nur die angekündigten Anträge gestellt und keine neuen Tatsachen vorgebracht werden, kann die Vorbereitungsphase als beendet angesehen werden.

3.2. Ablauf der mündlichen Verhandlung

An das schriftliche Vorverfahren oder an den frühen ersten Termin zur mündlichen Verhandlung, in welchem weder ein prozessualer Vergleich noch eine richterliche Entscheidung über den Streitfall stattfand, schließt sich die Anberaumung des Haupttermins zur mündlichen Verhandlung an.[29] Der Ablauf der mündlichen Verhandlung vor dem Prozeßgericht richtet sich sowohl bei einem frühen ersten Termin als auch im Haupttermin nach bestimmten Verfahrensgrundsätzen, den sogenannten Prozeßmaximen, zu denen insbesondere zählen:[30]

- Öffentlichkeitsgrundsatz
- Beibringungsgrundsatz
- Mündlichkeitsgrundsatz
- Wahrheitspflicht der Parteien
- Richterliche Frage- und Aufklärungspflicht
- Grundsatz des rechtlichen Gehörs

---

die Überprüfung die Gewähr bieten, daß der Richter bzw. das Prozeßgericht einen Überblick über die materiellen und rechtlichen Gesichtspunkte des Streitfalls erhält, um die mündliche Verhandlung sachgemäß und unter Einhaltung der Konzentrationsmaxime zu führen.

29) Der Ablauf des frühen ersten Termins entspricht im wesentlichen dem des dargestellten Haupttermins der mündlichen Verhandlung.

30) Vgl. BAUMANN (1979), Kap. 2, S. 40 - 80

Ein detaillierter Ablauf der mündlichen Verhandlung ergibt sich nicht zwingend aus der ZPO.[31] Nachfolgend wird daher der mögliche Ablauf einer mündlichen Verhandlung unter Berücksichtigung der Verfahrensgrundsätze als Szenario dargestellt.

Die Eröffnung der mündlichen Verhandlung erfolgt "mit dem Aufruf der Sache" durch den zuständigen Richter oder einer von ihm beauftragten Person. Nach Klärung der Öffentlichkeitsfrage,[32] d.h., der Allgemeinheit den Zutritt zur Verhandlung zu gewähren, und der Feststellung der Parteienanwesenheit folgt die Darlegung der Sachanträge und deren Begründung in Form einer Schilderung des Sachverhalts durch die jeweilige Partei. Die Pflicht der Antragsdarlegung und Schilderung des Sachverhalts resultiert aus dem Beibringungsgrundsatz, wonach es allein Aufgabe der Parteien ist, entscheidungserhebliche Tatsachen "beizubringen" und somit den Streitstoff zu bestimmen, über den das Gericht zu entscheiden hat.[33] Dem Prinzip des Parteienprozesses entspricht es auch, daß die Parteien in jeder Stufe des Verfahrens, etwa durch Klagerücknahme oder Prozeßvergleich, über den weiteren Verlauf des Prozesses entscheiden. Da vor Gericht das Mündlichkeitsprinzip[34] gilt, hat die Antragsdarlegung mündlich und die Schilderung des Sachverhalts in freier Rede zu erfolgen. Ausnahme bildet u.a. der Anwaltsprozeß, bei

---

31) Neben der notwendigen Einhaltung der Verfahrensgrundsätze ist der Ablauf einer mündlichen Verhandlung wohl eine mehr oder weniger vom Einzelfall abhängige Zweckmäßigkeitsfrage.

32) Der Grundsatz der Öffentlichkeit ergibt sich aus § 169 GVG, wonach die Teilnahme an der mündlichen Verhandlung, von wenigen Ausnahmen abgesehen, allen Personen zusteht; Ausnahmen sind in §§ 170 ff. GVG geregelt.

33) Der Beibringungsgrundsatz ist in der ZPO nicht konsequent durchgeführt und in bezug auf das Beweisverfahren stark eingeschränkt; so ist das Gericht, abgesehen von dem Zeugenbeweis (§ 373 ZPO) und für den Beweis mit Urkunden, die sich in der Hand eines Dritten befinden (§ 428 ZPO), zu einer Beweiserhebung von Amts wegen berechtigt (§§ 143, 144, 273 Abs.2, 448 ZPO).

34) Vgl. SCHELLHAMMER (1984), RZ. 515 - 519, S. 246 - 250

dem im Regelfall von dem Mündlichkeitsprinzip abgewichen und auf die entsprechenden Schriftsätze verwiesen wird.[35)]

Bei Schilderung des Sachverhalts besteht nach § 138 ZPO für die jeweils vortragende Partei die Pflicht, den Sachverhalt der Wahrheit und Vollständigkeit entsprechend vorzutragen. Die Parteien sind des weiteren verpflichtet, zu den Tatsachenbehauptungen des Gegners Stellung zu nehmen. Die Nichtstellungnahme impliziert das Zugeständnis zum jeweils vorgetragenen Sachverhalt. Der Grundsatz der Wahrheitspflicht ist als Appell an die Parteien zu verstehen, denn die gesetzliche Vorschrift verbietet nicht, Behauptungen vorzunehmen, deren sich die Parteien nicht völlig sicher sind, die sie aber für möglich erachten.[36)] Die gesetzliche Vorschrift beschränkt sich demnach auf die bewußte Wahrheitspflicht, d.h. nur ein bewußtes Lügen oder ein bewußtes Verfälschen des Sachverhalts, wie unvollständige Tatsachenangaben oder das Weglassen wesentlicher Umstände, führen zum Verstoß der Wahrheitspflicht.[37)]

Im Rahmen der richterlichen Frage- und Aufklärungspflicht i.S.d. § 139 ZPO hat das Prozeßgericht u.a. darauf hinzuwirken, daß die Parteien alle erheblichen Tatsachen vollständig erklären, sachdienliche Anträge stellen, ungenügende Angaben zu den vorgebrachten Tatsachen ergänzen und entsprechende Beweismittel bezeichnen.

Nach vollständiger Erklärung der Parteien schildert das Gericht aus dessen Sicht den Sach- und Streitstand und führt wesentli-

---

35) Vgl. §§ 129, 137 Abs.3, 297 Abs.2 ZPO; weitere Ausnahmen ergeben sich aus §§ 128 Abs.2,3, 251a, 283, 331a, 519b Abs.2, 573 Abs.1, 764 Abs.3 ZPO

36) Vgl. CRAUSHAAR (1979), RZ. 131, S. 101

37) Vgl. BAUMBACH-LAUTERBACH (1990), § 138 A., B., S. 555 ff.; THOMAS-PUTZO (1987), § 138 I. 3., S. 337 f.; BAUMANN (1979), § 2 I. b, S. 47; zu den Sanktionen bei Verletzung der Wahrheitspflicht: Prozeßrechtlich die Nichtverwertung des Parteivortrages, strafrechtlich die Möglichkeit einer Bestrafung wegen Prozeßbetruges nach § 263 StGB mit der Folge, daß nach §§ 580 Nr.1, 581 ZPO eine Restitutionsklage möglich ist, zivilrechtlich die Möglichkeit eines Schadensersatzanspruchs aus §§ 823 ff. BGB, für den Rechtsanwalt die Möglichkeit eines Disziplinarverfahrens nach §§ 113 ff. BRAO.

che tatsächliche und rechtliche Gesichtspunkte auf, die zwischen den Parteien streitig oder unstreitig sind, "weist auf Lücken oder Widersprüche des Sachvortrags der Parteien hin und macht deutlich, welcher Rechtsansicht es zuneigt".[38] In welcher Phase der mündlichen Verhandlung die gerichtliche Darlegung des Sach- und Streitstandes i.S.d. § 278 ZPO zu erfolgen hat, steht im Ermessen des Prozeßgerichts. In der gerichtlichen Praxis wird sich die Vorgehensweise durch den Einzelfall bestimmen. Aus prozeßökonomischen Gründen wird die gerichtliche Erörterung vor Stellung der Sachanträge notwendig sein, wenn Zulässigkeitsbedenken gegen die Klageschrift bestehen, da diese vor Verhandlung zur Hauptsache vorgebracht werden müssen.
Die gerichtliche Darlegung des Streit- und Sachstandes liefert den Parteien nicht nur Informationen über die richterliche Beurteilung des Streitstandes, sondern auch Anhaltspunkte, ob zusätzliche Ausführungen und/oder Anträge zur Klärung des Streitfalls erforderlich sind.

Nach gerichtlicher Darlegung des Sach- und Streitstandes erfolgt eine weitere Erörterung zum Streitfall. In dieser sogenannten streitigen Verhandlung werden die Sachanträge gestellt und den Parteien die Möglichkeit geboten, zur Klärung von Widersprüchen und Ungenauigkeiten beizutragen, die Schilderung des Tatsachenvorgangs zu ergänzen oder eine Änderung der Anträge vorzunehmen.[39] In diesem Stadium der mündlichen Verhandlung bietet sich für die Parteien auch die Gelegenheit, die eigene Rechtsposition in bezug auf die Erfolgsaussicht zu überdenken und gegebenenfalls, insbesondere unter Berücksichtigung ökonomischer Gesichtspunkte, einen prozessualen Vergleich anzustreben.[40] Findet eine prozessuale Einigung zwischen den Parteien nicht statt, folgt der streitigen Verhandlung die Beweis-

---

38) CRAUSHAAR (1979), RZ. 120, S. 96
39) Vgl. BAUMBACH-LAUTERBACH (1990), § 278 1. - 3., S. 886 f.
40) Obwohl der Prozeßvergleich im Erkenntnisverfahren der ZPO nicht geregelt ist, begünstigt das Gesetz seinen Abschluß: Das Gericht soll in jeder Lage des Verfahrens auf die gütliche Beilegung des Rechtsstreits hinwirken (§ 279 ZPO).

aufnahme über die bestrittenen Tatsachen. Die Anordnung der Beweisaufnahme trifft der Richter bzw. das Prozeßgericht.[41] Nach Beweisaufnahme ist das Gericht nach § 278 Abs.2 ZPO wiederum verpflichtet, mit den Parteien das Beweisergebnis zu erörtern und ihnen die Gelegenheit zu geben, sich über das Beweisergebnis zu äußern. Dabei steht den Parteien grundsätzlich das Recht zu, ihre Auffassung über das Beweisergebnis darzulegen, Beweiseinreden vorzubringen und Gegenbeweise anzustreben.[42] Die Verpflichtung der Richter, die Parteien zu hören und den Streitfall mit ihnen zu erörtern, resultiert aus dem Grundsatz des rechtlichen Gehörs, wonach jeder Partei das Recht auf Anhörung zusteht, bevor eine eindeutige Entscheidung oder eine Zwischenentscheidung zu ihrem Nachteil ergeht. Der Grundsatz des rechtlichen Gehörs, der nicht explizit aus der ZPO hervorgeht, ist in Art. 103 Abs.1 GG verfassungsrechtlich garantiert und damit ein allgemeines rechtsstaatliches Prinzip.

---

41) Vgl. SCHELLHAMMER (1984), RZ. 562, S. 273 f.; der Beweisantrag der jeweiligen Partei zur Durchführung der Beweisaufnahme ist nur für den Zeugenbeweis und den Beweis mit Urkunden, die sich in Händen Dritter befinden, absolute Voraussetzung, da das Gericht bei den anderen Beweismitteln zu einer Beweiserhebung von Amts wegen berechtigt ist.

42) Vgl. BAUMBACH-LAUTERBACH (1990), § 285, S. 918 f.

4. Abschluß der mündlichen Verhandlung zum Haupttermin

4.1. Beendigung des Rechtsstreits durch Prozeßhandlungen der Parteien

Die Beendigung des Rechtsstreits ohne richterliche Sachentscheidung ist innerhalb der mündlichen Verhandlung grundsätzlich durch Prozeßhandlungen der Parteien möglich.
Als Prozeßhandlungen gelten:[43]

- Klagerücknahme
- Klageverzicht
- Klageerledigung
- Anerkenntnis
- Prozeßvergleich

4.1.1. Klagerücknahme

Die Erklärung der Klagerücknahme, die während des gesamten Prozesses, d.h., von der Klageerhebung bis zur formellen Rechtskraft des Urteils, zulässig ist, führt zum Widerruf des Rechtsschutzbegehrens und erfolgt seitens des Klägers unter der Zielsetzung, das Zivilprozeßverfahren ohne richterliche Entscheidung zu beenden.[44] Die Voraussetzungen zur Klagerücknahme und deren Rechtswirkung regelt § 269 ZPO.
Von rechtlicher Bedeutung für die Parteien ist, daß[45]

- die Klagerücknahme dem Prozeßgericht in mündlicher oder schriftlicher Form zu erklären ist;
- die Klagerücknahme, sofern diese nach der mündlichen Anhörung des Beklagten zur Hauptsache erfolgt, grundsätzlich der Einwilligung des Beklagten bedarf; eine Verweigerung führt zur Fortsetzung des Zivilprozeßverfahrens;

---

43) Vgl. ROSENBERG-SCHWAB (1986), § 130 I., S. 800, § 134 IV., S. 840 f., § 134 V., S. 847 f.
44) Vgl. BLOMEYER (1985), § 63, S. 328 - 332
45) Vgl. ZEISS (1989), § 64, S. 173 ff.

- durch Klagerücknahme die Rechtshängigkeit des Streitfalls rückwirkend aufgehoben wird und die Klage erneut erhoben werden kann;
der Kläger die Kosten des Rechtsstreits zu tragen hat.

4.1.2. Klageverzicht

Der Klageverzicht, geregelt in § 306 ZPO, hat die Erklärung des Klägers zum Inhalt, daß er auf den Klageanspruch verzichtet. Der Verzicht auf den geltend gemachten Anspruch führt - ohne weitere Sachprüfung des Streitfalls - zu einem klageabweisenden Urteil, soweit der Beklagte die Abweisung beantragt.[46] Die Kosten des Rechtsstreits hat nach § 91 ZPO der Kläger zu tragen. Nach Erklärung des Klageverzichts und des klageabweisenden Urteils ist eine erneute Klageerhebung desselben Inhalts von seiten des Klägers nicht mehr zulässig, da bei Klageverzicht die Rechtshängigkeit des Streitfalls nicht rückwirkend aufgehoben wird.

4.1.3. Klageerledigung

Die Erledigung der Klage ergibt sich aus der Tatsache, daß entweder der Kläger oder die Parteien gemeinsam dem Gericht zur Kenntnis geben, daß der Rechtsstreit durch den Eintritt eines besonderen Ereignisses nicht mehr existent ist.[47]
Die Erledigungserklärung bietet dem Kläger die Möglichkeit, eine aufgrund des eingetretenen Ereignisses unzulässige oder unbegründete Klage schon vor gerichtlicher Abweisung als nicht mehr existent einzustufen.

Die Streitbeendigung der Parteien durch übereinstimmende Erledigungserklärung ist in § 91a ZPO nur sehr unvollkommen gere-

---

46) Vgl. ROSENBERG-SCHWAB (1986), § 134 V., S. 847 ff.
47) Vgl. zur einseitigen Erledigungserklärung SCHELLHAMMER (1984), RZ. 1416, S. 712

gelt. Unumstritten ist nach herrschender Meinung,[48] daß das Gericht bei übereinstimmender Erledigungserklärung keine Sachentscheidung, sondern nach § 91a ZPO nur einen Beschluß über die entstandenen Kosten zu fällen hat. Umstritten ist dagegen, ob die Kostenentscheidung bei einer vor Rechtshängigkeit eingetretenen Erledigung nach § 91a ZPO, unter Berücksichtigung des bisherigen Sach- und Streitstandes, nach billigem Ermessen zu erfolgen hat oder § 269 Abs.3 S.2 ZPO anzuwenden ist, nach welchem der Kläger die Kosten zu tragen hat.

Während die überwiegende Meinung[49] davon ausgeht, daß bei der Kostenentscheidung die Anwendung des § 91a ZPO schon bei Eintritt des Ereignisses vor Einreichung der Klageschrift greift, plädiert die engste Meinung[50], daß § 91a ZPO im Gegensatz zu § 269 Abs.3 S.2 ZPO erst dann zur Anwendung kommt, wenn der Eintritt des Ereignisses und damit die Erledigung des Streitfalls nach Klageeinreichung respektive nach Rechtshängigkeit des Streitfalls stattfand.

Gesetzliche Vorschriften über die Zulässigkeit und Wirkung einer einseitigen Erledigungserklärung bei gleichzeitiger Aufrechterhaltung des Klageabweisungsantrages durch den Beklagten bestehen nicht. Allerdings haben sich Rechtsprechung und Lehre um eine rechtliche Begründung für die Zulässigkeit einer einseitigen Erledigungserklärung bemüht.[51] Bei einseitiger Erledigungserklärung und gleichzeitiger Aufrechterhaltung des Klageabweisungsantrages hat auf Antrag des Klägers eine gerichtliche Feststellung über die Erledigung in der Hauptsache, also eine vollständige Sachprüfung des Streitfalls, gegebenenfalls mit Beweisaufnahme, zu erfolgen.

---

48) Vgl. MÖSSNER (1970), S. 175 ff.; GRUNSKY (1974), § 12, S. 104 ff.; JAUERNIG (1988), § 42 VI. 2., S. 152 f.; DEUBNER-BLOMEYER (1962), S. 205 ff.; LÜKE (1975), S. 323 ff.; GROETSCHEL (1976), S. 1971 f. mit weiteren Literaturhinweisen

49) Vgl. BLOMEYER (1985), § 64, S. 332 f., THOMAS-PUTZO (1987), § 91a 6., S. 212 ff.; JAUERNIG (1988), § 42 VI., S. 151 f.

50) Vgl. BAUMBACH-LAUTERBACH (1990), § 91a 1. 2., S. 260 f.

51) Vgl. SCHELLHAMMER (1984), RZ. 1416, S. 712; BLOMEYER (1985), § 64 I., S. 333 - 337 mit weiteren Literaturhinweisen; BGHZ 23/340, 34/201 f. mit weiteren Quellenangaben

Abhängig vom Zeitpunkt des Eintritts des den Streitfall erledigenden Ereignisses gilt:

- Bei einer bis zum Erledigungsantrag zulässigen und schlüssigen Klageschrift ergeht gerichtliches Endurteil über die Erledigung in der Hauptsache. Der Beklagte hat die Kosten nach § 91 ZPO zu tragen, da er den Prozeß der geänderten Klage, der Feststellungsklage, verliert.
- War die Klageschrift bis zum Zeitpunkt des Erledigungsantrages unzulässig oder unbegründet, ist die Klage durch Prozeß- oder Sachurteil abzuweisen, da die Erledigungserklärung ohne Bedeutung bleibt. Die Kosten hat nach § 91 ZPO der Kläger zu tragen.
- Eine zulässige und begründete Klageschrift, die unabhängig von dem Zeitpunkt des Erledigungsantrages keine Erledigung nach materiellem Recht zuläßt, führt zur Abweisung der Feststellungsklage wegen Unbegründetheit, sofern der Kläger trotz Belehrung auf den Erledigungsantrag besteht.

4.1.4. Anerkenntnis

Das Anerkenntnis des prozessual geltend gemachten Anspruchs seitens des Beklagten führt nach § 307 Abs.1 ZPO auf Antrag des Klägers ohne weitere Sachprüfung des Streitfalls zum Erlaß eines Anerkenntnisurteils, einem klagezusprechenden Urteil. Voraussetzung für den Erlaß eines Anerkenntnisurteils ist das Vorliegen einer zulässigen Klageschrift.[52] Eine unzulässige Klageschrift wird folglich, trotz der Anerkenntniserklärung des Beklagten, zu Lasten des Klägers durch Prozeßurteil abgewiesen. Ferner ist von Bedeutung, daß eine Anerkenntniserklärung als reine Prozeßhandlung nicht nach den Anfechtungsregeln des BGB beseitigt werden kann.[53] Der Widerruf des Anerkenntnisses als Prozeßhandlung ist vielmehr nur dann zulässig, wenn der Kläger zustimmt, ein Restitutionsgrund nach § 580 ZPO vorliegt oder in

52) Vgl. JAUERNIG (1988), § 47, S. 147 - 169
53) Vgl. ROSENBERG-SCHWAB (1986), § 134 3., S. 842

analoger Anwendung des § 290 ZPO nachgewiesen wird, daß das Anerkenntnis unrichtig oder durch einen Irrtum veranlaßt ist.

4.1.5. Prozeßvergleich

Der Prozeßvergleich (§ 794 Nr.1 ZPO), auf dessen Zustandekommen das Gericht nach § 279 ZPO in jeder Phase der mündlichen Verhandlung hinzuwirken hat, ist ein gütlicher Vergleich zwischen den Parteien und soll im Wege gegenseitigen Nachgebens zur völligen oder teilweisen Beilegung des Rechtsstreits führen.[54] Nach Rechtsprechung[55] und herrschender Meinung[56] weist der dem Prozeßvergleich zugrunde liegende Vertrag Doppelcharakter auf, da er zum einen Prozeßhandlungen umfaßt, die zur Beendigung des Rechtsstreits führen, zum anderen ein materiellrechtliches Rechtsgeschäft darstellt, welches die materiellrechtliche Beziehung der Parteien neu ordnet. Ein wirksamer Prozeßvergleich ist daher an prozessuale und materiellrechtliche Voraussetzungen gebunden.[57]

Die prozessualen Voraussetzungen umfassen:

- Abgabe der Prozeßvergleichserklärung durch die anwesenden Parteien oder deren Vertreter vor einem deutschen Prozeßgericht
- Vorliegen der Prozeßhandlungsvoraussetzungen der Parteien
- Prozeßvergleichserklärung über den Streitgegenstand des anhängigen Verfahrens
- Wirksamkeit der Erklärungen als Prozeßhandlungen
- Gerichtliche Protokollierung des Prozeßvergleichs, Genehmigung des Protokolls durch die Parteien und dessen ordnungsgemäße Beurkundung

---

54) Vgl. BAUMANN (1979), Kap. 2, S. 54; der Prozeßvergleich ist ein dem Urteil gleichstehender Vollstreckungstitel.
55) Vgl. BGHZ 16/388, 41/311, 46/278
56) Vgl. ROSENBERG-SCHWAB (1986), § 132 II., S. 814 f.; THOMAS-PUTZO (1987), § 794 III. 1. a, S. 1371; BAUMBACH-LAUTERBACH (1990), Anh. § 307 2. A., S. 1026 f.; JAUERNIG (1988), § 48 I., S. 169
57) Vgl. BERNHARDT (1968), § 41 II., S. 251 ff.

Die materiellrechtlichen Voraussetzungen bestehen in folgenden Punkten:

- Beilegen des Rechtsstreits durch gegenseitiges Nachgeben (§ 779 BGB)
- Vorliegen der allgemeinen Erfordernisse zum Abschluß eines materiellrechtlichen Rechtsgeschäfts wie z.B. Vorliegen der Geschäftsfähigkeit
- Erfüllung der materiellrechtlichen Formerfordernisse, die jedoch durch gerichtliche Protokollierung (§ 127a BGB) ersetzt werden

Die rechtliche Wirkung des Prozeßvergleichs liegt insbesondere auf prozessualem Gebiet.[58] So führt der Prozeßvergleich nicht nur zur Beendigung des Zivilprozeßverfahrens und zur Aufhebung der Rechtshängigkeit des Streitfalls, sondern der protokollierte Vergleich gilt nach § 794 Abs.1 Nr.1 ZPO auch als Vollstreckungstitel, mit dem in das Vermögen des Schuldners vollstreckt werden kann. Der Prozeßvergleich ist zugleich auch ein Vergleich i.S.d. § 779 BGB, er wirkt unmittelbar auf die materielle Rechtslage und gestaltet diese entsprechend dem Vergleichsinhalt.

4.2. Anberaumung eines neuen Termins zur mündlichen Verhandlung

Führt der Haupttermin der mündlichen Verhandlung weder zur Beendigung des Rechtsstreits durch Prozeßhandlungen der Parteien noch zu richterlicher Entscheidungsreife in der Sache, findet die Anordnung eines neuen Termins zur mündlichen Verhandlung statt.[59] Die Anberaumung eines neuen Termins resultiert u.a. aus der Tatsache, daß innerhalb der mündlichen Verhandlung neue erhebliche Tatsachen vorgebracht werden und die jeweilige Gegenpartei nicht in der Lage ist, den Behauptungen mit begründeten Gegenargumenten bzw. Gegenbeweisen entgegenzu-

58) Vgl. SCHELLHAMMER (1984), RZ. 675 - 677, S. 337 ff.
59) Vgl. § 278 Abs.4 ZPO

treten. Des weiteren kann sich herausstellen, daß aufgrund mangelnder Vorbereitung bestimmte Feststellungen innerhalb der mündlichen Verhandlung nicht durchgeführt werden können. Daraus folgt die Bestimmung eines neuen Termins zur mündlichen Verhandlung mit der gleichzeitigen Anordnung entsprechender Maßnahmen zu dessen Vorbereitung.
Bei Vorliegen von erheblichen Gründen sieht § 227 ZPO die Vertagung, Verlegung oder Aufhebung des anberaumten Verhandlungstermins vor.[60] Dabei ist neben dem Vorliegen eines erheblichen Grundes der Zeitpunkt von Bedeutung, zu dem der Termin geändert wird. So findet die Vertagung der Verhandlung nach Beginn und die Verlegung vor Beginn des anberaumten Termins statt, jeweils unter Nennung eines neuen Termins. Die Aufhebung erfolgt vor Beginn des anberaumten Termins, jedoch ohne Bestimmung eines neuen Termins.[61]
Solche Terminänderungen werden gemeinhin für die langen Verfahrensdauern (Tab. 5) vor den ordentlichen Gerichten verantwortlich gemacht, die in der Praxis auf zunehmende Kritik stoßen und vornehmlich der Funktionsweise der Gerichte zugeschrieben werden.[62] Die Verfahrensdauern sind aber auch, wie Tab. 6 verdeutlicht, davon abhängig, ob eine Beweisaufnahme stattfindet bzw. ganz allgemein von der Verteidigungsstrategie der jeweiligen Konfliktpartei.[63]

---

60) Vgl. zu der Terminänderung HARTMANN (1978), S. 1458 f.
61) Vgl. JAUERNIG (1988), § 79 V., S. 282
62) Vgl. STATISTISCHES BUNDESAMT (1990), Rechtspflege, S. 20, 38, 52, 66
63) Vgl. STATISTISCHES BUNDESAMT (1990), Rechtspflege, S. 18 36, 50, 64

	Amts-gerichte	Landgerichte		Oberlandesgerichte
		Berufungsinstanz	Erste Instanz	Berufungsinstanz
Erledigte Verfahren insgesamt	1.298.065 (100,0%)	96.910 (100,0%)	359.492 (100,0%)	59.774 (100,0%)
Dauer in Monate:				
- 3	721.589 (55,6%)	27.185 (28,1%)	156.404 (43,5%)	11.229 (18,8%)
3 - 6	325.212 (25,1%)	35.082 (36,2%)	90.491 (25,2%)	13.904 (23,3%)
6 - 12	188.768 (14,5%)	27.821 (28,7%)	70.182 (19,5%)	21.734 (36,4%)
12 - 24	53.780 (4,1%)	6.432 (6,6%)	31.886 (8,9%)	10.663 (17,8%)
mehr als 24	8.716 (0,7%)	390 (0,4%)	10.549 (2,9%)	2.244 (3,7%)
ø Dauer des jeweiligen Verfahrens (Monate)	4,1	5,6	5,9	8,8

Tab. 5: Dauer der Zivilprozeßverfahren im Jahr 1988

	Amts-gerichte	Landgerichte		Oberlandesgerichte
		Berufungsinstanz	Erste Instanz	Berufungsinstanz
Erledigte Verfahren insgesamt	1.298.065 (100,0%)	96.910 (100,0%)	314.266 (100,0%)	59.774 (100,0%)
davon waren:				
- ohne Termin	454.416 (35,0%)	20.370 (21,0%)	81.894 (26,1%)	14.526 (24,3%)
- mit Termin ohne Beweisaufnahme	606.108 (46,7%)	63.962 (66,0%)	157.804 (50,2%)	34.187 (57,2%)
- mit Termin mit Beweisaufnahme	237.541 (18,3%)	12.578 (13,0%)	74.568 (23,7%)	11.061 (18,5%)
ø Zahl der Termine je erledigtes Verfahren mit Termin	1,5	1,2	1,7	1,2
Termine erledigter Verfahren insgesamt	1.288.436 (100,0%)	89.237 (100,0%)	387.539 (100,0%)	56.269 (100,0%)
ohne Beweisverfahren	979.966 (76,1%)	74.872 (83,9%)	284.936 (73,5%)	43.171 (76,7%)
mit Beweisverfahren	308.470 (23,9%)	14.365 (16,1%)	102.603 (26,5%)	13.098 (23,3%)
ø Zahl der Termine je Verfahren mit Termin ohne Beweisaufnahme	1,2	1,1	1,3	1,1
ø Zahl der Termine je Verfahren mit Beweistermin	2,3	1,7	2,5	1,7

Tab. 6: Anzahl der Termine je Prozeß- und Berufungsverfahren im Jahr 1988

4.3. Beendigung des Rechtsstreits durch Urteilsspruch

4.3.1. Verkündung des Urteils

Hält der Richter den Streitfall für entscheidungsreif, kommt es zur Schließung der mündlichen Verhandlung und zur Verkündung des Urteils. Das Urteil ist mit Verkündung existent und seitens des Gerichts nicht mehr abänderbar. Mit Urteilsbekanntgabe ist der Rechtsstreit in der entsprechenden gerichtlichen Instanz abgeschlossen.[64)]
Hinsichtlich des Zeitpunkts der Urteilsbekanntgabe bestehen für den Richter bzw. das Prozeßgericht nach § 310 Abs.1 ZPO die Alternativen der sofortigen Urteilsverkündung nach Beendigung der mündlichen Verhandlung oder der Verkündung zu einem späteren "Verkündungstermin". Die sofortige Urteilsverkündung findet Anwendung, wenn die Entscheidung keine längere Überprüfung voraussetzt. Die Urteilsverkündung eines Kollegialgerichts setzt allerdings eine vorherige Beratung und interne Abstimmung durch das Kollegium voraus.[65)]
Die sofortige Verkündung des Urteils erfolgt gemäß § 311 Abs.2 ZPO durch Vorlesen der Urteilsformel, welche die richterliche Entscheidung über die Streitsache, die Kostenentscheidung und die Entscheidung über die vorläufige Vollstreckbarkeit mit oder ohne Sicherheitsleistung enthält.
Im Gegensatz zur sofortigen Urteilsverkündung erfolgt bei längerer Prüfung der Entscheidungsgründe die Urteilsverkündung zu einem späteren Termin, dessen Anberaumung nach § 310 Abs.1 ZPO nur aus wichtigen Gründen über drei Wochen liegen darf. Bei der Urteilsverkündung mit eigenem Verkündungstermin muß das Urteil nach § 310 Abs.2 ZPO vollständig abgefaßt sein und dem gesetzlich vorgeschriebenen Inhalt entsprechen; Inhalt und Form eines Urteils regeln §§ 313 ff. ZPO.

---

64) Vgl. BAUR (1989), § 15, RZ. 204, S. 163 f.
65) Vgl. §§ 192 ff. GVG

Abhängig von dem Entscheidungsbegehren unterscheiden sich gerichtliche Sachurteile in:[66)]

- Leistungsurteile
- Feststellungsurteile
- Gestaltungsurteile

Das Leistungsurteil enthält einen bestimmten Leistungsbefehl an den Beklagten, wie Zahlung eines bestimmten Geldbetrages oder Herausgabe einer Sache.[67)] Ist das Leistungsurteil zugunsten des Klägers ergangen, liegt nach Rechtskraft des Urteils ein Vollstreckungstitel vor, mit Hilfe dessen, sofern weitere Voraussetzungen erfüllt sind, der im Titel verbriefte Anspruch durch staatliche Zwangsmaßnahmen durchgesetzt werden kann.[68)]

Feststellungsurteile, die einen deklaratorischen Ausspruch über das Bestehen oder Nichtbestehen eines Rechtsverhältnisses zum Inhalt haben, weisen wegen des fehlenden Leistungsbefehls an den Beklagten keinen vollstreckungsfähigen Inhalt auf.[69)]

Durch Gestaltungsurteil wird eine bestehende Rechtslage umgestaltet und nach Eintritt der formellen Rechtskraft des Urteils eine bisher nicht bestehende Rechtsfolge herbeigeführt.[70)]
In Tab. 7 ist die Anzahl der erledigten Verfahren für das Jahr 1988 nach Art der Erledigung dargestellt.[71)]

---

66) Vgl. FURTNER (1985), D., S. 113 - 149
67) Vgl. ROSENBERG-SCHWAB (1986), § 93, S. 541 - 550
68) Vgl. zu den Voraussetzungen der Zwangsvollstreckung BAUR-STÜRNER (1983), 3. Teil, S. 77 - 147
69) Vgl. SCHRADER-STEINERT (1990), RZ. 649 - 653, S. 254
70) Vgl. GRUNSKY (1974), § 38 II. 3., S. 374
71) Vgl. STATISTISCHES BUNDESAMT (1990), Rechtspflege, S. 18, 34, 50, 64

	Amts-gerichte	Landgerichte		Oberlandesgerichte
		Berufungsinstanz	Erste Instanz	Berufungsinstanz
Erledigte Verfahren insgesamt	1.298.065 (100,0%)	96.910 (100,0%)	359.492 (100,0%)	59.774 (100,0%)
Art der Erledigung:				
Streitiges Urteil einschl. Vorbehalts- und Ausschlußurteil	384.704 (29,6%)	54.160 (55,9%)	111.067 (30,9%)	27.868 (46,6%)
Vergleich	119.605 (9,2%)	12.046 (12,4%)	56.488 (15,7%)	10.157 (17,0%)
Anerkenntnis-, Verzichts- oder Versäumnisurteil	332.694 (25,6%)	1.324 (1,4%)	65.695 (18,3%)	1.323 (2,2%)
Zurücknahme der Klage oder des Antrags	222.821 (17,2%)	22.291 (23,0%)	45.132 (12,6%)	16.487 (27,6%)
Verweisung oder Abgabe an ein anderes Gericht	96.869 (7,5%)	144 (0,1%)	25.398 (7,1%)	12 (0,02%)
Sonstige Erledigung	141.372 (10,9%)	6.945 (7,2%)	55.712 (15,4%)	3.927 (6,6%)

Tab. 7: Erledigte Zivilprozesse nach Art der Erledigung

4.3.2. Zustellung und Rechtskraft des Urteils

Die Zustellung des Urteils an die Parteien erfolgt von Amts wegen.[72] Mit Amtszustellung des in vollständiger Form abgefaßten Urteils oder des abgekürzten Urteils[73] beginnt auch die Rechtsmittelfrist, die einmonatige Berufungsfrist (§ 516 ZPO) oder die einmonatige Revisionsfrist (§ 552 ZPO). Nach § 317 Abs.1 ZPO kann allerdings auf übereinstimmenden Antrag der Parteien die Amtszustellung des Urteils bis zu fünf Monate nach Verkündung hinausgeschoben werden; damit geht de facto auch eine Verlängerung der Rechtsmittelfrist einher. Ferner besteht für die obsiegende Partei gemäß § 317 Abs.2 ZPO die Möglichkeit, die Erteilung eines abgekürzten Urteils zu beantragen, um schon vor Zustellung des Urteils ein Zwangsvollstreckungsverfahren einleiten zu können.
Wird gegen das zugestellte Urteil von einer oder beiden Parteien fristgerecht das Rechtsmittel der Berufung oder Revision eingelegt, ist die entsprechende Rechtsmittelinstanz zur Über-

72) Vgl. §§ 270 Abs.1, 317 Abs.1 ZPO
73) Vgl. zum abgekürzten Urteil §§ 313a, 313b ZPO

prüfung des erlassenen Urteils zuständig.[74] Andernfalls erlangt das Urteil formelle Rechtskraft und bildet die rechtliche Voraussetzung für das Zwangsvollstreckungsverfahren, soweit das Urteil nicht bereits für vorläufig vollstreckbar erklärt wurde.[75]

Die Verfahrensdauer der erledigten Zivilprozeßverfahren durch streitiges Urteil ist für das Jahr 1988 in Tab. 8 dargestellt.[76]

	Amtsgerichte	Landgerichte		Oberlandesgerichte
		Berufungsinstanz	Erste Instanz	Berufungsinstanz
Erledigte Verfahren insgesamt	1.298.065	96.910	359.492	59.774
Streitige Urteile insgesamt	384.704 (100,0%)	54.160 (100,0%)	111.067 (100,0%)	27.868 (100,0%)
Dauer in Monate:				
- 3	98.510 (25,6%)	7.397 (13,7%)	19.520 (17,6%)	1.136 (4,1%)
3 - 6	143.934 (37,4%)	22.371 (41,3%)	32.553 (29,3%)	6.284 (22,5%)
6 - 12	102.786 (26,7%)	19.685 (36,3%)	33.757 (30,4%)	12.478 (44,8%)
12 - 24	34.348 (9,0%)	4.429 (8,2%)	18.853 (17,0%)	6.603 (23,7%)
mehr als 24	5.126 (1,3%)	278 (0,5%)	6.384 (5,7%)	1.367 (4,9%)
∅ Dauer des jeweiligen Verfahrens (Monate)	6,3	6,6	9,2	10,7

Tab. 8: Dauer der erledigten Verfahren durch streitiges Urteil

74) Vgl. ROSENBERG-SCHWAB (1986), § 31 III., S. 165 ff.; Abb.2 dieser Arbeit.

75) Vgl. SCHELLHAMMER (1984), RZ. 830, S. 418

76) Vgl. STATISTISCHES BUNDESAMT (1990), Rechtspflege, S. 20, 38, 52, 66

IV. Kosten eines streitigen Zivilprozeßverfahrens

1. Gerichtskosten

1.1. Gerichtskosten des ersten Rechtszuges

Zivilgerichte erheben für die Durchführung des Klageverfahrens bzw. für die zu erbringende staatliche Leistung Kosten, sogenannte Gerichtskosten, die als öffentlichrechtliche Abgaben gemäß Verfassung unter Gesetzesvorbehalt stehen. Gerichtskosten können folglich nur nach Maßgabe eines Gesetzes oder einer aufgrund einer gesetzlichen Ermächtigung erlassenen Rechtsverordnung erhoben werden.[1)]
Maßgebende Gesetzesgrundlage für die Ermittlung der Gerichtskosten eines streitigen Zivilprozeßverfahrens ist das Gerichtskostengesetz (GKG), welches Gerichtskosten in Gebühren und Auslagen unterteilt.[2)]

1.1.1. Gebühren

Gerichtsgebühren stellen ein pauschales Entgelt der staatlichen Leistung dar und richten sich, soweit §§ 12 ff. GKG und §§ 3 - 9 ZPO nichts Abweichendes bestimmen, grundsätzlich nach dem Wert des Streitgegenstandes, dem sogenannten Streitwert, der durch Klageantrag bestimmt wird.[3)] Zinsen und sonstige Nebenforderungen bleiben, sofern die Hauptforderung Streitgegenstand ist, bei der Streitwertberechnung außer Betracht.[4)]
Für die Wertberechnung des Streitgegenstandes ist der Zeitpunkt der Klageeinreichung maßgebend (§ 12 Abs.1 GKG; § 4 Abs.1 ZPO). Eine Wertminderung des gleichbleibenden Streitgegenstandes bis zur Beendigung der Instanz reduziert die Streitwerthöhe nicht,

---

1) Vgl. LAPPE (1987), Kap. 2. 1., S. 20 f.
2) Vgl. § 1 Abs.1 GKG
3) Vgl. MARKL (1983), § 12, RZ. 1 - 27, S. 161 - 184; LAPPE (1982), § 8 III., S. 20; zur Festsetzung des Streitwerts SCHNEIDER (1989), RZ. 1597 - 1619, S. 314 ff.
4) Vgl. § 12 Abs.1 GKG i.V.m. § 4 Abs.1 ZPO

eine Werterhöhung führt dagegen zu einer Streitwerterhöhung (§ 15 Abs.1 GKG).[5] Das Verteidigungsvorbringen des Beklagten bleibt in bezug auf die Streitwertberechnung ohne Einfluß. Einzige Ausnahme besteht bei der Hilfsaufrechnung, bei der sich der Streitwert ab Zeitpunkt der Hilfsaufrechnungserklärung um den Wert der Gegenforderung erhöht, sofern eine Entscheidung über eine Gegenforderung ergeht.[6]
Ein Überblick der erledigten Zivilprozeßverfahren nach der Höhe des Streitwerts liefert Tab. 9 (Jahr 1988).[7]

---

5) Vgl. zum Bewertungszeitpunkt insbes. MARKL (1983), § 15, RZ. 1 - 8, S. 288 ff.
6) Vgl. § 19 Abs.3 GKG
7) Vgl. STATISTISCHES BUNDESAMT (1990), Rechtspflege, S. 26, 42, 58, 72

A M T S G E R I C H T E	
Gebührenstreitwerte in DM	Erledigte Verfahren ohne Verweisung oder Abgabe an ein anderes Gericht 1.201.196 (100,0%)
- 50	16.325 (1,4%)
51 - 500	280.665 (23,4%)
501 - 1.500	355.750 (29,6%)
1.501 - 3.000	241.655 (20,1%)
3.001 - 5.000	208.331 (17,3%)
5.001 - 10.000	67.448 (5,6%)
mehr als 10.000	31.022 (2,6%)
L A N D G E R I C H T E (Erste Instanz)	
Gebührenstreitwerte in DM	Erledigte Verfahren ohne Entschädigungs- und Rückerstattungsverfahren 358.630 (100,0%)
- 5.000	20.999 (5,9%)
5.001 - 10.000	134.827 (37,6%)
10.001 - 30.000	124.702 (34,8%)
30.001 - 50.000	32.257 (9,0%)
50.001 - 100.000	24.653 (6,8%)
100.001 - 200.000	11.271 (3,1%)
200.001 - 1 Mio	8.874 (2,5%)
mehr als 1 Mio	1.047 (0,3%)
O B E R L A N D E S G E R I C H T E	
Gebührenstreitwerte in DM	Erledigte Verfahren ohne Entschädigungs- und Rückerstattungsverfahren 59.452 (100,0%)
- 5.000	6.741 (11,3%)
5.001 - 10.000	16.498 (27,7%)
10.001 - 30.000	19.143 (32,2%)
30.001 - 50.000	6.230 (10,5%)
50.001 - 100.000	5.222 (8,8%)
100.001 - 200.000	2.876 (4,8%)
200.001 - 1 Mio	2.410 (4,1%)
mehr als 1 Mio	332 (0,6%)

Tab. 9: Erledigte Zivilprozeßverfahren nach dem Gebührenstreitwert

Die Ermittlung der Gerichtsgebühren erfolgt in Abhängigkeit von der Höhe des Streitwerts mit Hilfe eines Gebührensatzes, festgelegt im Kostenverzeichnis der Anlage 1 GKG, und einer Gebührentabelle.[8] Die Gebührentabelle ist, wie aus Tab. 10 ersichtlich, im Verhältnis zum Streitwert nicht proportional, sondern degressiv aufgebaut.

Bei einem Streitwert bis ... DM	beträgt die Gebühr ... DM	Bei einem Streitwert bis ... DM	beträgt die Gebühr ... DM
300	15	80000	774
600	24	85000	810
900	33	90000	846
1200	42	95000	882
1500	51	100000	918
1800	60	115000	1008
2100	69	130000	1098
2400	78	145000	1188
2700	87	160000	1278
3000	96	175000	1368
3500	105	190000	1458
4000	114	205000	1548
4500	123	220000	1638
5000	132	235000	1728
5500	141	250000	1818
6000	150	265000	1908
6500	159	280000	1998
7000	168	295000	2088
7500	177	310000	2178
8000	186	325000	2268
8500	195	340000	2358
9000	204	355000	2448
9500	213	370000	2538
10000	222	385000	2628
11000	234	400000	2718
12000	246	430000	2898
13000	258	460000	3078
14000	270	490000	3258
15000	282	520000	3438
16000	294	550000	3618
17000	306	580000	3798
18000	318	610000	3978
19000	330	640000	4158
20000	342	670000	4338
25000	378	700000	4518
30000	414	730000	4698
35000	450	760000	4878
40000	486	790000	5058
45000	522	820000	5238
50000	558	850000	5418
55000	594	880000	5598
60000	630	910000	5778
65000	666	940000	5958
70000	702	970000	6138
75000	738	1000000	6318

Tab. 10: Gerichtsgebührentabelle

8) Vgl. § 11 GKG, inclusive Anlage 1 und 2 GKG

Als Gerichtsgebühren eines streitigen Zivilprozeßverfahrens entstehen, sofern ein begründetes Sachurteil ergeht und keine Gebührenbefreiung nach § 2 GKG vorliegt, jeweils eine Verfahrens- und eine Urteilsgebühr.[9] Der Verfahrensgebühr liegt lt. Kostenverzeichnis Nr. 1010 ein Gebührensatz (GS) von 1 zugrunde, der Urteilsgebühr lt. Kostenverzeichnis Nr. 1016 ein Gebührensatz von 2.
Gebührenermäßigungen sind bei Beendigung des Rechtsstreits durch Prozeßhandlungen der Parteien vorgesehen, insbesondere bei

- unstreitiger Erledigung des Rechtsstreits, d.h., Anerkenntnis-, Verzichts- und Versäumnisurteil lösen keine Urteilsgebühr aus (Kost.Verz. Nr. 1016);
- rechtzeitigem Verzicht der Parteien auf Tatbestand und Entscheidungsgründe eines vorwiegend aus §§ 511a, 313a ZPO resultierenden unanfechtbaren Urteils, die Urteilsgebühr ermäßigt sich auf die Hälfte (Kost.Verz. Nr. 1017; GS. = 1);
- Erledigung des Streitfalls durch Vergleich, lt. Kost.Verz. Nr. 1170 beträgt der Gebührensatz 1/4, sofern nicht rechtshängige Gegenstände mitverglichen werden;
- Rücknahme der Klage, lt. Kost.Verz. Nr. 1012 entfällt die Verfahrensgebühr.

1.1.2. Auslagen

Als gerichtliche Auslagen werden von den Zivilgerichten nur die angefallenen und im Kostenverzeichnis Nr. 1900 ff. der Anlage 1 GKG explizit aufgeführten Auslagen erhoben.[10] Dazu zählen insbesondere:

- Postgebühren gem. Kost.Verz. Nr. 1901, 1902 GKG; als Auslagen werden Telegrafen-, Fernschreib- und Postgebühren geltend gemacht.

---

9) Vgl. LAPPE (1987), Kap. 3. 1., S. 25
10) Vgl. MARKL (1983), J. Auslagen, RZ. 1, S. 1028

- Im Einzelfall angefallene Schreibauslagen; lt. Kost.Verz. Nr. 1900 GKG betragen die Schreibauslagen pro Seite, unabhängig von der Art der Herstellung, in demselben Rechtszug für die ersten 50 Seiten jeweils DM 1, für jede weitere Seite DM 0,30.
- Beweiskosten, z.B. Auslagen für die Entschädigung von Zeugen und Sachverständigen gem. Kost.Verz. Nr. 1904; die Höhe der Entschädigung richtet sich nach dem Gesetz über die Entschädigung von Zeugen und Sachverständigen (ZSEG).

Nach § 2 ZSEG werden Zeugen für ihren Verdienstausfall mit DM 3 bis DM 20 je Stunde, jedoch für maximal 10 Stunden pro Tag entschädigt.[11] Nicht erwerbstätige Hausfrauen und -männer erhalten eine Entschädigung in Höhe von DM 12.[12] Zusätzlich zu den Verdienstausfallkosten können nach §§ 9 - 11 ZSEG die üblichen Fahrtkosten (bei einer Entfernung von bis zu 200 km und Benutzung eines Kraftfahrzeuges ein Betrag von DM 0,40 pro Fahrkilometer), Zehr-, Tage- und Übernachtungsgelder und im Einzelfall Vertretungskosten, wie z.B. Kosten einer notwendigen Begleitperson, geltend gemacht werden.[13]
Sachverständige erhalten nach § 3 ZSEG eine Leistungsentschädigung in Höhe von DM 40 bis DM 70 je Stunde; der Stundensatz kann sich, insbesondere bei wissenschaftlichen Gutachten oder bei Berufssachverständigen, um bis zu 50 Prozent erhöhen. Zusätzlich zur Leistungsentschädigung erhalten Sachverständige Fahrtkosten (pro Fahrkilometer DM 0,45), für wiederkehrende Leistungen bestimmte Pauschalen (§ 5 ZSEG mit Anlage), Ersatz der notwendigen Aufwendungen und die in Rechnung gestellte Umsatzsteuer in Höhe von derzeit 14 Prozent.[14]

---

11) Die Entschädigung richtet sich nach dem regelmäßigen Bruttoverdienst; bei schriftlicher Beantwortung einer Beweisfrage i.S.d. § 377 Abs.3,4 ZPO gelten die Vorschriften über die Verdienstausfall-Entschädigung entsprechend.
12) Vgl. § 2 Abs.3 ZSEG
13) Vgl. BLEUTGE (1987), §§ 9 - 11, S. 147 - 165
14) Vgl. zur Art und Höhe der Entschädigung insbes. BLEUTGE (1987), S. 55 ff.; Zeugen und Sachverständige erhalten die Entschädigung aus der Staatskasse nur unter der Bedingung, daß das Gericht nach Vernehmung und auf Antrag die Auszahlung anordnet.

1.2 Gerichtskosten der Berufungs- und Revisionsinstanz

Durch Einlegung des Rechtsmittels der Berufung gegen das erstinstanzliche Urteil fallen in der Berufungsinstanz erneut eine Verfahrens- und eine Urteilsgebühr an.[15] Die Verfahrensgebühr unterliegt lt. Kost. Verz. Nr. 1020 ff. einem Gebührensatz von 1,5, die Urteilsgebühr einem Gebührensatz von 1. Der Streitwert bemißt sich gem. § 14 Abs.1 GKG nach dem Berufungsantrag.
Mit Einlegung der Revision gegen das Berufungsurteil des Oberlandesgerichts oder gegen eine unzulässig verworfene Berufung fallen in der Revisionsinstanz, der dritten Instanz, erneut eine Verfahrens- und eine Urteilsgebühr an. Der Verfahrensgebühr liegt ein Gebührensatz von 2, der Urteilsgebühr ein Gebührensatz von 1 zugrunde (Kost.Verz. Nr. 1030 ff.). Die Streitwerthöhe bestimmt sich, wie bei der Berufungsinstanz, nach dem Antrag des Rechtsmittelklägers.[16] Bei Zurückweisung der Streitsache von dem Berufungs- oder Revisionsgericht an das jeweilige Vorgericht fallen in der unteren Instanz keine weiteren Gebühren an. Eine erneute Berufung oder Revision gegen das in der unteren Instanz ergangene Urteil löst dagegen erneut Gerichtskosten der jeweiligen Rechtsmittelinstanz aus.[17]

1.3. Schuldner, Fälligkeit und Höhe der Gerichtskosten

Gerichtsgebühren werden gem. § 61 GKG mit Entstehung fällig; die Verfahrensgebühr entsteht mit Eingang der Klageschrift, die Urteilsgebühr mit Erlaß des Urteils.[18] § 65 Abs.1 GKG bestimmt darüber hinaus, daß die Verfahrensgebühr im voraus zu entrich-

---

15) Vgl. LAPPE (1987), Kap. 3. 6. a, S. 35
16) Vgl. § 14 Abs.1 GKG
17) Vgl. MARKL (1983), § 33, RZ. 2, S. 432 f.; LAPPE (1982), § 8 IV. 3., S. 34 f.
18) Vgl. LAPPE (1987), Kap. 3. 5. a, S. 34

ten ist. Nur in Ausnahmefällen, insbesondere bei Bewilligung von Prozeßkostenhilfe[19] oder besonderer Umstände des Einzelfalls, gestattet das Gesetz eine Befreiung von der Vorauszahlungspflicht (§ 65 Abs.7 GKG).
Auslagen werden mit Beendigung des Rechtsstreits in der jeweiligen Instanz fällig.[20] Vorauszahlungspflicht besteht nach §§ 65 Abs.1, 68 Abs.1 GKG für Beweiskosten und Auslagen der Klagezustellung. Die Pflicht zur Vorauszahlung der Beweiskosten ergibt sich indirekt auch aus §§ 379, 402 ZPO, wonach Zivilgerichten das Recht zusteht, die Beweisaufnahme von der Vorauszahlung abhängig zu machen.
Schuldner der Beweiskosten sind nach §§ 68, 69 GKG die Parteien nach Maßgabe ihrer Beweislast: Der Kläger für die von ihm benannten Sachverständigen und Zeugen, der Beklagte für seine Beweismittel. Die gerichtliche Praxis weicht jedoch häufig von §§ 68, 69 GKG ab und wendet § 49 GKG an, wonach der Kläger auch für die Entschädigung der Zeugen des Beklagten in Anspruch genommen wird.[21]
Schuldner der übrigen Gerichtskosten ist, als Antragsteller der Instanz, der Kläger (§ 49 GKG); bei Verurteilung des Beklagten wird ab Zeitpunkt der Verurteilung der Beklagte für die Urteilsgebühr und gegebenenfalls für die Beweiskosten Erstschuldner.[22] Kommt der Schuldner der gerichtlichen Kostenforderung nicht nach, wird die Forderung im Wege des Verwaltungszwangs vollstreckt.[23] Gegen die Kostenrechnung ist zwar nach § 5 GKG Erinnerung gegeben und gegen die Erinnerungsentscheidung kann Beschwerde eingelegt werden, doch haben Erinnerung und Beschwerde, sofern nicht gerichtlich angeordnet, keine aufschiebende Wirkung, so daß das Recht zur Vollstreckung weiterhin be-

---

19) Vgl. zu den Voraussetzungen der Gewährung von Prozeßkostenhilfe SCHRADER-STEINERT (1990), RZ. 150 - 199, S. 49 - 88; BUNDESMINISTER DER JUSTIZ (1987), S. 8 ff.; SCHELLHAMMER (1984), RZ. 1505 - 1522, S. 747 - 755
20) Vgl. LAPPE (1987), Kap. 3. 4., S. 34
21) Vgl. LAPPE (1982), § 8 VII. 1., S. 38 f.
22) Vgl. § 54 Nr.1 GKG, §§ 91 Abs.1, 92 Abs.1 ZPO; die entsprechende Kostenrechnung mit einer zweiwöchigen Zahlungsfrist wird dem Schuldner von der Justizverwaltung zugesandt.
23) Vgl. § 1 Abs.1 Nr.4, Abs.2 JBeitrO

steht.[24] Bei Zahlungsunfähigkeit des verurteilten Beklagten wird der Kläger als Zweitschuldner zur Zahlung der Gerichtskosten herangezogen (§ 58 Abs.2 GKG).

Für einen Streitwert in Höhe von DM 5.500 sind im weiteren die Gerichtskosten des ersten Rechtszuges sowie die Kosten der Berufungs- und Revisionsinstanz exemplarisch aufgelistet:

Wert des Streitgegenstandes = Höhe des Streitwerts gem. § 12 GKG i.V.m. §§ 3, 4 ZPO, ohne Nebenforderung	DM 5.500,--

a) <u>Gerichtskosten des ersten Rechtszuges</u>

* Verfahrensgebühr Kost.Verz. Nr. 1010; GS. = 1; Vorauszahlung gem. § 65 Abs.1 GKG	DM 141,--
* Urteilsgebühr Kost.Verz. Nr. 1016; GS. = 2	DM 282,--
* Auslagen für die Entschädigung von Zeugen und Sachverständigen Kost.Verz. Nr. 1904; fiktiver Betrag, der i.S.d. §§ 379, 402 ZPO vom Vorschuß abhängig ist	DM 500,--
* Postgebühren Kost.Verz. Nr. 1901, 1902; Zustellungskosten der Klageschrift sind im voraus zu entrichten	DM 5,--
Gesamtkosten	DM 928,--

24) Vgl. LAPPE (1987), Kap. 3. 7. b, S. 37; die Erinnerungsentscheidung kann mit der Beschwerde nur unter der Bedingung angefochten werden, wenn der Wert des Beschwerdegegenstandes die Beschwerdesumme von DM 100 übersteigt und es sich um eine oberlandesgerichtliche Entscheidung handelt (§ 5 Abs.2 GKG).

b) Gerichtskosten der Berufungsinstanz

* Verfahrensgebühr Kost.Verz. Nr. 1020; GS. = 1,5	DM	211,50
* Urteilsgebühr Kost.Verz. Nr. 1026; GS. = 2	DM	282,--
Gesamtkosten	DM	493,50

c) Gerichtskosten der Revisionsinstanz

* Verfahrensgebühr Kost.Verz. Nr. 1030; GS. = 2	DM	282,--
* Urteilsgebühr Kost.Verz. Nr. 1036; GS. = 2	DM	282,--
Gesamtkosten	DM	564,--

2. Rechtsanwaltskosten

2.1. Kosten des ersten Rechtszuges

Der Vergütungsanspruch des Rechtsanwalts ergibt sich aus §§ 611 ff., 675 BGB. Die Höhe der Vergütung legt die Bundesgebührenordnung für Rechtsanwälte (BRAGO) insbesondere in §§ 31 ff. fest. Die gesetzlich fixierten Vorschriften hinsichtlich der Höhe der Rechtsanwaltsvergütung gelten jedoch nicht als Mußvorschriften, sondern den Parteien steht gemäß § 611 Abs.1 BGB das Recht zu, die Höhe der Vergütung frei zu vereinbaren. Das anwaltliche Standesrecht verbietet allerdings die

Festlegung einer geringeren Vergütung als die gesetzlich fixierte.[25]
Die Vereinbarung einer höheren Vergütung bedarf nach § 3 Abs.1 BRAGO der Schriftform, um den entsprechenden Betrag nach Fälligkeit fordern zu können. Das Fehlen einer schriftlichen Vereinbarung hat jedoch nicht zur Folge, daß eine freiwillige und ohne Vorbehalt geleistete höhere Vergütung wegen der fehlenden schriftlichen Vereinbarung zurückgefordert werden kann; eine unangemessen hohe Vergütung kann allerdings in einem späteren Vergütungsprozeß auf einen angemessenen Betrag bis zur Höhe der gesetzlichen Vergütung herabgesetzt werden (§ 3 Abs.3 BRAGO).[26]
Der Vergütungsanspruch des Rechtsanwalts setzt sich, wie die Gerichtskosten, aus Gebühren und Auslagen zusammen.

2.1.1. Gebühren

Nach § 31 Abs.1,2 BRAGO untergliedern sich die Rechtsanwaltsgebühren in Prozeßgebühr, Verhandlungs- oder Erörterungsgebühr und Beweisgebühr. Die Prozeßgebühr begründet sich aus dem Betreiben des Geschäfts, die Verhandlungs- oder Erörterungsgebühr aus der Verhandlung und Erörterung der Sache in der mündlichen Verhandlung, auch im Rahmen des Versuchs zur gütlichen Beilegung des Rechtsstreits, und die Beweisgebühr aus der Vertretung im Beweisaufnahmeverfahren.[27]
Bei Prozessen vor auswärtigen Gerichten kommt es häufig zur Beauftragung von zwei Anwälten. Wird zur Klärung des Rechtsstreits neben dem prozeßbevollmächtigten Rechtsanwalt zusätzlich ein Rechtsanwalt am Wohnsitz der Partei eingeschaltet, der zur Führung des Schriftverkehrs mit dem auswärtigen Prozeßbevollmächtigten bestimmt wird, steht dem Verkehrsanwalt eben-

---

25) Vgl. § 51 Abs.1 Grundsätze des anwaltlichen Standesrechts; LAPPE (1987), Kap. 4. 1. c, S. 40
26) Vgl. RIEDEL-SUSSBAUER (1988), § 3, RZ. 19 - 23, S. 80 f.
27) Vgl. § 31 Abs.1,2 BRAGO

falls eine Prozeßgebühr zu, deren Höhe mit der des Prozeßbevollmächtigten identisch ist.[28] Des weiteren stehen dem Verkehrsanwalt, sofern er an der mündlichen Verhandlung teilnimmt oder bei einem Vergleich mitwirkt, auch eine Verhandlungs- und/oder eine Vergleichsgebühr zu.[29]
Die Gebühren betragen jeweils eine volle Gebühr und bemessen sich, abhängig vom Gegenstandswert[30], nach der in § 11 BRAGO aufgeführten Tabelle. Sie ist ebenfalls degressiv aufgebaut. Eine Übersicht über die Höhe einer Gebühr für Gegenstandswerte bis zu einer Million Deutsche Mark zeigt Tab.12.

---

28) Vgl. GEROLD-SCHMIDT (1987), § 52, RZ. 1, 9, 10, S. 749, 752, 753
29) Vgl. LAPPE (1987) Kap. 4. 2. c, S. 42
30) Vgl. zum Begriff des Gegenstandswertes RIEDEL-SUSSBAUER (1988), § 7, RZ. 2 - 17, S. 110 ff.; der Gegenstandswert richtet sich gem. §§ 8 Abs.1, 9 Abs.1 BRAGO nach dem Gerichtsgebührenwert oder wird, sofern eine Entscheidung über den Gerichtsgebührenwert nicht ergeht oder sich die Anwaltsgebühren nicht nach dem Gerichtsgebührenwert berechnen, auf Antrag gerichtlich festgesetzt (§ 10 BRAGO).

Bei einem Streitwert bis ... DM	beträgt die Gebühr ... DM	Bei einem Streitwert bis ... DM	beträgt die Gebühr ... DM
300	40	85000	1694
600	55	90000	1759
900	70	95000	1824
1200	85	100000	1889
1500	100	115000	1964
1800	115	130000	2039
2100	130	145000	2114
2400	145	160000	2189
2700	160	175000	2264
3000	175	190000	2339
3500	201	205000	2414
4000	227	220000	2489
4500	253	235000	2564
5000	279	250000	2639
5500	305	265000	2714
6000	331	280000	2789
6500	357	295000	2864
7000	383	310000	2939
7500	409	325000	3014
8000	435	340000	3089
8500	461	355000	3164
9000	487	370000	3239
9500	513	385000	3314
10000	539	400000	3389
11000	570	430000	3509
12000	601	460000	3629
13000	632	490000	3749
14000	663	520000	3869
15000	694	550000	3989
16000	725	580000	4109
17000	756	610000	4229
18000	787	640000	4349
19000	818	670000	4469
20000	849	700000	4589
25000	914	730000	4709
30000	979	760000	4829
35000	1044	790000	4949
40000	1109	820000	5069
45000	1174	850000	5189
50000	1239	880000	5309
55000	1304	910000	5429
60000	1369	940000	5549
65000	1434	970000	5669
70000	1499	1000000	5789
75000	1564		
80000	1629		

Tab. 12: Gebührentabelle der Rechtsanwälte

Analog zum GKG sieht die BRAGO in §§ 32 ff. ebenfalls Gebührenermäßigungen vor, z.B.:[31]

- Bei Erledigung des Rechtsstreits durch Vergleich begründet der geschlossene Vergleich zwar eine Vergleichsgebühr (§ 23 BRAGO; volle Gebühr), dafür entfällt die allerdings erheblich kleinere gerichtliche Urteilsgebühr, gegebenenfalls

31) Vgl. zu den Gebührenermäßigungen im Detail u.a. GEROLD-SCHMIDT (1987), §§ 32 - 35, S. 568 - 622; RIEDEL-SUSSBAUER (1988), §§ 32 - 35, S. 307 - 336

die anwaltliche Beweisgebühr und, sofern nicht rechtshängige Ansprüche in den Vergleich einbezogen werden, auch die halbe Prozeßgebühr (§ 32 Abs.1 BRAGO).

- Bei nichtstreitiger Verhandlung lösen Anerkenntniserklärung, Klageverzicht oder Säumnis nach § 33 Abs.1 BRAGO nur eine halbe Verhandlungsgebühr aus. Wird gegen ein Versäumnisurteil Einspruch erhoben, erhöht sich die halbe Gebühr um eine weitere volle Verhandlungsgebühr (§ 38 BRAGO).[32] Eine volle Verhandlungsgebühr fällt nach § 35 BRAGO auch dann an, wenn für das Verfahren eine mündliche Verhandlung vorgeschrieben ist, jedoch im Einverständnis der Parteien oder gemäß §§ 128 Abs.3, 307 Abs.2, 331 Abs.3 ZPO ohne mündliche Verhandlung entschieden wird.
- Bei vorzeitiger Beendigung des Auftrags, bei Nichterhebung der Klage oder bei Nichtbeantragung des Klageabweisungsantrages reduziert sich die volle Prozeßgebühr auf die Hälfte (§ 32 Abs.1 BRAGO).
- Bei ausschließlicher Klärung von Rechtsfragen oder bei der Beweisaufnahme in Form der Urkundenvorlegung entfällt die Beweisgebühr nach § 34 Abs.1 BRAGO.

2.1.2. <u>Auslagen</u>

Als Rechtsanwaltsauslagen gelten nur die in der BRAGO festgelegten Auslagen[33], wozu u.a. zählen:

- Post-, Telegrafen-, Fernsprech- und Fernschreibgebühren, deren Höhe entweder auf die tatsächlich entstandenen Kosten oder auf einen Pauschsatz beschränkt ist. Der Pauschsatz beträgt 15 Prozent der gesetzlichen Gebühren, jedoch in derselben Angelegenheit und Instanz maximal DM 40 (§ 26 BRAGO)

---

32) Bei Einspruch wird von dem in § 13 Abs.2 BRAGO manifestierten Grundsatz, Gebühren in derselben Angelegenheit nur einmal zu fordern, abgewichen.

33) Nur in Ausnahmefällen werden auch sonstige Aufwendungen i.S.d. § 670 BGB erhoben; zu den sonstigen Aufwendungen ERMAN (1989), § 670, RZ. 1 - 4, S. 1984 f.; PALANDT (1990), § 670, S. 749 f.

- Schreibauslagen, insbesondere für Abschriften und Ablichtungen aus Akten (§ 27 BRAGO); die Höhe der Schreibauslagen bemißt sich nach den für die gerichtlichen Schreibauslagen im GKG bestimmten Beträgen (Kost.Verz. Nr. 1900)
- Fahrtkosten, bei Benutzung des eigenen Kraftfahrzeugs DM 0,45 pro Fahrkilometer, bei Benutzung anderer Verkehrsmittel die tatsächlichen Aufwendungen (§ 28 Abs.1 BRAGO)
- Tage- und Abwesenheitsgeld bei Geschäftsreisen (§§ 28 Abs.2, 29 BRAGO)
- Umsatzsteuer in Höhe von derzeit 14 Prozent der Gebühren und Auslagen (§ 25 Abs.2 BRAGO)

2.2. Kosten der Berufungs- und Revisionsinstanz

In einem gerichtlichen Verfahren steht dem Rechtsanwalt nach § 13 Abs.2 BRAGO das Recht zu, Gebühren für jeden Rechtszug zu fordern. Im Vergleich zum ersten Rechtszug erhöht sich die Rechtsanwaltsgebühr in der Berufungsinstanz nach § 11 Abs.1 BRAGO um 3/10; halbe Gebühren bemessen sich entsprechend in Bruchteilen. Die volle Gebühr der Berufungsinstanz beträgt folglich 13/10, die halbe Gebühr 13/20.
Die Beauftragung eines Rechtsanwalts zur Prüfung der Erfolgsaussicht einer Berufung löst eine halbe Gebühr aus (§ 20 Abs.2 BRAGO), sofern der Rechtsanwalt die Einlegung des Rechtsmittels nicht befürwortet, die Berufung nicht einlegt und mit dem Streitfall noch nicht befaßt war. Ein schriftliches Gutachten über die Erfolgsaussicht einer Berufung verursacht eine volle Gebühr (§ 21a BRAGO). Die erhobene halbe oder volle Gebühr der Erfolgsaussichtsprüfung wird bei Einlegung des Rechtsmittels auf die Prozeßgebühr angerechnet.[34]

Für das Revisionsverfahren gilt in bezug auf die Rechtsanwaltsgebühren das gleiche wie für die Berufung.[35] Eine Ausnahme besteht bei der Prozeßgebühr, die in der Revisionsinstanz, entsprechend § 11 Abs.1 BRAGO, 20/10 beträgt. Die Zurückweisung

34) Vgl. LAPPE (1987), Kap. 4. 6. a, S. 44
35) Vgl. GEROLD-SCHMIDT (1987), § 11, RZ. 10, S. 245

der Streitsache an das jeweilige untergeordnete Gericht löst im Regelfall eine weitere Verhandlungs- und gegebenenfalls Beweisgebühr aus (§ 15 Abs.1 BRAGO). Eine wiederholte Einlegung der Berufung oder Revision gegen das in der jeweiligen Instanz ergangene Urteil führt erneut zur Erhebung der entsprechenden Instanzgebühren.[36)]

2.3. Fälligkeit und Berechnung des Anwaltshonorars

Das Anwaltshonorar wird mit Auftragserledigung fällig.[37)] Bei Tätigwerden des Rechtsanwalts in einem gerichtlichen Verfahren tritt die Fälligkeit u.a. nach gerichtlicher Kostenentscheidung, nach dreimonatigem ruhenden Verfahren oder nach Beendigung des Rechtszuges ein.[38)] Nach § 17 BRAGO steht dem Rechtsanwalt allerdings das Recht zu, auf entstandene und voraussichtlich entstehende Gebühren sowie Auslagen einen angemessenen Vorschuß zu fordern. Die Vergütungsforderung bedarf einer detaillierten und spezifizierten Berechnung, die durch den Rechtsanwalt unterzeichnet und dem Mandanten mitgeteilt sein muß.[39)] Kommt der Mandant der Pflicht zur Zahlung des Anwaltshonorars nicht nach, besteht die rechtliche Möglichkeit, ein Feststellungsverfahren gegen den Mandanten einzuleiten, in dem die gesetzliche Vergütung auf Antrag des Rechtsanwalts durch den Urkundsbeamten des zuständigen Prozeßgerichts festgesetzt und gegen den Mandanten als vollstreckbar erklärt wird.[40)] Unter dem Gesichtspunkt, daß in einem Festsetzungsverfahren nur über die gesetzlich fixierte Höhe der Vergütung entschieden

---

36) Vgl. RIEDEL-SUSSBAUER (1988), § 13, RZ. 9 f., S. 161 f.

37) Vgl. § 16 BRAGO

38) Vgl. RIEDEL-SUSSBAUER (1988), § 16, RZ. 2 - 16, S. 181 ff.

39) Vgl. LAPPE (1987), Kap. 4. 10. a, S. 47; Gebühren- und Auslagenüberhebung sind nach §§ 263, 352 StGB strafbar und werden mit Freiheitsstrafe oder Geldstrafe geahndet; zu dem Strafmaß LACKNER (1989), S. 1091 ff., S. 1408 ff.

40) Vgl. § 21 Abs.1 Nr.2 RpflG i.V.m. § 19 BRAGO; das Recht zur Einleitung eines Feststellungsverfahrens steht zwar grundsätzlich auch dem Mandanten zu, doch kann dieser nicht eine Überprüfung der anwaltlichen Honorarberechnung beantragen, sondern in dem Verfahren nur geltend machen, daß eine Überzahlung an den Rechtsanwalt stattfand und der Anwalt den überhöhten Betrag nicht erstattet.

wird, sind "Einwendungen oder Einreden, die nicht im Gebührenrecht ihren Grund haben" (§ 19 Abs.4 BRAGO), wie Bestreiten eines wirksamen Geschäftsbesorgungsvertrages oder der Einwand der Schlechterfüllung, nur in Form eines ordentlichen Zivilprozeßverfahrens möglich.[41]

Die Höhe der Rechtsanwaltskosten des ersten Rechtszuges sowie die Kosten der Berufungs- und Revisionsinstanz sind im weiteren, bezogen auf einen Gegenstandswert von DM 5.500, exemplarisch aufgelistet:

Höhe des Gegenstandswertes	DM 5.500,--

a) <u>Anwaltskosten des ersten Rechtszuges</u>

* Prozeßgebühr § 31 Abs.1 Nr.1 BRAGO; volle Gebühr	DM 305,--
* Verhandlungsgebühr § 31 Abs.1 Nr.2 BRAGO; volle Gebühr	DM 305,--
* Beweisgebühr § 31 Abs.1 Nr.3 BRAGO; volle Gebühr	DM 305,--
* Schreibauslagen § 27 BRAGO; Kost.Verz. Nr. 1900 GKG; fiktiver Betrag	DM 17,--
* Post-, Telegrafen-, Fernsprech- und Fernschreibgebühren § 26 BRAGO; tatsächliche Ausgabe oder 15 Prozent der gesetzlichen Gebühren, jedoch höchstens DM 40	DM 40,--
Zwischensumme (§ 11 Abs.2 BRAGO)	DM 972,--
14% Umsatzsteuer (§ 25 Abs.2 BRAGO)	DM 136,08
Gesamtkosten	DM 1.108,08

41) Vgl. zu den nichtgebührenrechtlichen Einwendungen und Einreden GEROLD-SCHMIDT (1987), § 19, RZ. 31, 32, S. 355 ff.

b) Anwaltskosten der Berufungsinstanz

* Prozeßgebühr §§ 31 Abs.1 Nr.1, 11 Abs.1 BRAGO; Gebührensatz 13/10	DM 396,50
* Verhandlungsgebühr §§ 31 Abs.1 Nr.2, 11 Abs.1 BRAGO; Gebührensatz 13/10	DM 396,50
* Beweisgebühr §§ 31 Abs.1 Nr.3, 11 Abs.1 BRAGO; Gebührensatz 13/10	DM 396,50
* Postgebührenpauschale § 26 BRAGO	DM 40,--
* Schreibauslagen § 27 BRAGO; Kost.Verz. Nr. 1900 GKG; fiktiver Betrag	DM 15,--
Zwischensumme (§ 11 Abs.2 BRAGO)	DM 1.244,50
14% Umsatzsteuer (§ 25 Abs.2 BRAGO)	DM 174,23
Gesamtkosten	DM 1.418,73

c) Anwaltskosten der Revisionsinstanz

* Prozeßgebühr §§ 31 Abs.1 Nr.1, 11 Abs.1 BRAGO; Gebührensatz 20/10	DM	610,--
* Verhandlungsgebühr §§ 31 Abs.1 Nr.2, 11 Abs.1 BRAGO; Gebührensatz 13/10)	DM	396,50
* Beweisgebühr §§ 31 Abs.1 Nr.3, 11 Abs.1 BRAGO; Gebührensatz 13/10	DM	396,50
* Postgebührenpauschale § 26 BRAGO	DM	40,--
* Schreibauslagen § 27 BRAGO; Kost.Verz. Nr. 1900 GKG; fiktiver Betrag	DM	10,--
Zwischensumme (§ 11 Abs.2 BRAGO)	DM	1.453,--
14 % Umsatzsteuer (§ 25 Abs.2 BRAGO)	DM	203,42
Gesamtkosten	DM	1.656,42

3. Kostenerstattung im Zivilprozeß

3.1. Kostenpflicht

Nach § 91 Abs.1 ZPO hat die unterliegende Partei die Kosten des Rechtsstreits zu tragen. Bei beiderseitigem und gleichmäßigem Unterliegen der Parteien werden die Kosten gegeneinander aufgehoben, ansonsten im Verhältnis des Unterliegens geteilt (§ 92 Abs.1 ZPO). Der Terminus "gegeneinander aufgehoben" impliziert, daß jede Partei die ihr entstandenen außergerichtlichen Kosten sowie die Hälfte der Gerichtskosten zu tragen hat.[42]
Die Pflicht zur Kostentragung erstreckt sich grundsätzlich auf alle Kosten, die zu einer zweckentsprechenden Rechtsverfolgung

42) Vgl. LAPPE (1987), Kap. 5. 1. a, S. 51

oder Rechtsverteidigung notwendig sind.[43] Nicht notwendige Kosten, wie Anrufung eines unzuständigen Gerichts, hat der Verursachende selbst bei Obsiegen zu tragen.
Eine Abweichung von § 91 Abs.1 ZPO - Kostentragungspflicht des Unterliegenden - besteht unter Umständen bei Abgabe einer Anerkenntniserklärung. Nach § 93 ZPO entgeht die aufgrund einer Anerkenntniserklärung unterliegende Partei der Kostenpflicht, wenn sie zur Klageerhebung keine Veranlassung gegeben hat. Zur Ausschaltung der in § 93 ZPO festgelegten Kostenpflicht ist es in der Praxis üblich, die Erhebung der Klage bereits im vorprozessualen Schriftverkehr anzudrohen. Folgt der Androhung keine Anerkenntniserklärung des Beklagten, greift § 93 ZPO nicht.[44]

3.2. Kostenentscheidung

Das Gericht entscheidet über die Kostenpflicht von Amts wegen. Im allgemeinen ergeht ohne Antragstellung eine gerichtliche Entscheidung, welche Partei die Kosten des Rechtsstreits zu tragen hat (§ 308 Abs.2 ZPO). Eine fehlende gerichtliche Kostenentscheidung wird auf Antrag, der innerhalb von zwei Wochen nach Zustellung des Urteils einzureichen ist, durch Ergänzungsurteil nachgeholt (§ 321 ZPO). Eine Kostenentscheidung bei Klage- oder Rechtsmittelrücknahme bedarf ebenfalls eines Antrags.[45]
Die gerichtliche Entscheidung über die Kostentragungspflicht ist nach § 99 Abs.1 ZPO nur unter der Bedingung anfechtbar, daß gegen die Entscheidung in der Hauptsache ein Rechtsmittel eingelegt wurde; bei Erledigung der Hauptsache durch Anerkenntnisurteil ist die Kostenentscheidung dagegen mit sofortiger Beschwerde anfechtbar.[46]
Das Ergebnis der gerichtlichen Kostenentscheidungen im Jahr 1988 und damit zugleich eine a priori Wahrscheinlichkeit für

---

43) Vgl. § 91 Abs.1 ZPO; zum Begriff der Notwendigkeit BAUMBACH-LAUTERBACH (1990), § 91 9. A., S. 220
44) Vgl. THOMAS-PUTZO (1987), § 93 1. - 3. a, S. 226 ff.
45) Vgl. ZEISS (1989), § 95 II., RZ. 875, S. 302
46) Vgl. BAUMBACH-LAUTERBACH (1990), § 99 9., S. 356

die Obsiegenswahrscheinlichkeit des Klägers bzw. Beklagten liefert Tab. 14.[47)]

	Amtsgerichte	Landgerichte Erste Instanz
Erledigte Verfahren mit gerichtlicher Kostenentscheidung insgesamt	872.635 (100%)	224.186 (100%)
Nach der Kostenentscheidung trägt die Gerichtskosten:		
- Kläger		
ganz	172.694 (19,8%)	50.382 (22,5%)
überwiegend	45.780 (5,2%)	14.613 (6,5%)
- Kläger und Beklagte je zur Hälfte	69.374 (8,0%)	15.640 (7,0%)
- Beklagte		
ganz	67.713 (7,8%)	25.603 (11,4%)
überwiegend	509.074 (58,3%)	115.051 (51,3%)
sonstige Kostenentscheidung	8.000 (0,9%)	2.897 (1,3%)

Tab. 14: Ergebnis der gerichtlichen Kostenentscheidungen

3.3. Kostenerstattung

Aus der gerichtlichen Kostenentscheidung resultiert der Anspruch auf Erstattung der Prozeßkosten. Als erstattungsfähige Kosten i.S.d. § 91 Abs.1 ZPO gelten alle notwendigen Aufwendungen zur Prozeßführung, insbesondere:[48)]

- Gerichtskosten, die von der obsiegenden Partei geleistet und von der Gerichtskasse nicht zurückerstattet wurden (§§ 2 Abs.4, 57 GKG).
- Kosten des Rechtsanwalts; erstattungsfähig ist nicht die vereinbarte, sondern die gesetzlich fixierte Vergütung.[49)] Bei Beauftragung eines auswärtigen Rechtsanwalts ist nach § 20

47) Vgl. STATISTISCHES BUNDESAMT (1990), Rechtspflege, S. 28, 44
48) Vgl. LAPPE (1987), Kap. 5. 3., S. 53 ff.
49) Auf die Notwendigkeit der Hinzuziehung eines Rechtsanwalts kommt es nicht an.

Abs.1 BRAGO auch die Ratsgebühr eines Rechtsanwalts am Ort erstattungsfähig, wenn die von der rechtsunkundigen Partei eingeholte Auskunft nicht mit einer anderen gebührenpflichtigen Tätigkeit zusammenhängt. Der Gebührensatz der Ratsgebühr beträgt nach § 20 Abs.1 BRAGO 1/10 - 10/10 der vollen Gebühr und richtet sich, entsprechend §§ 7 Abs.1, 8 BRAGO, nach dem Gegenstand der Beratung.

- Parteikosten, wie Reisekosten der Partei zu einem auswärtigen Anwalt oder zu Gerichtsterminen sowie die aus der Reise resultierenden Verdienstausfallkosten.

Kosten einer seperaten Erfolgsaussichtsprüfung eines Rechtsstreits sind, soweit diese nicht zu einer Klagebegründung notwendig waren, ebenso wie die sonstigen durch die Prozeßführung verursachten Zeitaufwandskosten nicht erstattungsfähig.[50)]

3.4. Kostenfestsetzung

Mit gerichtlicher Kostenentscheidung wird zwar die Kostenpflicht, nicht aber die Höhe der erstattungsfähigen Kosten festgelegt. Über die Höhe des Kostenerstattungsanspruchs wird auf Gesuch im Kostenfestsetzungsverfahren entschieden.[51)] Das Gesuch ist nach § 103 Abs.1,2 ZPO "nur auf Grund eines zur Zwangsvollstreckung geeigneten Titels" zulässig und hat unter Beifügung einer Kostenrechnung bei der Geschäftsstelle des Gerichts des ersten Rechtszuges zu erfolgen. Dem Gesuch sind des weiteren eine Abschrift der Kostenrechnung für die unterliegende Partei und Belege zur Rechtfertigung der einzelnen Kostenansätze beizufügen.[52)] Bei Fehlen eines Belegs genügt nach § 104 Abs.2 ZPO die Glaubhaftmachung, z.B. in Form der eidesstattlichen Versicherung. Die festgelegten Kosten werden nach § 104 Abs.1 ZPO auf Antrag ab Einreichung des Gesuchs mit vier Prozent p.a. verzinst.

---

50) Vgl. zur Notwendigkeit und Erstattungsfähigkeit der Kosten THOMAS-PUTZO (1987), § 91 3., S. 198

51) Vgl. §§ 103 ff. ZPO; SCHRADER-STEINERT (1990), RZ. 747 - 765, S. 271 - 282

52) Vgl. LAPPE (1982), § 42 9., S. 212; VOGT (1983), S. 111 ff.

Über das Kostenfestsetzungsgesuch entscheidet der Rechtspfleger durch Beschluß; das Verfahren ist gebührenfrei.[53] Der Kostenfestsetzungsbeschluß ist zugleich Vollstreckungstitel i.S.d. §§ 794 Abs.1 Nr.2, 798 ZPO und wird dem Kostenschuldner von Amts wegen zugestellt, sofern dem Gesuch ganz oder teilweise stattgegeben wird. Einwendungen des Schuldners gegen den Anspruch bleiben unberücksichtigt und müssen gegebenenfalls mit einer späteren Vollstreckungsgegenklage i.S.d. § 767 ZPO durchgesetzt werden. Nach §§ 104 Abs.3 ZPO steht allerdings dem Schuldner das Recht zu, gegen den Kostenfestsetzungsbeschluß Erinnerung zu erheben. Die Erinnerung hat innerhalb einer Frist von zwei Wochen nach Zustellung des Beschlusses bei demjenigen Rechtspfleger zu erfolgen, der den Kostenfestsetzungsbeschluß erlassen hat.[54] Wird die Erinnerung bzw. die Beschwerde durch einen Anwalt vorgenommen, wird nach § 61 Abs.1 BRAGO eine halbe Anwaltsgebühr fällig. Bei Zurückweisung der Beschwerde entsteht eine volle Gerichtsgebühr (Kost.Verz.Nr. 1181).

Verteilen sich die Prozeßkosten nach Quoten, sind für die Bemessung des Kostenerstattungsanspruchs grundsätzlich auch die Kosten des Gegners von Bedeutung. Aus diesem Grund steht dem Gericht nach § 106 Abs.1 ZPO das Recht zu, nach Eingang des Kostenfestsetzungsgesuchs den Gegner zur Anmeldung seiner Kosten aufzufordern. Kommt der Gegner der Aufforderung nicht nach, ergeht der Kostenfestsetzungsbeschluß nach § 106 Abs.2 ZPO ohne Berücksichtigung der Gegnerkosten. Nach Erlaß des Kostenfestsetzungsbeschlusses besteht zwar für die säumige Partei noch die Möglichkeit, den Anspruch auf Kostenerstattung geltend zu machen, doch sind die Kosten des nachträglichen Verfahrens von der säumigen Partei zu tragen.[55]

Die Zwangsvollstreckung aus dem Kostenfestsetzungsbeschluß ist gemäß § 798 ZPO nach Ablauf einer Frist von einer Woche nach

---

53) Vgl. BAUR (1989), § 20 IV., RZ. 297 - 301, S. 232 ff.; SCHELLMAMMER (1990), RZ. 335, S. 211

54) Vgl. § 104 Abs.3 ZPO; § 21 Abs.2 RPflG

55) Vgl. § 106 Abs.2 ZPO

Zustellung des Beschlusses zulässig. Diesen zeitaufschiebenden Nachteil vermeidet die sogenannte vereinfachte Kostenfestsetzung i.S.d. § 105 ZPO, bei welcher der Kostenfestsetzungsbeschluß auf das Urteil und die Ausfertigung gesetzt wird. Nach §§ 105, 106 Abs.1 ZPO ist die vereinfachte Kostenfestsetzung nur unter der Bedingung zulässig, daß bei Einreichung des Kostenfestsetzungsgesuchs eine Ausfertigung des Urteils noch nicht erteilt ist, eine Verzögerung der Ausfertigung nicht eintritt und die Prozeßkosten nicht verquotet sind. Ferner bestimmt § 105 Abs.2 ZPO, daß es keines Festsetzungsgesuchs bedarf, wenn die Partei die Kostenberechnung vor Verkündung des Urteils eingereicht hat. In diesem Fall ist die Abschrift der Kostenberechnung von Amts wegen anzufertigen und dem Gegner mitzuteilen.[56] Eine besondere Ausfertigung und Zustellung des Kostenfestsetzungsbeschlusses erfolgt bei der vereinfachten Kostenfestsetzung nicht.

Die Gesamtkosten eines Zivilprozeßverfahrens bei einem Streitwert in Höhe von DM 5.500 für insgesamt drei Instanzen sind im weiteren exemplarisch aufgelistet.
Wird die Klage vom Landgericht abgewiesen und hat die Berufung und Revision beim Oberlandesgericht bzw. Bundesgerichtshof keinen Erfolg, muß der Kläger die gesamten Gerichts- und Anwaltskosten sowie die erstattungsfähigen Kosten des Beklagten tragen (= DM 10.774,73).

---

56) Vgl. § 105 Abs.2 ZPO

Wert des Streitgegenstandes	DM 5.500,--

a) <u>Gesamtkosten des ersten Rechtszuges</u>

* Gerichtskosten inclusive der Auslagen für die Entschädigung von Zeugen und Sachverständigen; fiktiver Betrag	DM 928,--
* Anwaltskosten des Klägers	DM 1.108,08
* Anwaltskosten des Beklagten; fiktiver Betrag	DM 1.200,--
* Kosten der Teilnahme des Klägers an der mündlichen Verhandlung; fiktiver Betrag, der sich zusammensetzt aus:	
- Fahrtkosten (100 Fahrkilometer x DM 0,40)	DM 40,--
- Verdienstausfall (8 Std. x DM 20)	DM 160,--
- Zehrgeld (§ 10 Abs.2 ZSEG)	DM 6,--
Gesamtkosten	DM 3.442,08

b) <u>Gesamtkosten bei Beendigung des Rechtsstreits in der Berufungsinstanz</u>

* Gesamtkosten des ersten Rechtszuges	DM 3.442,08
* Gerichtskosten der Berufungsinstanz	DM 493,50
* Anwaltskosten des Klägers	DM 1.418,73
* Anwaltskosten des Beklagten	DM 1.500,--
Gesamtkosten	DM 6.854,31

c) **Gesamtkosten bei Beendigung des Rechtsstreits in der Revisionsinstanz**

*	Gesamtkosten bei Beendigung in der Berufungsinstanz	DM 6.854,31
*	Gerichtskosten der Revisionsinstanz	DM 564,--
*	Anwaltskosten des Klägers	DM 1.656,42
*	Anwaltskosten des Beklagten; fiktiver Betrag	DM 1.700,--
Gesamtkosten		DM 10.774,73

V. Das Mahnverfahren als besondere Verfahrensart des Zivilprozesses

1. Rechtliche Bedeutung und Zulässigkeit

Die Einleitung eines Klageverfahrens mit dem Ziel, ein klagezusprechendes Sachurteil und vor allem nach Rechtskraft des Urteils einen Vollstreckungstitel gegen den Beklagten zu erlangen, ist in Streitfällen, in denen der geltend gemachte Anspruch im Rahmen des vorprozessualen Verfahrens anerkannt oder nicht angezweifelt wird, auch mit Nachteilen verbunden. Zum einen hat der Kläger, trotz Anerkennung oder Nichtanzweiflung des geltend gemachten Anspruchs, die vielfältigen formalen rechtlichen Klageverfahrensvoraussetzungen zu erfüllen, zum anderen hat er nach § 93 ZPO, soweit der Beklagte keine Veranlassung zur Klageeinreichung gegeben hat, die Kosten des Klageverfahrens zu tragen. Diese Nachteile und die zu erwartende lange Verfahrensdauer können unter bestimmten Voraussetzungen durch das sogenannte Mahnverfahren vermieden werden, ein im Siebten Buch der ZPO geregeltes verkürztes Zivilprozeßverfahren, das bei unstreitigen Forderungen auf einfache, schnelle und kostengünstige Art die Erlangung eines Vollstreckungstitels ermöglicht.[1)]

Als rechtliche Voraussetzung für die Zulässigkeit des Mahnverfahrens bestimmt § 688 ZPO: Der geltend gemachte Anspruch muß u.a. auf Zahlung einer bestimmten Geldsumme in inländischer Währung gerichtet sein und darf nicht in Abhängigkeit von einer noch nicht erbrachten Leistung stehen. Die Bedingung der Nichtexistenz einer Gegenforderung liegt in der Tatsache begründet, daß in einem Mahnverfahren Einreden hinsichtlich des Bestehens oder Nichtbestehens einer Gegenforderung nicht geprüft werden und durch den erlassenen Mahnbescheid folglich auch keine Verurteilung "Zug um Zug" erfolgt.[2)]

---

1) Vgl. ZEISS (1989), § 90 I., RZ. 772, S. 275; BAUR (1989), § 18 B. I., RZ. 249, S. 201
2) Vgl. JAUERNIG (1988), § 90 I., S. 306

2. Der Mahnantrag auf Erlaß eines Mahnbescheids

Die Ingangsetzung des gerichtlichen Mahnverfahrens erfolgt im allgemeinen durch Einreichung eines formularmäßigen Mahnantrags auf Erlaß eines Mahnbescheids (§ 703c Abs.2 ZPO).[3] Die Antragstellung hat unabhängig von der Anspruchshöhe bei dem örtlich zuständigen Amtsgericht zu erfolgen. Die örtliche Zuständigkeit richtet sich, anders als im Klageverfahren, nach dem allgemeinen Gerichtsstand des Antragstellers.[4] Nach § 689 Abs.3 ZPO steht der Landesregierung jedoch das Recht zu, "durch Rechtsverordnung Mahnverfahren einem Amtsgericht für den Bezirk eines oder mehrerer Oberlandesgerichte zuzuweisen, wenn dies ihrer schnelleren oder rationelleren Erledigung dient". Entsprechend § 689 Abs.3 ZPO sind z.B. im Bundesland Hessen Mahnanträge aus den Bezirken der Amtsgerichte Darmstadt, Frankfurt, Bad Homburg, Offenbach und Wiesbaden an das Amtsgericht Hünfeld zu richten.[5]

Den Pflichtinhalt eines Mahnantrags bestimmt § 690 Abs.1,2 ZPO. Nach der Gesetzesvorschrift muß der Mahnantrag auf Erlaß eines Mahnbescheids gerichtet sein und neben der handschriftlichen Unterzeichnung folgende Angaben enthalten:

- "Die Bezeichnung der Parteien, ihrer gesetzlichen Vertreter und der Prozeßbevollmächtigten,
- die Bezeichnung des Gerichts, bei dem der Antrag gestellt wird,
- die Bezeichnung des Anspruchs unter bestimmter Angabe der verlangten Leistung,
- die Erklärung, daß der Anspruch nicht von einer Gegenleistung abhängt oder daß die Gegenleistung erbracht ist,

---

3) Der Mahnantrag kann auch mündlich bei der Geschäftsstelle des Mahngerichts angebracht werden (§ 702 Abs.1 ZPO).

4) Vgl. § 689 Abs.2 ZPO; ROSENBERG-SCHWAB (1986), § 165 III. 1., S. 1054; bei mehreren zuständigen Gerichten besteht entsprechend § 35 ZPO für den Antragsteller Wahlmöglichkeit, BGH-BESCHLUSS vom 28.09.1977

5) Vgl. LIEBER (1987), S. 3; das Amtsgericht Hünfeld soll langfristig das Mahngericht für das gesamte Bundesland Hessen werden.

- die Bezeichnung des Gerichts, das für ein streitiges Verfahren sachlich zuständig ist und bei dem der Antragsgegner seinen allgemeinen Gerichtsstand hat."[6]

Zusätzlich zu den Pflichtangaben sollte der formularmäßig gestellte Mahnantrag, dargestellt in Abb. 5, auch die Höhe der vorgerichtlichen Kosten und die Kosten des Verfahrens beziffern.[7] Als vorgerichtliche Kosten gelten die entstandenen Kosten für die Ermittlung des Aufenthaltsortes des Antragsgegners, als Verfahrenskosten die Auslagen für die Zustellung des Mahnantrags an das Gericht, die Kosten des Vordrucksatzes, die Gerichtskosten und, sofern ein Rechtsanwalt im Auftrag des Antragstellers den Mahnantrag stellt, die Gebühren, Auslagen und die in Rechnung gestellte Umsatzsteuer des Prozeßbevollmächtigten.[8]
Mit Einreichung sind dem Mahnantrag mindestens zwei Abschriften beizufügen; richtet sich der Mahnantrag gegen mehrere Antragsgegner, ist für jeden Antragsgegner ein eigener Vordrucksatz zu erstellen.[9] Darüber hinaus bestimmt § 65 Abs.3 GKG, daß die Gerichtsgebühr und die Auslagen für die Zustellung des Mahnbescheids an den Antragsgegner im voraus zu entrichten sind.[10]
Die Auslagen betragen DM 5, die Gerichtsgebühr richtet sich nach dem Wert der Hauptforderung ohne Zinsen und Kosten und berechnet sich nach der in Anlage 2 zu § 11 Abs.2 GKG festgelegten Gebührentabelle.[11] Den Nachweis für die Entrichtung des entsprechenden Betrages bilden die Einzahlungsquittung oder die auf dem Mahnantrag aufgeklebten Kostenmarken.[12]

---

6) § 690 Abs.1 ZPO
7) Vgl. Vorblatt zum "Vordruck für den Mahn- und den Vollstreckungsbescheid", RZ. 7, 8
8) Vgl. zu den Kosten die Ausführungen zu Gliederungspunkt B.V.6. dieser Arbeit.
9) Vgl. Vorblatt zum "Vordruck für den Mahn- und den Vollstreckungsbescheid", RZ. 2
10) Nach Rechtsprechung kann zur Nachholung der Einzahlung eine angemessene Frist gewährt werden, BGH-URTEIL vom 14.07.1960
11) Vgl. zur Wertberechnung der Hauptforderung § 12 Abs.1 GKG i.V.m. § 4 Abs.1 ZPO
12) Vgl. LIEBER (1987), S. 3

Der Antrag wird gerichtet an das

Amtsgericht

Plz. Ort
6418 Hünfeld

Geschäftsnummer des Amtsgerichts
Bei Schreiben an das Gericht stets angeben

Raum für Kostenmarken/Freistempler (falls nicht ausreichend, unteres Viertel der Rückseite benutzen)

KOSTEN- MARKEN

Antragsgegner/ges. Vertreter

Herrn
Hans Stefan Wolf
Dipl.Kaufmann
Bockenheimer Landstr. 140a

6000 Frankfurt/M.
Plz Ort

Mahnbescheid

← Datum des Mahnbescheids

Antragsteller, ges. Vertreter, Prozeßbevollmächtigte(r); Bankverbindung

Frau Heide Monika Liebich - Dipl.Handelslehrerin
Anemonenweg 24, 6200 Wiesbaden

Prozeßbevollmächtigter: Dr. Yvette Kunz, Sophienstr. 44, 6200 Wiesbaden
Deutsche Bank, WI, Kto.Nr. 140955, BLZ 510 700 21

macht gegen -Sie- ☐ als Gesamtschuldner

folgenden Anspruch geltend (genaue Bezeichnung, insbes. mit Zeitangabe): Geschäftszeichen des Antragstellers:

DM 5.500,- - Kaufpreis eines gelieferten Gebrauchtwagens
GOLF, Bj. 1986, aus Kaufvertrag vom 02.01.1990

Hauptforderung DM 5.500,-	Zinsen 4 %					
Vorgerichtliche Kosten DM ./.	☐ seit dem Tage der Zustellung dieses Mahnbescheides					
Kosten dieses Verfahrens (Summe 1 bis 5) DM 457,40	1 Gerichtskosten 75,50 DM	2 Auslagen d. Antragst. ./. DM	3 Gebühr d. Prozeßbev. 305,- DM	4 Auslagen d. Prozeßbev. 30,- DM	5 MWSt. d. Prozeßbev. 46,90 DM	
Gesamtbetrag DM 5.957,40	zuzügl. der Zinsen	Der Anspruch ist nach Erklärung des Antragstellers von einer Gegenleistung ☐ nicht abhängig. ☒ abhängig; diese ist aber bereits erbracht.				

Das Gericht hat nicht geprüft, ob dem Antragsteller der Anspruch zusteht. Es fordert Sie hiermit auf, innerhalb von zwei Wochen seit der Zustellung dieses Bescheids entweder die vorstehend bezeichneten Beträge, soweit Sie den geltend gemachten Anspruch als begründet ansehen, zu begleichen oder dem (oben bezeichneten) **Gericht auf einem Vordruck der beigefügten Art** (s. Hinweise dazu auf der Rückseite) **mitzuteilen, ob und in welchem Umfang Sie dem Anspruch widersprechen.**

Werden die geforderten Beträge nicht beglichen und wird auch nicht Widerspruch erhoben, kann der Antragsteller nach Ablauf der Frist einen Vollstreckungsbescheid erwirken, aus dem er die Zwangsvollstreckung betreiben kann. Ein streitiges Verfahren in Ihrem allgemeinen Gerichtsstand wäre nach Angabe des Antragstellers durchzuführen vor dem

☐ Amtsgericht ☒ Landgericht ☐ Landgericht -Kammer für Handelssachen- in Plz. Ort 6000 Frankfurt/M.

An dieses Gericht, dem eine Prüfung seiner Zuständigkeit vorbehalten bleibt, wird die Sache im Falle Ihres Widerspruchs abgegeben.

Georg Dietrich Bach
Rechtspfleger

Antrag

Ort, Datum
Wiesbaden, den 30.3.90

Anschrift des Antragstellers/Vertreters/Prozeßbevollmächtigten

Rechtsanwältin
Dr. Yvette Kunz
Sophienstr. 44

6200 Wiesbaden

Eingangsstempel des Gerichts

Eingegangen am:
- 2 April 1990

Es wird beantragt, aufgrund der vorstehenden Angaben einen Mahnbescheid zu erlassen.

12 ☒ Im Falle des Widerspruchs wird die Durchführung des streitigen Verfahrens vor dem vorstehend bezeichneten Gericht beantragt.

13 ☒ Ordnungsgemäße Bevollmächtigung wird versichert.

14 ☐ Hier die Zahl der ausgefüllten Vordrucke angeben, falls sich der Antrag gegen mehrere Antragsgegner richtet.

Dr. Yvette Kunz
Unterschrift des Antragstellers/Vertreters/Prozeßbevollmächtigten

Abb. 5: Antrag auf Erlaß eines Mahnbescheids

3. Gerichtliche Prüfung des Mahnantrags

Nach Eingang des formularmäßig gestellten Mahnantrags bei Gericht prüft der Rechtspfleger[13] von Amts wegen folgende Punkte:

- Den gesetzlich vorgeschriebenen Inhalt des Mahnantrags und dessen handschriftliche Unterzeichnung (§ 690 Abs.1,2 ZPO)
- Die örtliche und sachliche Zuständigkeit des Gerichts (§ 689 ZPO)
- Die Zulässigkeit des gerichtlichen Mahnverfahrens in bezug auf den geltend gemachten Anspruch (§ 688 ZPO)[14]
- Die korrekte Entrichtung der Gerichtsgebühr und der Auslagen für die Zustellung des Mahnantrags an den Antragsgegner

Eine Schlüssigkeitsprüfung des Antrags findet nach § 692 Abs.1 Nr.2 ZPO nicht statt, doch darf diese Vorschrift nicht dahingehend verstanden werden, daß bei offensichtlicher Unschlüssigkeit des Anspruchs auch ein Mahnbescheid zu ergehen hat. Eine offensichtliche Unschlüssigkeit führt, ebenso wie das Fehlen einer der genannten Voraussetzungen, zur Zurückweisung des Antrags.[15] Gegen die Zurückweisung i.S.d. § 691 ZPO kann der Antragsteller nach § 11 Abs.1 RPflG "Erinnerung an den Richter" erheben. Die Entscheidung des Richters ist unanfechtbar, sofern § 691 Abs.3 ZPO nicht greift.[16]

---

13) Nach § 20 Nr.1 RpflG ist dem Rechtspfleger das Mahnverfahren übertragen.

14) Vgl. zum Umfang der Zulässigkeitsprüfung u.a. ROSENBERG-SCHWAB (1986), § 165 III. 3., S. 1055 f.; BAUMBACH-LAUTERBACH (1990), § 691 2. A., S. 1618; JAUERNIG (1988), § 90 III., S. 307 f.; THOMAS-PUTZO (1987), § 691 1. a, S. 1194

15) Vgl. § 691 ZPO; KELLER (1981), S. 1186 f.; THOMAS-PUTZO (1987), § 691 1. a, S. 1194

16) Vgl. ZEISS (1989), § 90 III. 2., RZ. 775, S. 276; die Zurückweisung ist keine rechtskräftige Abweisung des Anspruchs, sondern nur eine Ablehnung des Antrags, so daß dieser wiederholt oder Klage erhoben werden kann.

4. Der Mahnbescheid

4.1. Erlaß des Mahnbescheids

Liegen die rechtlichen Voraussetzungen für das gerichtliche Mahnverfahren vor, erläßt der Rechtspfleger ohne Anhörung des Antragsgegners den beantragten Mahnbescheid; der formularmäßig eingereichte Mahnantrag wird unterzeichnet und mit einem Dienstsiegel versehen.[17] Bei Nichtbezifferung der Gerichtskosten auf dem Mahnantrag wird die Eintragung des entsprechenden Betrages vor Erlaß des Mahnbescheids durch den Rechtspfleger vorgenommen. Die Ausfertigung des Mahnbescheids wird dem Antragsgegner von Amts wegen zugestellt, der Antragsteller von der Zustellung benachrichtigt (§ 693 ZPO).

4.2. Rechtliche Konsequenz bei Erhebung von Widerspruch

Gegen den erlassenen Mahnbescheid kann der Antragsgegner innerhalb einer Frist von zwei Wochen nach Zustellung bei dem Amtsgericht, das den Mahnbescheid erlassen hat, schriftlich Widerspruch erheben oder den Widerspruch bei der Geschäftsstelle eines jeden Amtsgerichts zu Protokoll erklären.[18] Ist das Amtsgericht mit dem Mahnverfahren nicht befaßt, wird die Widerspruchserklärung erst mit Eingang des Protokolls bei dem zuständigen Amtsgericht wirksam.[19] Einer Begründung des Widerspruchs bedarf es nicht.
Von der Erhebung des Widerspruchs wird der Antragsteller in Kenntnis gesetzt (§ 695 ZPO) und auf Antrag einer Partei die Streitsache an das für das streitige Verfahren zuständige Gericht weitergeleitet. Der Antrag auf Durchführung des streiti-

---

17) Vgl. ROSENBERG-SCHWAB (1986), § 165 III. 4., S. 1056; Abb. 5 dieser Arbeit
18) Vgl. §§ 694 Abs.1, 702 ZPO; ROSENBERG-SCHWAB (1986), § 165 III. 5. a und b, S. 1057; die Zwei-Wochenfrist ergibt sich aus § 692 Abs.1 Nr.3 ZPO; ein später eingereichter Widerspruch gilt nach § 694 Abs.1 ZPO jedoch noch als rechtzeitig erhoben, solange der Vollstreckungsbescheid nicht verfügt ist.
19) Vgl. § 702 Abs.1 ZPO i.V.m. § 129a Abs.2 ZPO

gen Verfahrens, der bereits im Mahnantrag gestellt werden kann, hat innerhalb einer Frist von sechs Monaten nach Zustellung des Mahnbescheids zu erfolgen.[20] Ein nicht rechtzeitig gestellter Antrag hat zur Folge, daß der ergangene Mahnbescheid wirkungslos wird.[21]

Mit Eingang der Streitsache bei dem zuständigen Gericht ist der Rechtsstreit im Sinne eines Klageverfahrens anhängig; die Rechtshängigkeit wird nach § 696 Abs.3 ZPO auf das Zustellungsdatum des Mahnbescheids zurückbezogen. Mit Überleitung des Mahnverfahrens in ein Klageverfahren unterliegt der Antragsteller, nunmehr als Kläger bezeichnet, gleichzeitig der Verpflichtung, den im Mahnantrag geltend gemachten Anspruch in einer der Klageschrift entsprechenden Form zu begründen.[22] Die Frist zur Begründung des Anspruchs beträgt nach Aufforderung durch die Geschäftsstelle des entsprechenden Gerichts maximal zwei Wochen (§ 697 Abs.1 ZPO). Die Begründung wird dem Beklagten mit der nach § 271 Abs.2,3 ZPO notwendigen Aufforderung von Amts wegen zugestellt. Das weitere Verfahren entspricht dem des frühen ersten Termins zur mündlichen Verhandlung oder dem des schriftlichen Vorverfahrens.[23]

5. Der Vollstreckungsbescheid

5.1. Erlaß des Vollstreckungsbescheids

Erhebt der Antragsgegner gegen den Mahnbescheid keinen oder keinen rechtzeitigen Widerspruch, erläßt der Rechtspfleger auf Antrag den Vollstreckungsbescheid.[24] Die Antragstellung auf Erlaß des Vollstreckungsbescheids hat nach §§ 699 Abs.1, 701 ZPO nach Ablauf der Widerspruchsfrist zu erfolgen, jedoch

---

20) Vgl. § 696 Abs.1 ZPO i.V.m. §§ 690 Abs.1 Nr.5, 701 ZPO
21) Vgl. § 701 ZPO; zur Widerspruchsfrist BAUMBACH-LAUTERBACH (1990), § 701 A., S. 164
22) Vgl. ROSENBERG-SCHWAB (1986), § 165 III. 5. e, S. 1060; § 697 Abs.1 ZPO i.V.m. § 253 ZPO
23) Vgl. §§ 697 Abs.2,3, 275, 276 ZPO
24) Vgl. § 699 Abs.1 ZPO

innerhalb einer Frist von sechs Monaten nach Erlaß des Mahnbescheids. Ein nicht rechtzeitig gestellter Antrag hat zur Folge, daß der Mahnbescheid wirkungslos wird, d.h., ein Vollstrekkungsbescheid ergeht nicht und die Fristwahrungen und Verjährungsunterbrechungen entfallen.[25]
Der Vollstreckungsbescheid,[26] dessen rechtliche Wirkung gem. § 700 Abs.1 ZPO einem vorläufig vollstreckbaren Versäumnisurteil gleichkommt, wird entweder im Amtsbetrieb oder im Parteienbetrieb zugestellt. Die Zustellung von Amts wegen setzt voraus, daß der Antragsteller die gerichtlichen Auslagen für die Zustellung des Vollstreckungsbescheids an den Antragsgegner im voraus entrichtet hat, die Zustellung im Parteienbetrieb, daß der Antragsteller die gerichtliche Übermittlung an seine Person zur Zustellung im Parteienbetrieb beantragt hat oder ein Vorauszahlungsnachweis nicht vorliegt.[27]

25) Vgl. ZEISS (1989), § 90 V. 1., 3., RZ. 781, 783, S. 278; § 693 Abs.2 ZPO i.V.m. § 213 BGB
26) Vgl. Abb. 6 dieser Arbeit
27) Vgl. § 699 Abs.4 ZPO

Amtsgericht

Plz, Ort
6418 Hünfeld

13C7 14/9
Geschäftsnummer des Amtsgerichts
Bei Schreiben an das Gericht stets angeben

Antragsgegner/ges. Vertreter

Herrn
Hans Stefan Wolf
Dipl.Kaufmann
Bockenheimer Landstr. 140a

6000 Frankfurt/M.
Plz Ort

15.5.90 ← Datum des Vollstreckungsbescheids

Zustellungsnachricht an den Antragsteller.

In Ihrer Mahnsache ist dem Antragsgegner der Mahnbescheid an dem aus dem folgenden Vordruckteil ersichtlichen Tag zugestellt worden.

Prufen Sie, nachdem die mit dem darauffolgenden Tag beginnende Zwei-Wochen-Frist abgelaufen ist, ob der Antragsgegner die Schuld beglichen hat.

Sollte das nicht der Fall sein und sollte auch nicht Widerspruch eingelegt sein, konnen Sie den Erlaß des Vollstreckungsbescheids beantragen

Verwenden Sie dazu bitte nur diesen Vordruck und beachten Sie die Hinweise auf der Ruckseite.

Die Geschäftsstelle des Amtsgerichts

Vollstreckungsbescheid zum Mahnbescheid vom 10.4.90 zugestellt am: 12.4.90

Antragsteller, ges. Vertreter, Prozeßbevollmächtigte(r), Bankverbindung

Frau Heide Monika Liebich - Dipl.Handelslehrerin
Anemonenweg 24, 6200 Wiesbaden

Prozeßbevollmächtigter: Dr. Yvette Kunz, Sophienstr. 44, 6200 Wiesbaden
Deutsche Bank, WI, Kto.Nr. 140955, BLZ 510 700 21

macht gegen -Sie- ☐ als Gesamtschuldner

folgenden Anspruch geltend: Geschäftszeichen des Antragstellers: Liebich ./. Wolf

DM 5.500,- - Kaufpreis eines gelieferten Gebrauchtwagens
GOLF, Bj. 1986, aus Kaufvertrag vom 02.01.1990

Hauptforderung	Zinsen				
DM 5.500,-	4 %				
Vorgerichtliche Kosten DM ./.	[X] seit dem Tage der Zustellung dieses Mahnbescheides				
Bisherige Kosten des Verfahrens (Summe 1 bis 5) DM 457,40	1 Gerichtskosten 75,50 DM	2 Auslagen d. Antragst. ./. DM	3 Gebuhr d. Prozeßbev 305,- DM	4 Auslagen d. Prozeßbev 30,- DM	5 MWSt. d. Prozeßbev 46,90 DM
Gesamtbetrag DM 5.957,40	zuzügl. der Zinsen	Der Anspruch ist nach Erklarung des Antragstellers von einer Gegenleistung ☐ nicht abhangig [X] abhangig, diese ist aber bereits erbracht.			

Auf der Grundlage des Mahnbescheids ergeht Vollstreckungsbescheid

② ☐ wegen vorstehender Betrage | wegen ③

abzuglich gezahlter ④

Hinzu kommen folgende weitere Kostenbetrage ③						
1 Gerichtskost., Auslag.	2 Gebuhr d. Prozeßbev	3 Auslagen d. Prozeßbev	4 MWSt. d. Prozeßbev	insgesamt (Summe von 1 bis 4)	Die Kosten des Verfahrens sind ab Erlaß dieses Bescheids mit 4 % zu verzinsen.	Dieser Bescheid wurde dem Antragsgegner zugestellt am
5,- DM	152,50 DM	10,- DM	22,75 DM	190,25 DM	[X]	20.5.90

Georg Dietrich Bach
Rechtspfleger

☐ Antragst. ☐ ges. Vertr. ☐ Prozeßbev.
wurde VB-Ausf. erteilt am:

Rechtsanwältin
Dr. Yvette Kunz
Sophienstr. 44

6200 Wiesbaden

Antrag①

Ort, Datum
Wiesbaden, den 30.4.90

Eingangsstempel des Gerichts

Eingegangen am:
- 2. Mai 1990

Es wird beantragt, aufgrund der vorstehenden Angaben Vollstreckungsbescheid zu erlassen.

Der Antragsgegner hat geleistet

⑥ [X] keine Zahlungen ☐ nur die oben angegebenen Zahlungen

⑦ [X] Die Auslagen fur die Zustellung von Amts wegen habe ich vorausentrichtet

⑧ ☐ Ich beantrage, mir den Bescheid in Ausfertigung zur Zustellung im Parteibetrieb zu ubergeben

Dr. Yvette Kunz

Abb. 6: Vollstreckungsbescheid zum Mahnbescheid

5.2 Rechtliche Konsequenz bei Einlegung von Einspruch

Gegen den Vollstreckungsbescheid kann der Antragsgegner innerhalb einer Frist von zwei Wochen nach Zustellung Einspruch einlegen.[28] Der Einspruch hat bei dem Amtsgericht, das den Vollstreckungsbescheid erlassen hat, schriftlich zu erfolgen; wie beim Widerspruch ist auch Protokollierung möglich.[29] Einer Begründung des Einspruchs bedarf es nicht.[30]
Die rechtliche Gleichstellung des Vollstreckungsbescheids mit einem für vorläufig vollstreckbar erklärten Versäumnisurteil hat zur Folge, daß der Antragsteller, trotz gegnerischer Einlegung des Einspruchs, berechtigt ist, die Zwangsvollstreckung in das Vermögen des Antragsgegners zu betreiben. Dem Antragsgegner steht allerdings nach §§ 719 Abs.1, 707 ZPO das Recht zu, "die einstweilige Einstellung der Zwangsvollstreckung aus dem Vollstreckungsbescheid" zu beantragen. Über den Antrag auf Einstellung der Zwangsvollstreckung wird durch Beschluß entschieden. Die gerichtliche Beschlußfassung ist jedoch an die Bedingung geknüpft, daß der Antragsteller Sicherheit für die Hauptforderung und die bereits angefallenen Kosten leistet; die Sicherheitsleistung erfolgt durch Hinterlegung des entsprechenden Betrages bei Gericht.[31]

Die fristgerechte Einlegung des Einspruchs, dessen rechtliche Zulässigkeit von seiten des Rechtspflegers nicht überprüft wird, hat zur Folge, daß die Streitsache nach Entrichtung der Gerichtskosten an das für das streitige Zivilprozeßverfahren zuständige Gericht weitergeleitet wird.[32] Die Weiterleitung wird den Parteien mitgeteilt.[33] Mit Eingang der Akte bei dem zuständigen Gericht ist die Streitsache rechtshängig; nach § 700 Abs.2 ZPO wird die Rechtshängigkeit auf den Zeitpunkt der Zustellung des Mahnbescheids zurückbezogen. Der weitere Verfah-

28) Vgl. § 700 Abs.3 ZPO i.V.m. § 339 Abs.1 ZPO
29) Vgl. LIEBER (1987), S. 5
30) Vgl. § 700 Abs.3 ZPO, welcher § 340 Abs.3 ZPO für nicht anwendbar erklärt.
31) Vgl. LIEBER (1987), S. 6
32) Vgl. JAUERNIG (1988), § 90 VI., S. 309 f.; § 700 Abs.3 ZPO
33) Vgl. § 700 Abs.3 ZPO i.V.m. § 696 Abs.1 ZPO

rensablauf gestaltet sich wie das Verfahren nach Widerspruchsabgabe, d.h. Anordnung eines schriftlichen Vorverfahrens oder Anberaumung eines Termins zur mündlichen Verhandlung, in der über den Einspruch und die Hauptsache verhandelt wird.[34)]
Bei Nichteinlegung des Einspruchs und Verstreichen der gesetzlich vorgeschriebenen Einspruchsfrist wird der Vollstreckungsbescheid rechtskräftig und ermöglicht, soweit die schuldnerische Verpflichtung nicht erfüllt wird, die zwangsweise Durchsetzung des Anspruchs in Form der Zwangsvollstreckung.[35)]
Der Ablauf des Mahnverfahrens ist in Abb. 7 dargestellt.

34) Vgl. § 700 Abs.3 ZPO i.V.m. §§ 697 Abs.1 - 4, 275, 276 ZPO
35) Vgl. BAUR (1989), § 18 II., RZ. 251, S. 202

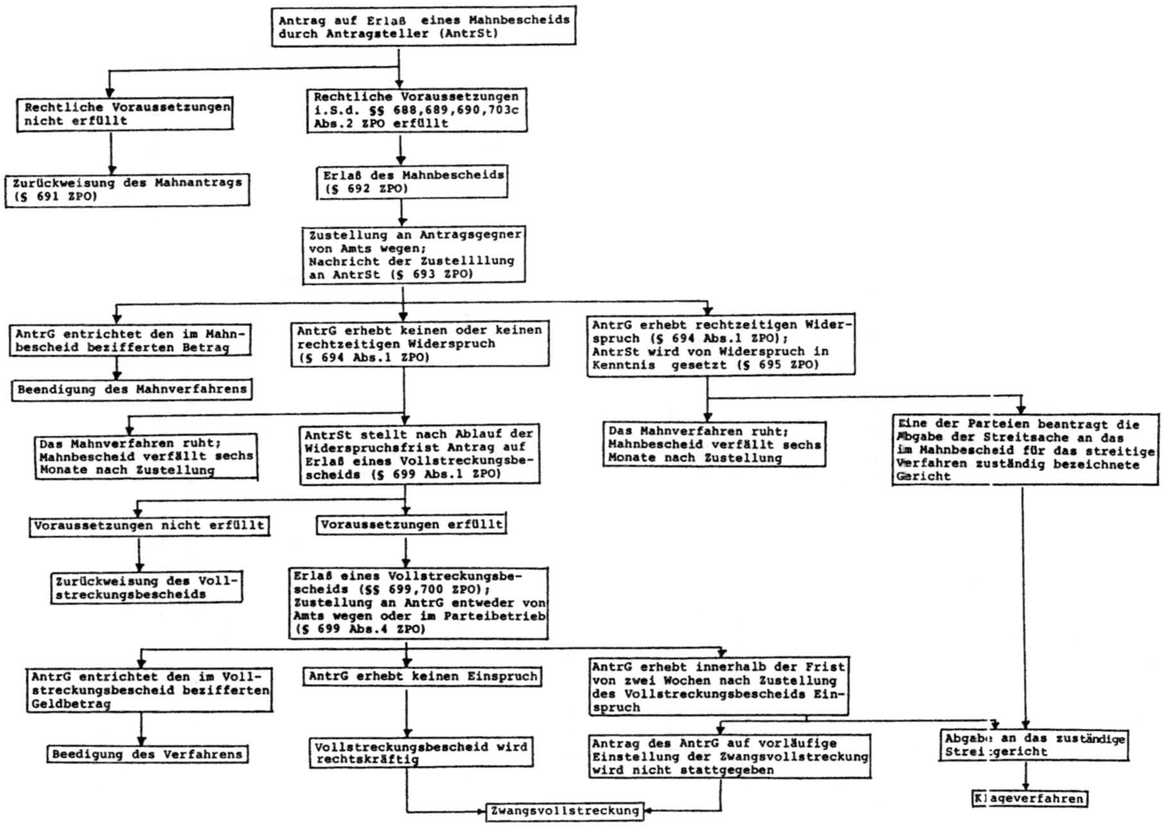

Abb. 7: Überblick über das Mahnverfahren

6. Kosten des Mahnverfahrens

6.1. Aufwendungen des Antragstellers und vorgerichtliche Kosten

Im Gegensatz zu dem streitigen Verfahren vor Landgerichten besteht in einem Mahnverfahren, unabhängig von der Höhe des Streitwerts, nicht die Pflicht zur Beauftragung eines Rechtsanwalts.[36] Auslagen des Antragstellers, wie Kosten für den Vordrucksatz oder Porto für die Zusendung des Mahnantrags an das zuständige Amtsgericht, können im Mahnantrag zusätzlich zur Hauptforderung in Form von Verfahrenskosten geltend gemacht werden.[37]
Kosten für die Ermittlung des Wohnsitzes oder Aufenthalts des Antragsgegners sind nicht als Verfahrenskosten, sondern als vorgerichtliche Kosten geltend zu machen.

6.2. Gerichtskosten

Die gerichtliche Entscheidung über den Antrag auf Erlaß eines Mahnbescheids löst grundsätzlich eine halbe Gerichtsgebühr aus (Kost.Verz. Nr. 1000 GKG). Die Höhe der Gerichtsgebühr richtet sich nach dem Streitwert und ergibt sich aus der Gebührentabelle in Anlage 2 GKG. Bei Überleitung des Mahnverfahrens in ein Klageverfahren wird die Mahngebühr auf die Verfahrensgebühr angerechnet.[38] Die Vorschaltung des Mahnverfahrens führt also grundsätzlich nicht zu höheren Kosten als die unmittelbare Einleitung des Klageverfahrens.
Für die Gerichtsgebühr und die Zustellungsauslagen besteht analog zum Klageverfahren die Pflicht zur Vorauszahlung (§ 65 Abs.3 GKG). Schuldner der Gerichtskosten ist der Antragsteller (§ 49 GKG).

---

36) Vgl. BAUR (1989), § 18 II., RZ. 250, S. 201
37) Vgl. Vorblatt zum "Vordruck für den Mahn- und den Vollstreckungsbescheid", RZ. 8
38) Vgl. Kost.Verz. Nr. 1005 GKG

6.3. Rechtsanwaltskosten

Die Höhe der Anwaltskosten ist grundsätzlich von der Streitwerthöhe und dem Gegnerverhalten abhängig.[39] Nach § 43 Abs.1 Nr.1 BRAGO steht dem Rechtsanwalt "für die Tätigkeit im Verfahren über den Antrag auf Erlaß des Mahnbescheids einschließlich der Mitteilung des Widerspruchs an den Auftraggeber" eine volle Gebühr zu. Bei Überleitung in ein Klageverfahren wird die Gebühr auf die Prozeßgebühr angerechnet.[40]
Erhebt der Antragsgegner gegen den erlassenen Mahnbescheid keinen Widerspruch und stellt der Prozeßbevollmächtigte des Antragstellers den Antrag auf Erlaß eines Vollstreckungsbescheids, erhöht sich die Mahngebühr um eine halbe Vollstreckungsbescheidsgebühr (§ 43 Abs.1 Nr.3 BRAGO). Wird gegen den Vollstreckungsbescheid Einspruch eingelegt, wird diese Gebühr nicht auf die Prozeßgebühr des Klageverfahrens angerechnet.[41] Vielmehr ist nach § 31 Abs.1 Nr.1 BRAGO mit Überleitung des Mahnverfahrens in ein Klageverfahren eine volle Prozeßgebühr an den Rechtsanwalt zu entrichten.
Der Anwalt des Antragsgegners erhält für die Erhebung des Widerspruchs nach § 43 Abs.1 Nr.2 BRAGO eine Gebühr von 3/10. Folgt ein Streitverfahren, wird diese Gebühr auf die Prozeßgebühr angerechnet.[42] Stellt keine der beiden Parteien den Streitantrag, bleibt es bei der 3/10-Gebühr.
Neben den Gebühren erhebt der Rechtsanwalt Auslagen; Art und Höhe der Auslagen richten sich, analog zum Klageverfahren, nach dem GKG.

6.4. Gesamtkosten des Mahnverfahrens

Bezogen auf den Mahnantrag mit einer Hauptforderung in Höhe von DM 5.500 zeigt Tab. 16 die Kosten des Mahnverfahrens unter der Annahme, daß die Parteien durch Rechtsanwälte vertreten werden.

---

39) Vgl. LIEBER (1987), S. 9
40) Vgl. § 43 Abs.2 BRAGO
41) Vgl. LAPPE (1987), Kap. 16. 3., S. 127
42) Vgl. § 43 Abs.2 BRAGO

In der Berechnung wird darüber hinaus davon ausgegangen, daß der Antragsgegner gegen den Mahnbescheid Widerspruch einlegt, diesen aber wieder zurücknimmt.

Streitwerthöhe ohne Nebenforderung	DM 5.500,--
a) <u>Gerichtskosten</u>	
* Gerichtsgebühr Kost Verz. Nr. 1000; GS. = 0,5	DM 70,50
* Auslagen für die Zustellung des Mahnbescheids	DM 5,--
* Auslagen für die Zustellung des Vollstreckungsbescheids	DM 5,--
	DM 80,50
b) <u>Anwaltskosten des Antragstellers</u>	
* Mahngebühr § 43 Abs.1 Nr.1 BRAGO; GS. = 1	DM 305,--
* Vollstreckungsbescheidsgebühr § 43 Abs.1 Nr.3 BRAGO; GS. = 0,5	DM 152,50
* Postgebührenpauschale (§ 26 BRAGO) - für das Mahnverfahren DM 30 - für das Vollstreckungsverfahren DM 10	DM 40,--
Zwischensumme (§ 11 Abs.2 BRAGO)	DM 497,50
Umsatzsteuer (§ 25 Abs.2 BRAGO)	DM 69,65
	DM 567,15

c) <u>Anwaltsgebühren des Antragsgegners</u>

* Widerspruchsgebühr § 43 Abs.1 Nr.2 BRAGO; GS. = 3/10	DM	91,50
* Postgebührenpauschale (§ 26 BRAGO)	DM	9,30
Zwischensumme (§ 11 Abs.2 BRAGO)	DM	100,80
Umsatzsteuer (§ 25 Abs.2 BRAGO)	DM	14,11
	DM	114,91

C. Die Beilegung ziviler Rechtsstreitigkeiten vor Schiedsstellen

I. Abgrenzung von Schiedsgerichten und Schiedsstellen

1. Das Schiedsgericht

Im Gegensatz zu der Inanspruchnahme eines staatlichen ordentlichen Gerichts besteht für die an einem Rechtsverhältnis Beteiligten auch die Möglichkeit, den Rechtsstreit durch ein privat vereinbartes Schiedsgericht entscheiden zu lassen.[1] Auch der Gesetzgeber hat das Schiedsgericht durch Einbeziehung in die §§ 1025-1048 ZPO als "private" Gerichtsbarkeit anerkannt und dem erlassenen Schiedsspruch, unter Einhaltung bestimmter Formvorschriften, die Wirkung eines rechtskräftigen gerichtlichen Urteils zugesprochen.[2]
Rechtliche Voraussetzung für die Anrufung des Schiedsgerichts ist eine schriftliche Parteienvereinbarung, aus welcher hervorgeht, daß ein aus dem Rechtsverhältnis resultierender Rechtsstreit vor einem Schiedsgericht ausgetragen werden soll.[3] Eine solche Vereinbarung, die vor Auftreten des Rechtsstreits durch Schiedsvertrag, Satzung oder Festlegung einer Schiedsklausel zu erfolgen hat, ist allerdings nur zulässig, wenn die Parteien über den Gegenstand des Rechtsstreits einen Vergleich schließen können.[4] Unzulässigkeit liegt vor, wenn das Gesetz Schiedsver-

---

1) Vgl. SCHWYTZ (1976), I., S. 1 f.; JAUERNIG (1988), § 94 I., S. 322

2) Vgl. § 1040 ZPO; diese Qualifikation ist allerdings nicht voll durchgeführt. Die Parteien benötigen, um eine volle Gleichstellung mit dem Zivilgericht zu erreichen, das staatliche Prüfsiegel in Gestalt einer Vollstreckbarkeitserklärung i.S.d. § 1042 ZPO. Die Zwangsvollstreckung kann also nur betrieben werden, wenn der Schiedsspruch durch Gerichtsbeschluß für vollstreckbar erklärt ist.

3) Vgl. SCHWAB-WALTER (1990), Kap. 3, RZ. 1, S. 19 f.; allgemeine Voraussetzung des Schiedsgerichtsverfahrens ist seine Bestimmtheit, d.h., das zur Entscheidung berufene Schiedsgericht muß eindeutig bestimmt oder zumindest bestimmbar sein.

4) Vgl. § 1025 Abs.1 ZPO; BORK (1987), S. 249 - 272; GRUNSKY (1974), § 16 II. 1., S. 156, § 11 II., S. 92 ff.; BAUMBACH-LAUTERBACH (1990), § 1025, S. 2162 ff.

einbarungen verbietet (§ 1025a ZPO) oder den Parteien in bezug auf den Streitgegenstand keine Verfügungsgewalt zusteht.[5)]

Für das Schiedsgerichtsverfahren ist in erster Linie die Vereinbarung der Parteien maßgebend. Bei Nichtvereinbarung von Verfahrensgrundsätzen steht den Schiedsrichtern das Recht zu, das Verfahren nach freiem Ermessen zu bestimmen.[6)] Das Gesetz enthält lediglich die Vorschrift (§ 1034 Abs.1 ZPO), daß die Schiedsrichter vor Erlaß des Schiedsspruchs die Parteien zu hören und den Sachverhalt angemessen zu ermitteln haben. Liegt allerdings eine schriftliche Parteienvereinbarung vor, wonach der Rechtsstreit vor dem ständigen Schiedsgericht eines Verbandes ausgetragen werden soll, gelten außer den gesetzlichen Vorschriften auch die Bestimmungen, die in der Schiedsgerichtsordnung des jeweiligen Verbandes niedergelegt sind.[7)]
Der Schiedsspruch, der schriftlich abgefaßt, begründet und von den Schiedsrichtern eigenhändig unterzeichnet sein muß, wird den Parteien von seiten des Schiedsgerichts zugestellt und nach Beurkundung bei dem zuständigen staatlichen Gericht niedergelegt.[8)] Der Schiedsspruch, gegen den kein Rechtsmittel, sondern bei Vorliegen bestimmter Voraussetzungen nur eine Aufhebungsklage möglich ist, wirkt unter den Parteien wie ein rechtskräftiges gerichtliches Urteil.[9)] Die rechtliche Gleichstellung von Schiedsspruch und rechtskräftigem Urteil hat zur Folge, daß staatliche Gerichte im Falle einer Klage auf Aufhebung des

---

5) Vgl. GLOSSNER (1978), II., RZ. 9, S. 25; die Vereinbarung eines Schiedsgerichts ist z.B. in bezug auf Scheidung einer Ehe, Feststellung der Vaterschaft, Entmündigung oder Anfechtung eines Beschlusses der Hauptversammlung einer Aktiengesellschaft unzulässig.

6) Vgl. zu dem Verfahren und der richterlichen Unabhängigkeit insbes. SCHWAB-WALTER (1990), Abschn. III., S. 116 - 154; GLOSSNER (1978), V., RZ. 1 - 71, S. 77 - 102; KORNBLUM (1968), mit weiteren Literaturhinweisen

7) Vgl. z.B. Schiedsgerichtsordnung des Ständigen Schiedsgerichts beim Deutschen Ausschuß für Schiedsgerichtswesen in Bonn, des Ständigen Schiedsgerichtshofes in Den Haag, des Schiedsgerichtshofes der Internationalen Handelskammer in Paris

8) Vgl. LÖRCHER (1988), S. 78 f.; SCHWAB-WALTER (1990), Kap. 20, RZ. 11 - 28, S. 168 - 175

9) Vgl. §§ 1040, 1041 ZPO

Schiedsspruchs die Entscheidung der Schiedsrichter nur beschränkt überprüfen können, im wesentlichen nur im Hinblick auf schwere Verfahrensfehler.[10)]

Die Entscheidung der Parteien, einem Schiedsgericht anstelle eines ordentlichen Gerichts den Vorzug zu geben, hat nach h.M. insbesondere folgende Gründe:[11)]

a) Die Entscheidungskompetenz des Schiedsgerichts liegt im allgemeinen bei Personen, die auf dem Sachgebiet des Streitfalls besondere Fachkunde aufweisen, und die Bestellung der Schiedsrichter kann durch die jeweilige Partei erfolgen.
b) Die Atmosphäre für eine gütliche Beilegung des Rechtsstreits ist vor einem Schiedsgericht günstiger; die Schiedsrichter nehmen bei der Auseinandersetzung eher eine beratende und unterstützende Funktion ein und fällen, sofern ein Vergleich zwischen den Parteien nicht zustandekommt, erst im zweiten Schritt eine Entscheidung in Form des Schiedsspruchs.
c) Die Kostenbelastung der Parteien ist wegen des nicht bestehenden Anwaltszwangs und des fehlenden Instanzenzuges bei Schiedsgerichten im allgemeinen günstiger als bei einem ordentlichen streitigen Verfahren.
d) Das Ergebnis der Schiedsgerichtsverhandlung wird Dritten nicht bekannt, da die Öffentlichkeit von dem Verfahren ausgeschlossen ist.
e) Die Dauer des Schiedsgerichtsverfahrens ist wegen der Fachkompetenz der Kommissionsmitglieder und des fehlenden Instanzenzuges im allgemeinen wesentlich kürzer als das Verfahren vor ordentlichen Gerichten.

---

10) Vgl. zur Aufhebungsklage SCHWAB-WALTER (1990), Kap. 25, RZ. 1 - 17, S. 211 - 217
11) Vgl. SCHWAB-WALTER (1990), Kap. 1, RZ. 8, S. 4 f.; GLOSSNER (1978), I., RZ. 4 - 12, S. 18 ff.; STEIN-JONAS (1988), Vorbem. I. 1. zu § 1025, S. 66; ROSENBERG-SCHWAB (1986), § 173 II. 1., S. 1146; alle mit weiteren Nachweisen und im Einzelfall voneinander abhängig.

Im Bereich der Wirtschaft hat die Schiedsgerichtsbarkeit vorwiegend bei bestimmten Rechtsverhältnissen und im Handel Bedeutung erlangt.[12] Vereinzelt werden Schiedsvereinbarungen auch bei Bank- und Versicherungsgeschäften vorgenommen.

(1) Im Rahmen bestimmter Rechtsverhältnisse werden Schiedsklauseln häufig bei Lizenz-, Montage-, Pacht-, Handelsvertreter-, Gesellschafts- und Beteiligungsverträgen, Know-how-Abkommen und Testamenten aufgenommen. Als typische Formulierung gilt:
"Sollten sich aus diesem Vertragsverhältnis Streitigkeiten ergeben, so kann jeder Teil die Entscheidung durch ein Schiedsgericht ... fordern oder die ordentlichen Gerichte anrufen ... Wird ein Schiedsgericht gefordert und lehnt der andere Teil innerhalb einer Woche nach Zugang dieser Aufforderung die Entscheidung durch ein Schiedsgericht ab, so sind nur noch die ordentlichen Gerichte zuständig."[13]

(2) Im Handelsbereich finden Schiedsvereinbarungen vor allem bei internationalen Geschäftsbeziehungen Anwendung. Die Handhabung, Schiedsvereinbarungen vornehmlich bei internationalen Handelsgeschäften zu treffen, resultiert aus der Tatsache, daß schon vor Auftreten der Rechtsstreitigkeit das zuständige Schiedsgericht bestimmt werden kann. Bei auftretenden Rechtsstreitigkeiten entfällt damit die rechtliche Klärung der Zuständigkeit eines in- oder ausländischen Gerichts und des zugrunde zu legenden Rechts.[14] Bei Abschluß von internationalen Verträgen wird darüber hinaus sehr häufig ein Schiedsgericht vereinbart, das im Verfahren die Vergleichs- und Schiedsordnung der Internationalen Handelskammer Paris anwendet.

---

12) Vgl. zur Bedeutung der Schiedsgerichtsbarkeit KOHLER (1967), S. 18 ff.
13) KOHLER (1967), S. 24
14) Vgl. zur Anwendung ausländischen Rechts RAAPE-STURM (1977), § 17, S. 302 - 324

(3) Bei Banken beschränken sich Vereinbarungen über Schiedsklauseln vornehmlich auf den Bereich der Konsortialverträge und auf Geschäftsbereiche, die außerhalb des eigentlichen Bankgeschäfts liegen, wie z.B. die Anmietung von Geschäftsräumen oder die Ausführung von Bauleistungen.

(4) Im Versicherungsgeschäft ist die Aufnahme von Schiedsklauseln vornehmlich bei Rückversicherungsverträgen und bei Transportversicherungen gegeben. Im Bereich der Schadens- und Unfallversicherung finden hingegen nicht Schiedsgerichtsvereinbarungen, sondern vorwiegend Schiedsgutachtenverträge Anwendung. Streitfälle werden dann nicht durch ein Schiedsgericht, sondern durch einen Sachverständigenausschuß entschieden.[15)]

Das Schiedsgutachterverfahren vor einem Sachverständigenausschuß unterscheidet sich insbesondere in zwei Punkten von dem des Schiedsgerichtsverfahrens:[16)]

- Im Schiedsgutachterverfahren wird nicht über den gesamten Anspruch, sondern grundsätzlich nur über einzelne Anspruchsvoraussetzungen, d.h. über einzelne Streitelemente, entschieden.
- Das Schiedsgutachten schließt die Anrufung der staatlichen Gerichte nicht aus. Sein Inhalt ist aber für den staatlichen Richter weitgehend bindend.

Im Versicherungsbereich werden Schiedsgutachterklauseln auch in der Gestalt vereinbart, daß der Versicherungsnehmer ein Wahlrecht zwischen einem Verfahren vor dem Gutachterausschuß oder dem sofortigen Anrufen eines ordentlichen Gerichts besitzt.

Die aufgeführten Bereiche zeigen, daß häufig zwischen ordentlichen Gerichten, Schiedsgerichten oder einem Sachverständigen-

---

15) Vgl. KOHLER (1967), S. 19 f.
16) Vgl. PREIBISCH (1982), S. 42 f.; HEGENBARTH (1983), S. 152 - 165, mit weiteren Quellennachweisen

ausschuss gewählt werden kann. Diese Wahlmöglichkeit resultiert aus der rechtlichen Gleichstellung von Schiedsspruch und Urteilsspruch: Die Entscheidung der Schiedsgerichte ist, sofern eine Anfechtungsklage i.S.d. § 1041 ZPO nicht möglich ist, für die Parteien bindend und damit nicht mit einem vorprozessualen Verfahren gleichzusetzen, in dem ohne Ausschluß des ordentlichen Gerichtsweges eine außergerichtliche Klärung ziviler Rechtsstreitigkeiten angestrebt wird.

2. Die Schiedsstelle

Zur Förderung einer außergerichtlichen Klärung von Streitfällen im Sinne eines vorprozessualen Verfahrens bzw. eines außergerichtlichen Vorverfahrens haben verschiedene Organisationen des Handwerks in den letzten Jahren zunehmend Schiedsstellen errichtet, die Konfliktbeteiligten zur Klärung bestimmter zivilrechtlicher Streitigkeiten zur Verfügung stehen.[17)]
Die Spruchkörper der Schiedsstellen sind sogenannte Schiedsstellenkommissionen. Diese Schiedsstellenkommissionen wirken erfahrungsgemäß auf eine gütliche Einigung hin; eine Entscheidung durch den sogenannten Schiedsspruch ist eher die Ausnahme. Die Zielsetzung der Kommission steht im Einklang mit der vorherrschenden Bestrebung der Parteien, Rechtsstreitigkeiten außergerichtlich in Form einer gütlichen Einigung zu klären. Dennoch besteht bei Inanspruchnahme von Schiedsstellen, im Gegensatz zu Schiedsgerichten, nach erfolgtem Schiedsspruch die Möglichkeit, den Rechtsstreit vor einem ordentlichen Gericht in Form eines Zivilprozeßverfahrens klären zu lassen.[18)]
Im weiteren Abschnitt werden die branchenspezifischen Schiedsstellen des Handwerks und deren Funktionsweise detaillierter dargestellt.

---

17) Vgl. PRESSE- UND INFORMATIONSAMT DER BUNDESREGIERUNG (1989), S. 42

18) Vgl. BGH-URTEIL vom 14.07.1987; PRESSE- UND INFORMATIONSAMT DER BUNDESREGIERUNG (1989), S. 47

Neben den Schiedsstellen des Handwerks bestehen in der Bundesrepublik Deutschland und West-Berlin weitere Schlichtungsstellen, die bei unterschiedlichen Institutionen eingerichtet sind und ebenfalls den Versuch unternehmen, zivile Rechtsstreitigkeiten außergerichtlich im Rahmen eines vorprozessualen Verfahrens zu klären.[19] Zu diesen Stellen zählen insbesondere die Schlichtungsstelle für Verbraucherbeschwerden bei den Industrie- und Handelskammern, die Schlichtungsstelle der Architektenkammer, die Schlichtungsstelle für Arzthaftpflichtfragen, die Schlichtungsstelle für Mietstreitigkeiten, die Schiedsstelle für versicherungsrechtliche Streitigkeiten und die öffentliche Rechtsauskunfts- und Vergleichsstelle. Des weiteren existieren in einigen Bundesländern sogenannte Schiedsmänner, die zur außergerichtlichen Beilegung bestimmter ziviler Rechtsstreitigkeiten zwischen Privatpersonen beitragen.[20]

19) Vgl. zu den Errichtungsgründen STREMPEL (1983), S. 186 ff.
20) Vgl. BÖKEMEIER, S. 2 - 8

II. Die Schiedsstelle des Kraftfahrzeug-Handwerks

1. Entwicklung

Ende der 60er Jahre geriet das Geschäftsgebahren von Kfz-Reparaturwerkstätten zunehmend ins Kreuzfeuer der Kritik.[1] Die Leistungen der Kfz-Reparaturbetriebe waren nach Ansicht der Reparaturauftraggeber durch nachlässige Arbeit, hohe Preise und schlechten Service gekennzeichnet. Zur Stärkung der Auftraggeberstellung und als Gegenpol zu den Geschäftspraktiken der Kfz-Werkstätten gründete Julius Szekely die "Schutzgemeinschaft der Kraftfahrer e.V.", die Mitgliedern bei Streitfällen aus Kfz-Reparaturleistungen Rechtsberatung anbot und zur Begutachtung ausgeführter Reparaturleistungen Sachverständige einschaltete.[2)]

Auf die offene Frontstellung, die Unzufriedenheit der Kunden und den Imageverlust reagierte das Kfz-Handwerk mit der zunehmenden Bereitschaft, Streitfälle über handwerkliche Leistungen auf gütlicher Basis beizulegen. Die Bereitschaft zur außergerichtlichen Klärung wurde unter Einfluß einiger verbraucherorientierter Verbände, insbesondere des Allgemeinen Deutschen Automobilclubs (ADAC) und des Deutschen Touring Clubs, fortlaufend intensiviert und führte im Mai 1970 zur Gründung der ersten Schiedsstellen in München und Hamburg.[3] Als Gründungsmitglieder fungierten der ADAC als Vertreter der Kraftfahrzeugfahrer und die Kfz-Innung als Vertreter der Kfz-Werkstätten.[4]
Nach Auffassung der Gründungsmitglieder[5] sollte mit Errichtung der Schiedsstellen eine Institution entstehen, die Kfz-Reparaturstreitigkeiten "unbürokratisch, mit möglichst geringem Aufwand, unter strengster Beachtung der technischen Gegebenheiten und ohne Ansehen der Person" bearbeitet und zur Beilegung der

---

1) Vgl. STIFTUNG-WARENTEST (1970), Freiwillige Selbstkontrolle, S. 259 ff.
2) Vgl. DEMANT-DOTTERWEICH (1984), S. 38
3) Vgl. § 1 Geschäftsordnung der Schlichtungsstelle für das Kfz-Handwerk, Hamburg; LOHMANN (1984), S. 127
4) Vgl. ZVK (1976), Leitfaden für Öffentlichkeitsarbeit, S. 33
5) ADAC (1972), Presseinformation, S. 1

Streitigkeit verstärkt auf eine gütliche Einigung zwischen den Konfliktparteien hinwirkt.
Nach erfolgreicher Etablierung und Anerkennung durch die Konfliktparteien wurde im Jahr 1974 die Institution "Schiedsstelle" und deren Inanspruchnahme erstmals in die Allgemeinen Geschäftsbedingungen der Kfz-Reparaturbetriebe aufgenommen.[6)]
Die "Bedingungen für die Ausführung von Arbeiten an Kraftfahrzeugen, Anhängern und Aggregaten und deren Teilen", die zwischen dem Zentralverband des Kfz-Gewerbes, dem Verband der Automobil-Industrie, dem Verband der Importeure von Kraftfahrzeugen und dem ADAC ausgehandelt wurden,[7)] legten bei Vorliegen eines gewährleistungspflichtigen Mangels wie folgt die Einschaltung der zuständigen Schiedsstelle des Kfz-Handwerks fest: "Bestreitet der Auftragnehmer das Vorliegen eines gewährleistungspflichtigen Mangels, entscheidet die für den Sitz des Auftragnehmers zuständige Schiedsstelle des Kfz-Handwerks. Besteht keine für den Sitz des Auftragnehmers zuständige Schiedsstelle, so entscheidet ein vereidigter Sachverständiger."[8)]

Mit Urteil vom 14.07.1987 wurde die festgelegte Schiedsstellenklausel vom BGH für rechtsunwirksam erklärt. Nach Ansicht des BGH benachteiligte die Klausel den Auftraggeber im Sinne des § 9 Abs.1 i.V.m. Abs.2 Nr.2 AGB-Gesetz unangemessen, da sie den Eindruck erwecke, die Anrufung der Schiedsstelle sei zwingend, die von der Schiedsstellenkommission getroffenen Tatsachenfeststellungen ohne Einschränkung bindend und der Rechtsweg zu den staatlichen Gerichten ausgeschlossen.[9)] Daraufhin wurde der Institution Schiedsstelle in den Kfz-Reparaturbedingungen 1988 ein eigenständiger Abschnitt eingeräumt.[10)] In Punkt XI. der

---

6) Vgl. ZVK (1976), Leitfaden für Öffentlichkeitsarbeit, S. 29
7) Vgl. ZDK (1978), Geschäftsbericht 1977/1978, S. 43
8) Bedingungen für die Ausführung von Arbeiten an Kraftfahrzeugen, Anhängern, Aggregaten und deren Teilen, Kfz-Reparatur bedingungen 1977, VIII. Gewährleistung
9) Vgl. BGH-Urteil vom 14.07.1987; STIFTUNG-WARENTEST (1987), Schlichten besser als richten, S. 624 - 629
10) Vgl. Bedingungen für die Ausführung von Arbeiten an Kraftfahrzeugen, Anhängern, Aggregaten und deren Teilen und für Kostenvoranschläge, Kfz-Reparaturbedingungen 1988, XI. Schiedsstelle

Kfz-Reparaturbedingungen von 1988 heißt es unter Nr.1:

"Bei Streitigkeiten aus diesem Auftrag kann der Auftraggeber oder, mit dessen Einverständnis, der Auftragnehmer die für den Auftragnehmer zuständige Schiedsstelle des Kraftfahrzeughandwerks anrufen. Die Anrufung muß schriftlich unverzüglich nach Kenntnis des Streitpunktes erfolgen."

Die zunehmende Inanspruchnahme der Schiedsstelle sowie die positive Resonanz in bezug auf außergerichtliche Beilegung von Streitfällen haben dazu geführt, daß von Kfz-Innungen weitere Schiedsstellen gegründet wurden, deren Zahl am 31.12.1989 im Bundesgebiet und West-Berlin insgesamt 90 betrug.[11]

2. Institutionalisierung

Handwerksinnungen sind Körperschaften des öffentlichen Rechts, deren Zielsetzung in der Förderung der gemeinsamen gewerblichen Interessen selbständiger Handwerker des gleichen Handwerks liegt.[12] Bei Streitigkeiten zwischen Innungsmitgliedern und ihren Auftraggebern steht den Handwerksinnungen nach § 54 Abs.3 Nr.3 HWO (Gesetz zur Ordnung des Handwerks) auf Antrag ein Vermittlungsrecht zu. Aus dem Vermittlungsrecht läßt sich auch die rechtliche Zulässigkeit der von Kfz-Handwerksinnungen errichteten Schiedsstellen ableiten. Die Schiedsstellen des Kfz-Handwerks sind jedoch, bedingt durch den Zusammenschluß von branchenspezifischen Innungen eines örtlichen Zuständigkeitsgebietes, in der Regel nicht bei einer der Kfz-Innungen eingerichtet, sondern vornehmlich bei Kreishandwerkerschaften oder in anderen Fällen bei Handwerkskammern oder dem ADAC.[13] Für die Annahme von Beschwerden und die Sicherung des organisatorischen

11) Vgl. ZDK (1990), Das Kfz-Gewerbe, S. 13; die Anschrift der jeweiligen Schiedsstelle findet sich in Anlage 1

12) Vgl. §§ 53, 54 Abs.1 HWO; zu den speziellen Aufgaben der Handwerksinnungen § 54 HWO; EYERMANN-FRÖHLER (1973), S. 232 - 246

13) Vgl. DEMANT-DOTTERWEICH (1984), S. 39

Ablaufs des Schiedsstellenverfahrens ist die Geschäftsstelle der entsprechenden Trägerorganisation zuständig.
Das Aufgabengebiet der jeweiligen Geschäftsstelle umfaßt:[14)]

- Annahme von Beschwerden
- Beurteilung, ob Beanstandungen bereits im Vorstadium, d.h. vor der mündlichen Verhandlung vor der Schiedsstellenkommission, geklärt werden können
- Vorprüfung und Beschaffung der für die Schiedsstellenkommission benötigten Unterlagen
- Terminierung der Verhandlung und Ladung der Parteien
- Bereitstellung eines Sitzungsraumes
- Protokollführung in der Verhandlung
- Schriftliche Benachrichtigung der Parteien über die Entscheidung der Schiedsstellenkommission

Von rechtlicher Bedeutung ist des weiteren, daß die jeweilige Trägerorganisation der Schiedsstelle nicht an die vom Zentralverband des Kfz-Gewerbes empfohlene "Geschäfts- und Verfahrensordnung der Schiedsstellen des Kraftfahrzeughandwerks" gebunden ist. Die entsprechenden Trägerorganisationen sind vielmehr zur Erstellung einer eigenen Geschäfts- und Verfahrensordnung berechtigt.[15)] Aufgrund der nicht bundeseinheitlich festgelegten Geschäfts- und Verfahrensordnungen ist demnach die Anrufung der Schiedsstelle und das Schiedsstellenverfahren unterschiedlich.[16)]

---

14) Vgl. § 6 Geschäftsordnung der Schlichtungsstelle für das Kfz-Handwerk, Hamburg
15) Vgl. HECK (1984), S. 121 f.
16) Ein wesentlicher Unterschied besteht bei der Anrufungsfrist; während nach § 2 Abs.3 Muster-Geschäfts- und Verfahrensordnung die Anrufung der Schiedsstelle unverzüglich nach Kenntnis des Streitpunktes zu erfolgen hat, ist nach § 2 Abs.4 Geschäfts- und Verfahrensordnung der Schiedsstelle Nürnberg die Anrufungsschrift, abhängig von dem Beschwerdegrund, innerhalb von sechs Wochen nach Zugang der Rechnung oder innerhalb von sechs Wochen bzw. zwölf Monaten seit Abnahme des Auftragsgegenstandes einzureichen.

3. Aufgabenbereich

Nach § 1 der Muster-Geschäfts- und Verfahrensordnung des Zentralverbandes des Kfz-Gewerbes (ZDK) obliegt den Schiedsstellen die Aufgabe, "Streitigkeiten zwischen Kunden und den der Innung angeschlossenen Werkstätten aus Werkstattaufträgen beizulegen." Nicht in den Zuständigkeits- bzw. Entscheidungsbereich von Schiedsstellen fallen:[17)]

- Streitfälle aus Werkstattleistungen an Nutzfahrzeugen mit einem Gesamtgewicht von mehr als 2,8 t
- Meinungsverschiedenheiten aus Neu- und Gebrauchtwagenverkäufen
- Rechtsstreitigkeiten, die bereits bei Gericht anhängig sind

Des weiteren steht der Schiedsstellenkommission ein Ablehnungsrecht für solche Streitfälle zu, deren Beilegung im Rahmen eines Schlichtungsverfahrens aussichtslos erscheint.[18)] Die Ablehnung bedarf eines einstimmigen Beschlusses der Kommissionsmitglieder und der Mitteilung des Beschlusses mit Begründung der Ablehnung an die Konfliktparteien. Weitere einschränkende Bedingungen in bezug auf die sachliche Zuständigkeit der Schiedsstelle enthalten die jeweiligen Geschäfts- und Verfahrensordnungen. So bestimmt z.B. § 1 Abs.1,2 Geschäfts- und Verfahrensordnung der Schiedsstelle in Nürnberg, daß die Schiedsstelle nur bei solchen Streitigkeiten tätig wird, welche die Notwendigkeit von Reparaturen, die ordnungsgemäße Durchführung von Werkstattleistungen und die Angemessenheit des Rechnungsbetrages betreffen. Darüber hinaus entscheidet die Nürnberger Schiedsstellenkommission über das Vorliegen eines gewährleistungspflichtigen Mangels und über die Höhe des Wiederbeschaffungswertes.[19)]

Da Schiedsstellen grundsätzlich nur Streitfälle solcher Reparaturwerkstätten verhandeln, die Mitglied der Kfz-Innung sind,

---

17) Vgl. § 1 Abs.2 Muster-Geschäfts- und Verfahrensordnung
18) Vgl. Ergänzung zu § 1 Ziff. 3 Geschäftsordnung, Hamburg
19) Vgl. § 1 Abs.2 Geschäfts- und Verfahrensordnung, Nürnberg

ist für Auftraggeber bereits vor Vergabe des Reparaturauftrages das Wissen über die Mitgliedschaft des Kfz-Betriebes in der Innung von gravierender Bedeutung. Äußeres Erkennungszeichen für die Zugehörigkeit des Kfz-Betriebes zur Innung ist das vom Bundesinnungsverband zur "Ordnung des Handwerks" vergebene Werkstattschild. Das Schild, ausschließlich an die von einem Meister des Kfz-Handwerks geleiteten und bei der Handwerkskammer in die Handwerksrolle eingetragenen Betriebe vergeben, trägt auf weißem Grund das Emblem des Kfz-Handwerks und in blauer Schrift den Aufdruck "Meisterbetrieb der Kfz-Innung".[20]

Das Recht zur Benutzung des Schildes endet:[21]

- Bei Ausscheiden des Kfz-Betriebes aus der Innung
- Durch Widerruf, insbesondere dann, wenn der Benutzungsberechtigte wiederholt gegen die Satzung verstoßen hat oder dem Ansehen des Berufsstandes in schwerwiegender und beharrlicher Weise Schaden zufügt
- Bei Nichtbefolgung satzungsmäßiger Beschlüsse des Bundesinnungsverbandes und seiner Unterorganisationen

4. Zusammensetzung der Schiedsstellenkommission

Die Geschäftsordnung der ersten in Hamburg gegründeten Schiedsstelle legte in § 2 die personelle Besetzung der Schiedsstellenkommission fest: Einen Vorsitzenden mit der Befähigung zum Richteramt und zwei Beisitzer als Sachverständige, von Beruf Kfz-Ingenieure, Kfz-Meister oder Personen mit entsprechender Qualifikation. Nach Überarbeitung der Zusammensetzungsvorschriften durch ADAC und ZDK setzen sich die Schiedsstellenkommissionen, entsprechend der empfohlenen Muster-Geschäfts- und Verfahrensordnung, nunmehr überwiegend aus fünf Mitgliedern zusammen, und zwar einem unabhängigen Vorsitzenden, je

---

20) Vgl. Anlage 2; zur Bedeutung des Meisterschildes ZVK (1976), Leitfaden für Öffentlichkeitsarbeit, S. 27 ff.
21) Vgl. § 10 Satzung für das Verbandszeichen des Kfz-Handwerks

einem Vertreter der Parteieninteressen und zwei neutralen Sachverständigen.[22] Die Entsendung der Mitglieder erfolgt in der Regel durch folgende Organisationen:[23]

- Volljurist	Handwerkskammer
- Kfz-Meister	Innung des Kfz-Handwerks
- Kfz-Sachverständiger	Technischer Überwachungsverein e.V. (TÜV) oder einer nach § 29 StVZO anerkannten Überwachungsorganisation
- Kfz-Sachverständiger	Vertragspartner der Deutschen Automobil-Treuhand GmbH (DAT)
- Verbrauchervertreter	Vertreter eines Automobilclubs, in der Regel des ADAC

Es können nur solche Mitglieder entsandt werden, die [24]

- die Befähigung zur Bekleidung öffentlicher Ämter aufweisen, d.h., daß das Mitglied die Befähigung nicht durch strafrechtliche Verurteilung verloren hat oder wegen eines vorsätzlichen Vergehens zu einer Freiheitsstrafe von mehr als einem Jahr verurteilt worden ist;
- nicht wegen eines Verbrechens oder Vergehens angeklagt sind und die Anklage die Aberkennung der bürgerlichen Ehrenrechte oder die Fähigkeit zur Bekleidung öffentlicher Ämter zur Folge haben kann;
- in der Verfügung über ihr Vermögen keiner Beschränkung in Form einer gerichtlichen Anordnung unterliegen.

Bei Eintritt einer der vorgenannten Gründe nach Bestellung ist das entsprechende Mitglied abzuberufen.
Die Mitglieder selbst unterliegen der Verpflichtung zur gewissenhaften Durchführung der ihnen übertragenen Aufgaben. In einer schriftlichen Versicherung haben die entsandten Mitglieder des weiteren zu bekunden, daß Entscheidungen ohne Ansehen der

22) Vgl. § 4 Abs.1 Muster-Geschäfts- und Verfahrensordnung
23) Vgl. DEMANT-DOTTERWEICH (1984), S. 42; § 4 Abs.2 Vereinbarung über die Errichtung einer Schiedsstelle für das Kfz-Handwerk im Handwerkskammerbezirk Ulm
24) Vgl. § 3 Geschäftsordnung, Hamburg

Person oder Firma getroffen werden und erlangte Kenntnisse über die persönlichen und wirtschaftlichen Verhältnisse der Betroffenen der Geheimhaltung unterliegen.[25)]

5. Das Schiedsstellenverfahren

5.1. Anrufung

Das Recht zur Anrufung der Schiedsstelle steht Reparaturauftraggebern und, mit deren Einverständnis, den Inhabern von Kfz-Reparaturbetrieben zu. Die Anrufung hat durch Einreichung eines Antrages bei der örtlich zuständigen Geschäftsstelle der Schiedsstelle zu erfolgen.[26)] Die örtliche Zuständigkeit richtet sich nach dem Zuständigkeitsgebiet der Innung bzw. nach dem Sitz der Innung, in welcher der Kfz-Betrieb Mitglied ist. Der Antrag sollte in Abhängigkeit von der jeweiligen Geschäfts- und/oder Verfahrensordnung folgende Angaben enthalten:[27)]

- Name und Anschrift des Auftraggebers, des Fahrzeughalters und des Auftragnehmers
- Typ, amtliches Kennzeichen, Tag der ersten Zulassung, Gesamtfahrleistung und Hersteller des Fahrzeugs
- Kurze Schilderung des dem Streitfall zugrunde liegenden Sachverhalts und Art der Beanstandung
- Einen bestimmten - bei Geldforderungen bezifferten - Antrag
- Benennung eventueller Beweismittel

Das Fehlen einer der Angaben führt nicht zur Abweisung des Antrages, sondern die Geschäftsstelle der jeweiligen Trägerorganisation hat die Verpflichtung, den Antragsteller um die unverzügliche Vervollständigung der Angaben zu bitten. Erst die

---

25) Vgl. § 4 Abs.2 Muster-Geschäfts- und Verfahrensordnung

26) Nach § 2 Abs.1 Geschäfts- und Verfahrensordnung, Bielefeld, Gütersloh, Herford, Lübbecke und Minden kann der Antrag auch bei einer in der Schiedsstelle mitarbeitenden Organisation eingereicht werden.

27) Vgl. § 2 Abs.2 Muster-Geschäfts- und Verfahrensordnung

Nichtvervollständigung hat die Zurückweisung des Antrages mit Angabe von Gründen zur Folge.[28)]

Die Einreichung des Antrages hat nach den Reparaturbedingungen 1988 und nach § 2 Muster-Geschäfts- und Verfahrensordnung unverzüglich nach Kenntnis des Streitpunktes zu erfolgen. Wegen der Nichtanpassung einzelner Geschäfts- und Verfahrensordnungen an die veränderten Reparaturbedingungen existieren bei den jeweiligen Schiedsstellen unterschiedliche Anrufungsfristen. Nach § 1 Abs.3 Geschäftsordnung der Schiedsstelle im Handwerksbezirk Ulm gelten beispielsweise als Eingangsfristen für eine zulässige Anrufungsschrift bei

- Beschwerden über die Angemessenheit des Rechnungsbetrages: Ein Monat nach Zugang der Rechnung;
- Meinungsverschiedenheiten über die Notwendigkeit von Reparaturen: Ein Monat seit Abnahme;
- Streitigkeiten über die ordnungsgemäße Durchführung der Werkstattleistung: Ein Monat nach Meldung des Mangels bei dem Auftragnehmer, spätestens jedoch innerhalb von sechs Monaten nach Abnahme.

5.2. Vorverfahren

Nach Eingang der Anrufungsschrift prüft die Geschäftsstelle die Vollständigkeit des Antrages, die Innungs-Mitgliedschaft des Betriebsinhabers, die Fristeinhaltung der Antragstellung sowie die örtliche und sachliche Zuständigkeit der Schiedsstelle.[29)] Erweist sich der Antrag als zulässig, wird der Konfliktgegner von der Geschäftsstelle über den Antrag unterrichtet und um eine Stellungnahme gebeten. Darüber hinaus wird von der Geschäftsstelle im Rahmen des sogenannten Vorverfahrens durch Rücksprache mit beiden Parteien der Versuch unternommen, den Streitfall zwischen den Konfliktbeteiligten gütlich zu klären

---

28) Vgl. § 2 Abs.1 Geschäftsordnung, Ulm
29) Vgl. § 2 Abs.1 Geschäftsordnung, Ulm

respektive im gegenseitigen Einverständnis beizulegen.[30] In dem Vorverfahren, das nach § 3 Abs.3 der Muster-Ordnung innerhalb eines Monats nach Anrufung der Schiedsstelle abgeschlossen sein sollte, werden nach Mitteilung des ZDK weit über die Hälfte der zulässigen Anträge entschieden.[31] Der Grund für die hohe Erledigungsquote liegt nach Ansicht des Kfz-Gewerbes in der unbürokratischen Problemlösung, die durch Aufklärung des Kunden, durch Nachbesserung oder teilweise Erstattung des Rechnungsbetrages oder durch die Kulanz der Kfz-Betriebe erreicht wird.[32]

Findet im Rahmen des Vorverfahrens eine gütliche Einigung nicht statt, werden die Parteien von der Geschäftsstelle aufgefordert, sich durch schriftliche Einverständniserklärung dem Schiedsstellenverfahren zu unterwerfen; eine schriftliche Unterwerfungserklärung seitens des Auftragnehmers ist nicht notwendig, wenn durch Beschluß der örtlichen Innung oder durch Innungssatzung eine Unterwerfung des Mitglieds festgelegt ist.[33] Nach Vorliegen der Unterwerfungserklärung und Festsetzung des Verhandlungstermins werden die Konfliktbeteiligten von der Geschäftsstelle schriftlich zur mündlichen Verhandlung und zur Beweiserhebung geladen.
Für die Mitglieder der Schiedsstellenkommission besteht die Verpflichtung, den Streitfall zum Verhandlungstermin schriftlich vorzuklären, damit die reelle Chance besteht, den Streitfall in nur einer Sitzung zu erledigen, um der Zielsetzung der Schiedsstelle zu entsprechen, Streitfälle auf schnelle und unbürokratische Weise beizulegen.[34]

---

30) Vgl. § 3 Abs.2 i.V.m. §§ 1 und 2 Geschäfts- und Verfahrensordnung, Bielefeld, Gütersloh, Herford, Lübbecke und Minden
31) Vgl. ZDK (1990), Das Kfz-Gewerbe, S. 15
32) Vgl. DEMANT-DOTTERWEICH (1984), S. 41
33) Vgl. § 3 Abs.4 Muster-Geschäfts- und Verfahrensordnung; wird eine erforderliche Unterwerfungserklärung verweigert, teilt die Schiedsstelle den Parteien, unter Hinweis auf den Grund, die Beendigung des Verfahrens mit.
34) Vgl. DEMANT-DOTTERWEICH (1984), S. 43

5.3. Verhandlung

Die Eröffnung der mündlichen Verhandlung erfolgt durch Aufrufung der Parteien. Die Öffentlichkeit ist von der Verhandlung ausgeschlossen; bei berechtigtem Interesse eines Dritten kann jedoch von dem Grundsatz der Nichtöffentlichkeit abgewichen und durch den Kommissionsvorsitzenden die Anwesenheit gestattet werden.[35]
Nach Feststellung der Anwesenheit der Parteien, deren Vertretung durch Beauftragte grundsätzlich möglich ist, folgt die Verhandlung zur Streitsache. Für die Verhandlung gilt analog des Zivilprozeßverfahrens das Mündlichkeitsprinzip. Nur in Ausnahmefällen wird über den Streitfall schriftlich befunden, insbesondere wenn[36]

- das Einverständnis beider Parteien vorliegt;
- die Schiedsstellenkommission auf Antrag einer Partei das Erscheinen der Parteien aufgrund der Umstände und Bedeutung der Sache als unzumutbar erachtet oder von einer mündlichen Verhandlung keine zusätzlichen Erkenntnisse erwartet werden und die Parteien dem schriftlichen Verfahren nicht widersprechen.

Ist das Erscheinen der Parteien angeordnet und erscheint eine Partei oder deren Vertreter zur mündlichen Verhandlung nicht, entscheidet die Kommission nach Aktenlage und dem Vorbringen der erschienenen Partei.[37]

Die Verhandlung zur Streitsache wird durch ein Mitglied der Schiedsstellenkommission eingeleitet; das Mitglied schildert den Sachverhalt, der dem Streitfall zugrunde liegt. Danach wird den Parteien die Gelegenheit geboten, zum Sachverhalt Stellung zu nehmen und vorgebrachte Behauptungen gegebenenfalls durch entsprechende Beweise zu bekräftigen. Abhängig von dem Ergebnis der mündlichen Verhandlung und der eventuellen Beweiserhe-

---

35) Vgl. § 5 Abs.3 Geschäfts- und Verfahrensordnung, Rheinhessen
36) Vgl. § 5 Abs.1 Muster-Geschäfts- und Verfahrensordnung
37) Vgl. § 12 Vereinbarung über die Errichtung einer Schiedsstelle, Ulm

bung[38] unterbreitet die Schiedskommission den Parteien einen Einigungsvorschlag zur vergleichsweisen Erledigung der Sache. Stimmen die Parteien dem Einigungsvorschlag zu, muß dieser protokolliert und von beiden Parteien unterzeichnet werden, um das Schiedsstellenverfahren zu beenden.[39]
Findet zwischen den Parteien eine vergleichsweise Erledigung in der Sache nicht statt, entscheidet die Schiedskommission über den Streitfall aufgrund eigener Sachkunde. Der mit Stimmenmehrheit getroffene Schiedsspruch muß schriftlich abgefaßt, auf Verlangen einer Partei schriftlich begründet und von den Kommissionsmitgliedern unterzeichnet sein. Nach ergangenem Schiedsspruch ist ein erneutes Schiedsstellenverfahren in derselben Sache ausgeschlossen; auf Antrag einer Partei kann jedoch der Schiedsspruch abgeändert werden, wenn nachträglich nachgewiesen wird, daß der dem Schiedsgutachten zugrunde liegende Sachverhalt in einem wesentlichen Punkt anders gelagert ist und zwischen den Parteien darüber Einigkeit besteht.[40]

5.4. Rechtliche Wirkung des Schiedsspruchs

Nach erfolgtem Schiedsspruch steht den Parteien grundsätzlich das Recht zu, den Streitfall nochmals vor einem ordentlichen Gericht in Form eines Zivilprozeßverfahrens klären zu lassen. Allerdings binden die Tatsachenfeststellungen der Schiedsstellenkommission die Parteien vor Gericht.[41] Die Bindungswirkung ergibt sich aus der analogen Anwendung der §§ 317 ff. BGB auf sachverhaltsfeststellende Schiedsgutachten. Lediglich bei offensichtlichen Unrichtigkeiten im Schiedsgutachten ist dessen Aufhebung durch die Gerichte nach § 319 BGB möglich. In bezug

---

38) Für die Beweiserhebung gelten die Vorschriften der ZPO entsprechend.
39) Vgl. § 6 Abs.2 Geschäfts- und Verfahrensordnung, Rheinhessen; ein geschlossener Vergleich kann nach § 6 Muster-Geschäfts- und Verfahrensordnung nicht widerrufen werden.
40) Vgl. § 11 Vereinbarung über die Errichtung einer Schiedsstelle, Ulm
41) Vgl. § 7 Abs.3 Muster-Geschäfts- und Verfahrensordnung

auf die Bindungswirkung des Schiedsspruchs hat der Landesinnungsverband des Kfz-Handwerks Hessen u.a. festgestellt[42]: "Hat über die Höhe der Rechnung einer Autoreparaturwerkstätte eine der Schiedsstellen für das Kfz-Handwerk entschieden, so bindet diese Entscheidung nicht nur die Parteien, sondern auch das später angerufene Zivilgericht. Das gilt nur dann nicht, wenn die Entscheidung offenbar unrichtig ist, d.h., wenn sich die Unrichtigkeit dem Blick eines sachkundigen und unbefangenen Beurteilers sofort aufdrängt."

In bezug auf die rechtliche Wirksamkeit ist des weiteren von Bedeutung, daß der im Schiedsspruch verbriefte Anspruch aufgrund des fehlenden gerichtlichen Vollstreckungstitels nicht mit staatlicher Hilfe durchgesetzt werden kann. Folglich sind die im BGB fixierten Verjährungsfristen für Gewährleistungsansprüche von Bedeutung. Nach § 638 BGB verjähren Gewährleistungsansprüche aus Werkverträgen innerhalb einer Frist von sechs Monaten nach Abnahme des Werkes, sofern der Unternehmer den Mangel nicht arglistig verschwiegen oder der Auftraggeber den Anspruch nicht gerichtlich geltend gemacht hat.[43] Unter dem Gesichtspunkt, daß ein Schiedsstellenverfahren nicht einer gerichtlichen Geltendmachung des Anspruchs gleichkommt, ist die Verjährung bei Inanspruchnahme der Schiedsstelle nicht unterbrochen.[44] Die Rechtsprechung geht jedoch davon aus, bekräftigt durch ein Urteil des OLG Hamm, daß eine vertragliche Vereinbarung der Parteien über die Einholung eines Schiedsgutachtens die Verjährung nach § 202 BGB hemmt.[45] Gemäß § 202 BGB ist die Verjährung gehemmt, "solange die Leistung gestundet oder der Verpflichtete aus einem anderen Grunde vorübergehend

---

42) Rundschreiben vom 11.12.1978; zur rechtlichen Wirkung des Schiedsspruchs DEMANT-DOTTERWEICH (1984), S. 46, f.; KOKEMOHR (1976), S. 972
43) Nach Abschn. VIII. Abs.2 Kfz-Reparaturbedingungen 1988 wird für nicht erkannte Mängel Gewähr geleistet, wenn der Mangel innerhalb von zwölf Monaten seit Abnahme gemeldet wird.
44) § 2 Abs.4 Muster-Geschäfts- und Verfahrensordnung legt zwar fest, daß durch die Anrufung der Schiedsstelle die Verjährung von Ansprüchen für die Dauer des Verfahrens gehemmt wird, doch fehlt ein entsprechender Passus oftmals in den jeweiligen Verordnungen.
45) Vgl. OLG-Urteil vom 14.11.1975; HANEL (1982), S. 2424 f.

zur Verweigerung der Leistung berechtigt ist". Die Vereinbarung über die Einholung eines Schiedsgutachtens hat zur Folge, daß die anspruchstellende Partei nicht berechtigt ist, Gewährleistungsansprüche vor Abschluß des Schiedsgutachtenverfahrens gerichtlich zu verfolgen. Anders liegt der Fall, wenn die Vertragspartner lediglich über die Regulierung von Ansprüchen verhandeln.

5.5. Verfahrenskosten

Für die Inanspruchnahme der Schiedsstelle werden keine Gebühren erhoben.[46] Auch die Kosten eines Sachverständigen, der unter Umständen von der Schiedsstellenkommission beauftragt wurde, gehen nicht zu Lasten der Parteien. Kosten, die den Parteien, den beauftragten Vertretern oder den geladenen Zeugen entstehen, gelten als eigene Kosten und sind von der jeweiligen Partei, unabhängig von der Entscheidung der Schiedsstellenkommission, selbst zu tragen.

6. Statistischer Überblick der Inanspruchnahme

Im Jahr 1989 wurden im Bundesgebiet und West-Berlin insgesamt 73,2 Mio Pkw-Reparatur- und Wartungsaufträge durchgeführt, davon 52,3 Mio Aufträge vom Kfz-Handwerk mit einem Werkstattumsatz von DM 26.057,4 Mio.[47] Der Bestand an Kraftfahrzeugen lag nach Stand vom 01.01.1990 bei rund 35 Mio und setzte sich zusammen aus:

Krafträder	1.348.498
PKW und PKW-Kombi	30.152.399
Kraftomnibusse	70.478
LKW	1.364.918
Zugmaschinen	1.751.949
Übrige Fahrzeuge	416.327

46) Vgl. § 9 Muster-Geschäfts- und Verfahrensordnung
47) Vgl. ZDK (1990), Das Kfz-Gewerbe, S. 7, 12

Den Schiedsstellen des Kfz-Handwerks wurden im Jahr 1989 insgesamt 11.872 Anträge vorgelegt. Die Art der Erledigung dieser Anträge ergibt sich aus der in Tab. 14 dargestellten Jahresbilanz der Schiedsstellen des Kfz-Handwerks.[48)]

So wurden die Anträge behandelt und entschieden	Schiedsstellenanträge absolut	Anteil %	Veränd. geg. 1988 %
Schiedsstellenanträge gesamt	11.872	100,00	- 4,1
1. Anträge erledigt im Vorverfahren durch die Geschäftsstelle	7.228	60,88	- 1,9
2. Im Vorverfahren erledigte Anträge	2.784	23,45	- 13,6
3. Anträge durch die Schiedskommission beraten und entschieden	1.375	11,58	+ 11,2
4. Im Berichtszeitraum noch nicht behandelte Anträge	485	4,09	- 10,7

Tab. 17: Jahresbilanz 1989 der Schiedsstelle des Kfz-Handwerks

Die Art und Anzahl der Beschwerdegründe für 1989 sind in Tab. 18 dargestellt.[49)] Die Gesamtzahl der Beschwerdegründe (15.068) lag wegen Mehrfachnennungen höher als die Anzahl der eingegangenen Anträge.

Das waren die Beschwerdegründe (Mehrfachnennungen)	Beschwerdegründe absolut	Anteil %
Beschwerdegründe gesamt	15.068	100,00
1. Nicht im Auftrag gegebene Arbeiten durchgeführt	2.166	14,37
2. Unnötige Arbeiten durchgeführt	1.752	11,60
3. Erforderliche Arbeiten nicht durchgeführt	731	4,90
4. Unsachgemäß gearbeitet/ Fehler nicht behoben	3.792	25,20
5. Rechnungshöhe	5.485	36,40
6. Rechnung nicht aufgegliedert	1.142	7,60

Tab. 18: Art und Anzahl der Beschwerdegründe

48) Vgl. ZDK (1990), Das Kfz-Gewerbe, S. 15
49) Vgl. ZDK (1989), Das Kfz-Gewerbe, S. 15

III. Die Schiedsstelle des Kraftfahrzeug-Handels

1. Entwicklung

Die erste Schiedsstelle zur außergerichtlichen Erledigung von Streitigkeiten aus Gebrauchtwagenverkäufen wurde im Februar 1972 in Hamburg gegründet.[1] Ausschlaggebender Grund für die Errichtung war neben der massiven Verbraucherkritik, die sich gegen die unlauteren Methoden der Gebrauchtwagenhändler richtete und durch Medien und Interessenverbänden Unterstützung fand, der zunehmende Imageverlust des gewerblichen Gebrauchtwagenhandels.
Der ZDK und die Landesverbände des Kfz-Gewerbes e.V. forcierten die Errichtung weiterer Schiedsstellen mit dem Ergebnis, daß im Bundesgebiet und West-Berlin, Stand vom 01.01.1990, insgesamt 34 Schiedsstellen des Kfz-Handels bestehen.[2]

2. Institutionalisierung

Die Schiedsstellen des Kfz-Handels sind in der Regel beim Landesverband des Kfz-Gewerbes e.V. eingerichtet, im Gegensatz zu den Schiedsstellen des Kfz-Handwerks also nicht bei einer öffentlich-rechtlichen Körperschaft, sondern bei einem eingetragenen Verein. Die intensive Zusammenarbeit der Landesverbände des Kfz-Handels und der Innungen des Kfz-Handwerks hat jedoch dazu geführt, daß Schiedsstellen des Kfz-Handels auch bei Kreishandwerkerschaften institutionalisiert sind.[3]

3. Aufgabenbereich

Der Schiedsstelle obliegt die Aufgabe, folgende Streitigkeiten aus Kaufverträgen über gebrauchte Personenkraftwagen und son-

---

1) Vgl. Leitfaden für die Gebrauchtwagen-Schiedsstelle, S. 25
2) Vgl. ZDK (1990), Das Kfz-Gewerbe, S. 17
3) Vgl. PRESSE- UND INFORMATIONSAMT DER BUNDESREGIERUNG (1989), S. 49 f.; Anlage 3 dieser Arbeit

stige Kraftfahrzeuge bis 2,8 t zulässiges Gesamtgewicht, mit Ausnahme über den Kaufpreis, zwischen Kfz-Händlern und Käufern gütlich beizulegen oder über den Streitfall im Sinne eines vorprozessualen Verfahrens zu entscheiden:[4)]

a) Bei Eigengeschäften

- Nichteinhaltung vertraglicher Zusagen
- Unzutreffende vertragliche Angaben über das Fahrzeug, insbesondere das Fehlen zugesicherter Eigenschaften
- Verschweigen wesentlicher Mängel oder Vortäuschen nicht vorhandener wesentlicher Eigenschaften des Gebrauchtfahrzeugs
- Nicht ordnungsgemäße Behebung von Mängeln, deren Beseitigung vertraglich vereinbart worden war
- Nicht fachgerechte technische Überprüfung des verkauften Fahrzeugs auf Unfalleigenschaft

b) Bei Vermittlungsgeschäften

- Gewährleistungsansprüche aus Arbeiten, die der Vermittler im Auftrag des Käufers durchgeführt hat
- Verschweigen von wesentlichen Mängeln des Fahrzeugs durch den Vermittler, obwohl der Verkäufer den wesentlichen Mangel dem Vermittler schriftlich offenbart hat oder der Mangel auf andere Weise bekannt ist, oder Vortäuschung nicht vorhandener wesentlicher Eigenschaften
- Falsche Angaben über im Auftrag des Verkäufers durchgeführte Reparaturen

Nicht in das Aufgabengebiet der Schiedsstelle fallen Streitfälle, die bereits bei einem ordentlichen Gericht anhängig sind.[5)] Des weiteren wird die Schiedsstelle nur tätig, wenn der Händler

---

4) Vgl. § 1 Geschäfts- und Verfahrensordnung, Koblenz
5) Vgl. § 1 Geschäfts- und Verfahrensordnung, Bochum; wird während des Schiedsstellenverfahrens der Rechtsweg beschritten, stellt die Schiedsstelle ihre Tätigkeit ein.

oder Agent Mitglied im Verband des Kfz-Gewerbes ist und das Vertrauenssiegel für Gebrauchtwagen führt.[6)]
Das Gebrauchtwagen-Vertrauenssiegel wird vom Verband des Kfz-Gewerbes auf Antrag eines Mitglieds vergeben. Mit Übernahme des Vertrauenssiegels verpflichtet sich der Kfz-Händler, Gebrauchtwagengeschäfte mit der Sorgfalt eines ordentlichen Kaufmanns zu führen und die Vorschriften der Siegelordnung einzuhalten.[7)]
Nach Abschn. II der Siegelordnung darf der Inhaber eines Vertrauenssiegels u.a. weder absichtlich noch grob fahrlässig Mängel eines Gebrauchtwagens verschweigen oder nicht vorhandene wesentliche Eigenschaften eines Fahrzeugs vortäuschen. Auch bei Fahrzeugen, die im Kundenauftrag vermittelt werden, muß der Händler bestimmte Regeln einhalten. Dazu gehört, daß er nicht absichtlich Mängel verschweigt, die der Verkäufer schriftlich offenbart hat oder die er aufgrund eigener Sachkunde erkannt hat.

Gegenüber der Schiedsstelle unterliegt der Kfz-Händler nach der Siegelordnung der Verpflichtung, angeforderte Auskünfte zu erteilen, Unterlagen zur Verfügung zu stellen, zu den mündlichen Verhandlungen zu erscheinen oder sich durch einen Bevollmächtigten vertreten zu lassen und sich den Entscheidungen der Schiedsstellenkommission zu beugen.[8)] Ein Verstoß gegen die in der Siegelordnung festgelegten Vorschriften kann zu einem schriftlichen Verweis oder zum zeitweisen oder dauerhaften Entzug des Vertrauenssiegels führen.

4. Zusammensetzung der Schiedsstellenkommission

Die Schiedsstellenkommission besteht, abhängig von der jeweiligen Geschäftsordnung, in der Regel aus fünf Mitgliedern. Den

---

6) Vgl. PRESSE- UND INFORMATIONSAMT DER BUNDESREGIERUNG (1989), S. 49
7) Vgl. Siegelordnung für den Händler, Abschn. II.
8) Vgl. Siegelordnung für den Händler, Abschn. II.

Vorsitz der Kommission führt ein zum Richteramt befähigter Jurist. Als weitere Mitglieder[9] fungieren je ein

- Vertreter eines Automobilclubs,
- öffentlich bestellter und vereidigter Kfz-Sachverständiger, ein Vertragspartner der Deutschen Automobil-Treuhand GmbH,
- Vertreter von Presse, Rundfunk oder Fernsehen,
- Vertreter des Kfz-Gewerbe-Verbandes oder der Kfz-Innung.

5. Das Schiedsstellenverfahren

5.1 Anrufung

Die Anrufung der Schiedsstelle durch den Käufer, Verkäufer oder Vermittler hat schriftlich in Form eines Antrages zu erfolgen.[10] Der Antrag, der unverzüglich nach Kenntnis des Streitpunktes, jedoch innerhalb einer Frist von drei Monaten nach Übergabe des Gebrauchtwagens bei der örtlich zuständigen Geschäftsstelle einzureichen ist, sollte nach § 3 Abs.2 der Geschäfts- und Verfahrensordnung der Schiedsstelle in Wetzlar folgende Angaben enthalten:

- Name und Anschrift von Käufer, Verkäufer und Vermittler
- Bezeichnung des Fahrzeugs
- Kurze Schilderung der Beanstandung und des ihr zugrunde liegenden Sachverhalts
- Benennung eventueller Beweismittel
- Einen bestimmten - bei Geldforderungen betragsmäßig bezifferten - Antrag
- Datum und Übergabe des Fahrzeugs

Die Pflicht des Händlers, dem Schiedsstellenverfahren zuzustimmen, ergibt sich aus der Mitgliedschaft im regionalen Landesverband des Kfz-Handels bzw. -Gewerbes und der Führung des Vertrauenssiegels.

---

9) Vgl. PRESSE- UND INFORMATIONSAMT DER BUNDESREGIERUNG (1989), S. 49
10) Vgl. § 3 Abs.1 Geschäfts- und Verfahrensordnung, Wetzlar

5.2. Vorverfahren

Nach Antragseingang prüft die Geschäftsstelle die Zulässigkeit und Vollständigkeit des Antrags, insbesondere ob[11)]

- der Händler oder Vermittler Mitglied des regionalen Handelsverbandes ist und das Vertrauenssiegel des Gebrauchtwagenhandels führt;
- dem Antrag eine Streitigkeit aus dem Verkauf eines Gebrauchtwagens zugrunde liegt;
- der Antrag vollständig und fristgerecht eingereicht worden ist;
- die Streitigkeit nicht bereits bei einem ordentlichen Gericht anhängig ist.

Erweist sich der Antrag als vollständig und zulässig, wird der Beschwerdegegner durch Zusendung der Anrufungsschrift über die vorgebrachte Reklamation unterrichtet und durch die Geschäftsstelle zugleich aufgefordert, zum Streitfall Stellung zu nehmen.[12)] Nach Eingang der Stellungnahme und der Berichterstattung an den Vorsitzenden wird im sogenannten Vorverfahren der Versuch unternommen, den Streitfall zwischen den Konfliktparteien gütlich zu klären. Eine Nichteinigung im Rahmen des Vorverfahrens hat zur Folge, daß der Antrag an den Vorsitzenden der Schiedsstellenkommission weitergeleitet wird und, nach Einholung der Unterwerfungserklärung, die Parteien zur mündlichen Verhandlung geladen werden.[13)]

5.3 Mündliche Verhandlung

Die mündliche Verhandlung, die durch Schriftsätze vorbereitet sein soll, verläuft analog der Schiedsstelle des Kfz-Handwerks. Ziel der Schiedsstellenkommission liegt in der gütlichen Beilegung des Streitfalls. Wird eine Einigung zwischen den Parteien

---

11) Vgl. DEMANT-DOTTERWEICH (1984), S. 51
12) Vgl. § 4 Geschäfts- und Verfahrensordnung, Koblenz
13) Vgl. § 3 Abs.4,5 Geschäfts- und Verfahrensordnung, Bochum

nicht erreicht, kommt es zum Schiedsspruch, der protokolliert und von den Mitgliedern der Schiedsstellenkommission unterzeichnet werden muß. Bei Nichtakzeptanz des Schiedsspruchs ist zwar der ordentliche Rechtsweg nicht ausgeschlossen, doch ist die Einreichung der Klageschrift ausschließlich dem Kunden vorbehalten, da der Kfz-Händler nach der Siegelordnung an den Schiedsspruch gebunden ist. Um die Bindungswirkung des Schiedsspruchs bei den Kfz-Händlern durchzusetzen, stehen dem Verband oder dem sogenannten Siegelgericht bei einem Verstoß entsprechende Sanktionsmöglichkeiten zur Verfügung, die bis zum Ausschluß des Händlers aus dem Verband führen.[14] Nach Ausschluß ist der Kfz-Händler zwar berechtigt, ein ordentliches Gericht in Anspruch zu nehmen, doch binden die Tatsachenfeststellungen der Schiedsstellenkommission die Parteien vor Gericht, sofern die Voraussetzungen der §§ 317 ff. BGB vorliegen.[15]

5.4. Kosten

Analog zur Schiedsstelle des Kfz-Handwerks werden für die Inanspruchnahme der Schiedsstelle keine Gebühren erhoben. "Eine Erstattung der Kosten, die den Beteiligten oder deren Vertretern, Zeugen oder sonstigen Auskunftspersonen entstehen, erfolgt nicht."[16]

6. Statistischer Überblick der Inanspruchnahme

Einen Überblick über den Gebrauchtwagenmarkt für Personenkraftwagen und Pkw-Kombis mit einem Umsatz in Höhe von DM 38.284,2 Mio im Jahr 1989 gibt Tab. 19.[17]

---

14) Vgl. Siegelordnung für den Händler, Abschn. III.
15) Vgl. zur Bindungswirkung die Ausführungen zu Gliederungspunkt C.II.5.4. dieser Arbeit.
16) § 9 Geschäfts- und Verfahrensordnung, Koblenz
17) Vgl. ZDK (1990), Das Kfz-Gewerbe, S. 6, 10 f.

Gebrauchtwagen verkauft von	Neuwagenhandel (Vertragshändler)	Gebrauchtwagen-händler	Privat	Gesamtmarkt
Marktanteil	37,00 %	8,00 %	55,00 %	100,00 %
In Tausend Stück	2.434,5	526,4	3.618,8	6.579,7
In Mrd. DM	33,4	4,9	31,5	69,8
Durchschnittsalter der Autos (Jahre)	3,7	5,8	5,9	4,9
⌀ Kilometerstand	54.000	83.000	81.000	69.100
⌀ Kaufpreis in DM	13.700	9.300	8.700	10.600
Reparaturausgaben in den ersten 6 Monaten nach Kauf in DM	190	278	312	254
Reparaturausgaben in den ersten 6 Monaten nach Kauf in % zum Kaufpreis	1,39	2,99	3,59	2,40

Tab. 19: Pkw und Pkw-Kombi Gebrauchtwagenmarkt 1989

Bei den 34 Schiedsstellen des Kfz-Handels gingen im Jahr 1989 insgesamt 4.181 Anträge ein. Die Anzahl der abgewiesenen Anträge sowie die Erledigungsart zeigt die in Tab. 20 dargestellte Jahresbilanz 1989 der Gebrauchtwagen-Schiedsstellen.[18]

Jahresbilanz 1989 der Gebrauchtwagen-Schiedsstellen		
Zahl der Gebrauchtwagen-Schiedsstellen	34	
Zahl der Fälle pro Schiedsstelle	123	
So wurden die Anträge behandelt und entschieden	Schiedsstellen-anträge absolut	Anteil %
Gesamtzahl der Schiedsstellenanträge	4.181	100,00
1. Von der Schiedsstelle mangels Zuständigkeit abgewiesen	2.691	64,36
2. Im Vorverfahren durch die Geschäftsstelle erledigt	1.393	33,32
3. Vor der Schiedskommission verhandelt	66	1,58
4. Im Berichtszeitraum noch nicht behandelte Anträge	31	0,74

Tab. 20: Jahresbilanz 1989 der Gebrauchtwagen-Schiedsstellen

18) Vgl. ZDK (1990), Das Kfz-Gewerbe, S. 17

IV. Die Schiedsstelle des textilen Reinigungsgewerbes

1. Institutionalisierung

Die erste Schiedsstelle des textilen Reinigungsgewerbes wurde im Jahr 1968 in Hamburg in Form einer Arbeitsgemeinschaft gegründet.[1] Die Initiative ging von dem Obermeister der Innung für das textile Reinigungsgewerbe und der Verbraucherzentrale aus. Nach Stand vom Mai 1989 bestehen, abgesehen von den Bundesländern Rheinland-Pfalz und Saarland, im Bundesgebiet und West-Berlin insgesamt zehn Schiedsstellen, die in der Regel gemeinsam von den DTV-Landesfachverbänden oder den Innungen des Textilgewerbes und den Verbraucherzentralen getragen werden.[2] Die Verbraucherzentrale fungiert, außer in Hamburg, als Geschäftsstelle der Schiedsstelle.[3]
Eine schriftlich fixierte Geschäfts- und Verfahrensordnung der Schiedsstelle existiert nicht; die Anrufungsvoraussetzungen und der Ablauf des Schiedsstellenverfahrens liegen im freien Ermessen der jeweiligen regionalen Trägerorganisation.

2. Aufgabengebiet

Der Schiedsstellenkommission obliegt die Aufgabe, die Schuldfrage bei Reklamationen aus chemischen Reinigungen außergerichtlich zu klären und in bezug auf die Schadensregulierung eine gütliche Einigung zwischen den Parteien herbeizuführen.[4] Die vor Schiedsstellen zu verhandelnden Reklamationen sind hinsichtlich ihrer Schadensart nicht begrenzt. Die Aufgliederung nach Schadensursache gestattet es, anhand der Häufigkeit der

---

1) Vgl. DEMANT-DOTTERWEICH (1984), S. 55
2) Vgl. DTV (1989), Aus der Statistik der Schiedsstellen, S. 14; PRESSE- UND INFORMATIONSAMT DER BUNDESREGIERUNG (1989), S. 53 f.; ARBEITSGEMEINSCHAFT DER VERBRAUCHERVERBÄNDE (1989), Die Verbraucher-Zentralen, S. 21; die Anschrift der jeweiligen Schiedsstelle findet sich in Anlage 4
3) Nach Änderung des Rechtsberatungsgesetzes vom 27.08.1980 steht den Verbraucherzentralen nach Art. 1, § 3 Ziff. 8 das Recht zur außergerichtlichen Rechtsberatung und Rechtsbesorgung zu.
4) Vgl. DEMANT-DOTTERWEICH (1984), S. 55

einzelnen Schäden eine Aussage darüber zu treffen, welche Textilien Schwierigkeiten bei der Bearbeitung in Chemischen Reinigungsbetrieben bereiten und damit, welche Streitigkeiten vorwiegend vor Schiedsstellen verhandelt werden. Bezogen auf die Häufigkeit der Schadensfälle wird die Schiedsstelle insbesondere bei folgenden Reklamationen tätig: Gewebeschäden, Maßänderungen, Farbveränderungen, Fleckenbildung, Veränderung der Beschichtungsmasse von Kunstleder, Farbveränderungen sowie Faltenbildung und Maßänderungen bei Lederwaren.[5)]

3. Anrufung

Das Recht zur Anrufung der Schiedsstelle steht der jeweiligen Partei oder den Parteien gemeinsam zu. Eine einseitige Anrufung ist ohne intensiven Klärungsversuch mit dem Konfliktgegner möglich; eine gemeinsame Anrufung setzt die Vereinbarung der Parteien voraus, den Streitfall durch die Schiedsstelle in Form eines Schiedsspruchs klären zu lassen.
Die Anrufung erfolgt durch Einreichung eines Formblattes und des beanstandeten Textils. Das Formblatt, erhältlich bei den Beratungsstellen der Verbraucherzentralen oder bei einem dem Fachverband angeschlossenen Betrieb, sollte nachfolgende Angaben enthalten:[6)]

- Name und Anschrift der Konfliktparteien
- Bezeichnung des Gegenstandes, Kaufdatum und Kaufpreis
- Art des vergebenen Auftrags und Bearbeitungspreis
- Art der Beanstandung
- Argumente des Konfliktgegners nach Reklamation des Textils

---

5) Vgl. DTV (1989), Aus der Statistik der Schiedsstellen, S. 14 f.
6) Vgl. Antragsformblatt der Schlichtungsstelle, Nürnberg

4. Zusammensetzung der Schiedsstellenkommission

Die personelle Besetzung der Schiedsstellenkommission ist von der jeweiligen regionalen Trägerorganisation abhängig. Unterschiede bestehen weniger bei der Anzahl der Kommissionsmitglieder als bei deren Entsendung. Die Mitgliederanzahl ist im allgemeinen auf drei Personen beschränkt:[7)]

- ein Vertreter der Verbraucherzentrale
- ein Vertreter des jeweiligen DTV-Landesfachverbandes oder der Landesinnung
- ein Sachverständiger

In bezug auf die Bestellung des Sachverständigen unterscheidet Micklitz drei Schiedsstellentypen:[8)]

(1) Die Bestellung des Sachverständigen erfolgt durch die Innung

(2) Der Sachverständige wird von dem Forschungsinstitut der Chemisch-Reinigerbranche, der Wäschereiforschungsanstalt Krefeld oder des Forschungsinstituts Hohenstein bestellt

(3) Ein Angestellter der Bundesanstalt für Materialprüfung fungiert als unabhängiger Sachverständiger

5. Das Schiedsstellenverfahren

Die Sitzungen der Schiedsstellenkommission finden, abgesehen von der Schiedsstelle in Hamburg, in den Räumen der Verbraucherzentralen statt; den Konfliktparteien ist die Teilnahme an den Sitzungen im allgemeinen nicht gestattet.
Der Verfahrensablauf vor der jeweiligen Schiedsstelle gestaltet sich aufgrund der fehlenden Verfahrensordnung sehr unterschiedlich.[9)] Das sogenannte Vorverfahren zur gütlichen Einigung fin-

---

7) Vgl. DEMANT-DOTTERWEICH (1984), S. 56
8) Vgl. MICKLITZ (1981), S. 7
9) Vgl. MICKLITZ (1981), S. 7 ff.; Informationsblatt über die Schiedsstelle für Textilpflege, Verbraucherzentrale Berlin

det nur bei den in Nordrhein-Westfalen und Berlin eingerichteten Schiedsstellen statt. Bei den übrigen Schiedsstellen werden die eingereichten reklamierten Textilien, nach Entrichtung einer Gebühr, sofort der ein- oder zweimal monatlich tagenden Schiedskommission vorgelegt. Nach Inaugenscheinnahme des Textils und Überprüfung des reklamierten Schadens befinden die Kommissionsmitglieder, sofern zur Klärung der Schuldfrage eine Laboruntersuchung nicht notwendig ist, über die Schuldfrage, d.h., in wessen Verantwortungsbereich die Beschädigung des Kleidungsstücks fällt: Verbraucher, Reiniger oder Hersteller. Ist eine Entscheidung über die Schuldfrage ohne Laboruntersuchung des Textils nicht möglich, unterbreitet die Schiedsstellenkommission den Konfliktparteien einen Einigungsvorschlag oder empfiehlt, ein Sachverständigengutachten einzuholen, dessen Kosten der Antragsteller zu tragen hat.

Außer Klärung der Schuldfrage obliegt den Kommissionsmitgliedern auch die Aufgabe, den Schadensersatzanspruch zu bestimmen, der festgelegt wird nach:[10)]

- Zeitwert des Textilstücks
- Allgemeinen Geschäftsbedingungen
- Parteivereinbarung

Der Zeitwert richtet sich nach Alter, Gebrauchseinwirkung und Lebenserwartung des Textils und wird anhand einer Abschreibungstabelle ermittelt.[11)] Der Abschreibungstabelle liegt ein durchschnittlicher Gebrauch des Textils und eine angenommene durchschnittliche Lebensdauer von 5 Jahren zugrunde.
Werden die Allgemeinen Geschäftsbedingungen des Färber- und Chemisch-Reiniger-Handwerks zugrunde gelegt, ist die Haftung auf den 15-fachen Betrag des jeweiligen Vollreinigungspreises begrenzt.[12)]

---

10) Vgl. Pkt. 2 Begutachtungsantrag der Schiedsstelle, Stuttgart
11) Vgl. BUNDESFACHVERBAND CHEMISCHREINIGUNG-FÄRBEREI (1979), S. 26 f.
12) Vgl. Pkt.2 Begutachtungsantrag der Schiedsstelle, Stuttgart;

Für die Entscheidung der Schiedsstellenkommission besteht kein bestimmtes Abstimmungsverfahren; als Abstimmungsmodus gilt entweder das Mehrheits- oder das Einstimmigkeitsprinzip.[13] Die Entscheidung, bezeichnet als Protokoll, Schiedsurteil, Gutachten über die Streitfrage oder als Empfehlung zur Streitsache, wird in der Regel nur der beantragenden Partei schriftlich mitgeteilt und bei Übergabe des begutachteten Textils ausgehändigt.[14] Die Begründung der Entscheidung reicht von der schriftlichen Umschreibung des Fehlers und der Verantwortlichkeit bis hin zu einem Formblatt, in welchem die Kommission lediglich ankreuzt, in wessen Verantwortungsbereich die Beschädigung fällt. Bei Nichtakzeptanz der Entscheidung steht den Parteien zur Klärung des Streitfalls der ordentliche Rechtsweg offen.

6. Verfahrenskosten

Die Kosten für die Beurteilung des Textils durch die Schiedsstellenkommission bzw. die mit Anrufung der Schiedsstelle zu entrichtende Gebühr beträgt zwischen DM 5 und DM 30.[15] In Hessen und Berlin beträgt die Gebühr DM 5, sofern eine Mitgliedschaft im Fachverband vorliegt.[16] Ist das beantragende Reinigungsunternehmen nicht Mitglied des Landesverbandes, erhöht sich die Gebühr auf DM 10.

Die Schiedsstellen in Bayern, Nordrhein-Westfalen, Schleswig-Holstein und Niedersachsen erheben für das Tätigwerden jeweils

---

13) Vgl. MICKLITZ (1981), S. 8

14) Eine zweiseitige Anrufung hat die schriftliche Mitteilung an beide Parteien zur Folge.

15) Vgl. MICKLITZ (1981), S. 7

16) Äußeres Erkennungsmerkmal der Mitgliedschaft des Betriebes zum Fachverband ist das vom Verband vergebene blau-weiße Zeichen mit einer orange-roten Blume als Zeichen für fachliche Leistung.

eine Gebühr in Höhe von DM 10, in Hamburg DM 20 und in Baden-Württemberg DM 30.

7. Statistischer Überblick der Inanspruchnahme

Nach Ansicht des Deutschen Textilreinigungsverbandes ist die zunehmende Inanspruchnahme der Schiedsstellen, im Jahr 1988 wurden insgesamt 6299 Fälle bearbeitet, ein Beweis für deren hohe Wertschätzung und steigenden Bekanntheitsgrad. In bezug auf die Klärung der Schuldfrage ist ferner von Bedeutung, daß mehr als 90 Prozent der vorgetragenen Reklamationen ohne Laboruntersuchung in Form der Begutachtung geklärt werden konnten. Tab. 21 zeigt den prozentualen Anteil der einzelnen Schadensursachen an der Gesamtzahl der jährlich bearbeiteten Schadensfälle.[17]

Einteilung der Schadensursache	1983	1984	1985	1986	1987	1988
	%	%	%	%	%	%
1. Maßänderung	18,8	18,4	19,8	20,2	18,0	15,4
2. Flecken	15,2	15,1	14,1	13,3	13,1	13,8
3. Farbveränderung und/oder Verfärbung durch Ausbluten oder Anbluten	20,2	19,6	21,1	20,7	23,2	26,7
4. Veränderung des Warenbildes	10,0	9,8	9,0	10,3	9,9	12,8
5. Mechanische Schäden	9,1	8,7	9,4	10,1	9,5	8,0
6. Chemische Schäden	3,1	3,8	4,1	3,8	3,7	3,2
7. Blasen- und Wellenbildung	1,2	1,5	1,2	1,2	1,8	1,0
8. Veränderung von Pelz/Leder	10,4	12,4	11,4	12,0	10,8	9,5
9. Veränderung von Beschichtung Kunstleder	4,4	3,4	3,1	3,4	3,8	4,8
10. Vergrauung oder Vergilbung	1,8	3,6	2,1	1,6	1,8	1,4
11. Sonstiges	4,1	3,6	3,1	2,0	2,7	2,3
12. Hitzeschäden	1,7	1,7	1,6	1,4	1,7	1,1

Tab. 21: Schadensursache-Statistik der Schiedsstellen der Textilreinigung

17) Vgl. DTV (1989), Aus der Statistik der Schiedsstellen, S. 14

Die Statistik der Schadensverursacher, dargestellt in Tab. 22, gibt an, in wessen Verantwortungsbereich die Beschädigung des Textils fällt: Verbraucher, Reiniger oder Hersteller.[18]

Schadensverursacher	1983	1984	1985	1986	1987	1988
	%	%	%	%	%	%
1. Textilreiniger muß Schadensersatz leisten	27,5	26,8	25,4	24,2	25,2	25,9
2. Schaden kann durch eine Nachbesserung behoben werden	7,6	7,5	6,2	5,9	5,4	6,9
3. Hersteller ist für den Schaden verantwortlich	29,6	29,0	28,3	31,9	32,4	29,4
4. Der Schaden ist im Gebrauch entstanden	23,2	23,1	26,0	26,1	24,2	27,0
5. Reklamation ist nicht berechtigt	7,1	8,9	8,7	7,2	8,1	6,0
6. Schadensursache kann im Rahmen der Schiedsstelle nicht festgestellt werden, Laborgutachten	5,0	4,7	5,4	4,7	4,7	4,8

Tab. 22: Statistik der Schadensverursacher

18) Vgl. DTV (1989), Aus der Statistik der Schiedsstellen, S. 14

V. Die Schiedsstelle für das Radio- und Fernsehtechniker-Handwerk

1. Institutionalisierung

Das Radio- und Fernsehtechniker-Handwerk gründete die erste Schiedsstelle im Februar 1972 in Hamburg.[1] Mit Errichtung setzte sich die Innung das Ziel, in Zusammenarbeit mit dem Verbraucherverband Mißverständnisse zwischen Reparaturwerkstätten und Auftraggebern zu bereinigen, Irrtümer aufzuklären, Streitigkeiten beizulegen und die Öffentlichkeit über das Radio- und Fernsehtechniker-Handwerk zu informieren. Auf Initiative regionaler Innungen wurden im Bundesgebiet und West-Berlin, mit Ausnahme der Bundesländer Rheinland-Pfalz und Hessen, 16 weitere Schiedsstellen gegründet, die entweder bei den Innungen oder den Kreishandwerkerschaften institutionalisiert sind.[2]

2. Aufgabe

Die Aufgabe der Schiedsstellenkommission liegt in der gütlichen Beilegung von Streitfällen, die zwischen Innungsmitgliedern des Radio- und Fernsehtechniker-Handwerks und Auftraggebern bestehen und sich beziehen auf:[3]

- Notwendigkeit von Reparaturen
- Ordnungsgemäße Durchführung von Werkstatt- und Reparaturleistungen
- Angemessenheit der Reparaturkosten

---

1) Nach § 10 Nr.1 Geschäftsordnung, Hamburg, nahm der Schlichtungsausschuß am 01.10.1972 seine Tätigkeit auf.
2) Vgl. PRESSE- UND INFORMATIONSAMT DER BUNDESREGIERUNG (1989), S. 55
3) Vgl. § 1 Verfahrensordnung, Mönchengladbach-Viersen-Neuss-Grevenbroich; aufgrund der nicht bundeseinheitlich festgelegten Geschäfts- und Verfahrensordnungen weist die sachliche Zuständigkeit der Schiedsstelle Unterschiede auf. Nach § 1 Geschäftsordnung, Hamburg, ist z.B. die Schiedsstelle für sämtliche im Bereich des Radio- und Fernsehtechniker-Handwerks anfallenden Streitigkeiten zuständig.

Nicht in den Zuständigkeitsbereich der Schiedsstelle fallen Streitigkeiten aus Kaufverträgen über Neu- und Gebrauchtgeräte sowie Streitigkeiten, die bereits von Anwälten bearbeitet werden oder bei Gericht anhängig sind.[4] Äußeres Erkennungsmerkmal für die Innungsmitgliedschaft des Betriebes ist das von der handwerklichen Fachorganisation an Meisterbetriebe vergebene Vertrauensplakat, welches durch ein schwarz-gelb-rotes Kreissymbol mit der Aufschrift "Meisterbetrieb-Ihr Partner" gekennzeichnet ist.

3. Zusammensetzung

Abhängig von der jeweiligen Geschäfts- und Verfahrensordnung setzt sich die Schlichtungskommission in der Regel aus einem Vorsitzenden und drei weiteren ordentlichen Mitgliedern zusammen. Den Vorsitz führt z.B. bei der Schiedsstelle in Mönchengladbach-Viersen-Neuss-Grevenbroich ein Referent der Kreishandwerkerschaft, der über juristische Kenntnisse und Gerichtspraxis verfügt; die Amtszeit beträgt drei Jahre, Wiederbestellung ist zulässig.[5]
Als weitere ordentliche Mitglieder fungieren:[6]

- Vertreter des Verbraucherverbandes
- Selbständiger Radio- und Fernsehtechnikermeister, benannt von der Innung
- Radio- und Fernsehtechnikermeister oder ein graduierter Ingenieur dieser Fachrichtung, benannt von den Zuliefererunternehmen für Radio- und Fernsehgeräte

Die Bestellung der ordentlichen Mitglieder oder deren Vertreter ist unbefristet.

---

4) Vgl. § 1 Nr.2 Geschäfts- und Verfahrensordnung, Wuppertal und Bergisch-Land
5) Vgl. § 2 Abs.2,3 Geschäftsordnung, Mönchengladbach-Viersen-Neuss-Grevenbroich
6) Vgl. § 2 Abs.1 Geschäftsordnung, Mönchengladbach-Viersen-Neuss-Grevenbroich

4. Verfahren und Kosten

Die Schlichtungskommission wird auf Anrufung durch den Kunden oder Inhaber einer Radio- und Fernseh-Reparaturwerkstätte tätig. Die Anrufung erfolgt durch Einreichung eines Schriftsatzes, der nachfolgende Angaben enthalten soll:[7)]

- Bezeichnung der Parteien
- Kurze Schilderung des dem Antrag zugrundeliegenden Sachverhalts und Art der Beanstandung
- Antrag, über den die Schiedskommission entscheiden soll
- Angabe eventueller Beweismittel

Mit Vorliegen eines ordnungsgemäß eingereichten Schriftsatzes und der schriftlichen Einwilligung der Gegenpartei zur Durchführung des Schiedsstellenverfahrens wird der Streitfall an die Schlichtungskommission weitergeleitet. Die mündliche Verhandlung verläuft analog zur Schiedsstelle des Kfz-Handwerks. Gebühren für die Inanspruchnahme der Schiedsstelle werden nicht erhoben.[8)]

---

7) Vgl. § 7 Abs.2 Geschäfts- und Verfahrensordnung, Wuppertal und Bergisch-Land

8) Vgl. § 10 Geschäfts- und Verfahrensordnung, Wuppertal und Bergisch-Land; nach § 8 Geschäftsordnung, Hamburg, ist für die Inanspruchnahme der Schiedsstelle eine Bearbeitungsgebühr in Höhe von DM 10 zu entrichten.

VI. Die Bau-Schlichtungsstelle

1. Entwicklung

Die Bau-Schlichtungsstelle[1] wurde im Mai 1982 als überparteiliches und unabhängiges Schlichtungsorgan für alle am Bau beteiligten Werkvertragspartner gegründet und vom Hessischen Minister der Justiz als Gütestelle gem. § 794 Abs.1 Nr.1 ZPO anerkannt.[2]
Als Gründungsorganisationen der Bau-Schlichtungsstelle fungierten:[3]

- Handwerkskammer Rhein-Main
- Architektenkammer Hessen
- Landesverband der Hessischen Haus-, Wohnungs- und Grundeigentümer e.V.
- Verband baugewerblicher Unternehmer Hessen e.V.

Beraterfunktion in der Gründungsphase übernahmen darüber hinaus die Rechtsanwaltskammer Frankfurt und der Präsident des Oberlandesgerichts Frankfurt, die auch heute noch die Bau-Schlichtungsstelle bei deren Aufgaben unterstützen.

2. Aufgabenbereich

Der Bau-Schlichtungsstelle, institutionalisiert beim Verband baugewerblicher Unternehmer Hessen e.V., obliegt die Aufgabe, Streitfälle zwischen Bauherren, Bauausführenden, Architekten, Bau-Ingenieuren und Sonderfachleuten zu schlichten.[4] Die Schlichtung bezieht sich entweder auf die Unterbreitung eines Einigungsvorschlages, verbunden mit einer eventuellen Protokol-

1) Im folgenden wird auf die Bau-Schlichtungsstelle bei der Handwerkskammer Rhein-Main Bezug genommen; weitere Bau-Schlichtungsstellen mit entsprechenden Geschäfts- und Verfahrensordnungen existieren in Augsburg und Dortmund.
2) Vgl. STREMPEL (1984), S. 116 f.
3) Vgl. Merkblatt zur Bau-Schlichtungsstelle, Rhein-Main, S. 1
4) Eine Konkretisierung der Streitfälle wird in der Geschäftsordnung nicht vorgenommen.

lierung als Schiedsvergleich, oder bei Anrufung der Bau-Schlichtungsstelle als Schiedsgericht auf eine verbindliche Entscheidung, die mit einer Vollstreckungsklausel versehen werden kann (s.u.).

3. Zusammensetzung

Die Bau-Schlichtungsstelle wird im Regelfall in der Besetzung eines Vorsitzenden und zweier Fachbeisitzer tätig.[5] Der Vorsitzende mit der Befähigung zum Richteramt wird von den Gründungsorganisationen auf die Dauer von drei Jahren bestellt. Die Fachbeisitzer werden abhängig von den zu schlichtenden Sachfragen vom amtierenden Vorsitzenden berufen. Sie sollten aus dem Kreis der zuvor unter Ziffer 2 genannten Berufsgruppen entstammen und öffentlich bestellte und vereidigte Bau-Sachverständige aus dem Bereich der Handwerkskammer Rhein-Main und den entsprechenden Industrie- und Handelskammern sein.

4. Anrufung

"Zur Anrufung der Bau-Schlichtungsstelle sind natürliche und juristische Personen sowie Personenmehrheiten aus dem Kreise der Bauherren, Bauausführenden, Architekten, Bau-Ingenieure und Sonderfachleute berechtigt".[6] Die Anrufung erfolgt durch Einreichung eines Antrages, welcher der Schriftform bedarf und kurze Angaben über den geltend gemachten Anspruch nach Grund und Höhe der streitigen Forderung enthalten muß.[7] Zusätzlich zum Antrag ist von den Parteien ein bei der Geschäftsstelle erhältliches Formblatt einzureichen, in welchem die unterzeichneten Parteien die Bau-Schlichtungsstelle mit der Durchführung

5) Vgl. § 2 Geschäftsordnung, Rhein-Main; nach § 5 Nr.4 Geschäftsordnung kann der Vorsitzende den Parteien ohne Berufung von Fachbeisitzern ein Einigungsvorschlag unterbreiten, sofern die Parteien nicht widersprechen.
6) Merkblatt zur Bau-Schlichtungsstelle, Rhein-Main, S. 1
7) Vgl. § 6 Geschäftsordnung, Rhein-Main; zur Inanspruchnahme der Bau-Schlichtungsstelle PLETT (1984), S. 154 f.

des Schlichtungsverfahrens beauftragen.[8)] Mit Unterzeichnung des Formblattes legen die Parteien gleichzeitig fest, daß sie die existierende Gebührenordnung der Bau-Schlichtungsstelle akzeptieren und die anfallenden Kosten des Schlichtungsverfahrens, unabhängig von dem Ergebnis des Einigungsvorschlages, zu gleichen Teilen gesamtschuldnerisch tragen.
Die Anrufung der Bau-Schlichtungsstelle ist nicht statthaft, wenn bereits eine gerichtliche Klage zur Hauptsache erhoben wurde; ist ein gerichtliches Beweisverfahren gem. §§ 485 ff.ZPO anhängig, ist die Anrufung der Bau-Schlichtungsstelle nach Abschluß des Beweisverfahrens zulässig.

5. Verfahren

Für das Verfahren gelten die Bestimmungen der §§ 1034 ff. ZPO entsprechend. Erfolgt im Rahmen des Vorverfahrens keine gütliche Einigung, bestimmt die Geschäftsstelle nach Absprache mit den Parteien den Termin zur Verhandlung.[9)] Für die Schlichtungsverhandlung, die unter Ausschluß der Öffentlichkeit stattfindet, gilt das Mündlichkeitsprinzip. Nach Erörterung der Streitsache unterbreitet der Vorsitzende, abhängig von dem Ergebnis der streitigen Verhandlung und der eventuellen Beweiserhebung, den Parteien einen Einigungsvorschlag, der - soweit von den Parteien akzeptiert - als Vergleich protokolliert werden kann. Der geschlossene Vergleich beendet das Verfahren und kann, da die Bau-Schlichtungsstelle von der hessischen Justizverwaltung als Gütestelle anerkannt ist, mit einer Vollstreckungsklausel versehen werden.[10)] Die rechtliche Anerkennung der Bau-Schlichtungsstelle als Gütestelle hat des weiteren zur Folge, daß die Parteien die Bau-Schlichtungsstelle auch als Schiedsgericht mit dem Ziel anrufen können, eine verbindliche

---

8) Vgl. Formblatt zur Beauftragung der Bau-Schlichtungsstelle, Rhein-Main

9) Vgl. § 5 Geschäftsordnung, Rhein-Main; bei geeigneten Streitfällen kann den Parteien auch ohne mündliche Verhandlung ein Einigungsvorschlag unterbreitet werden.

10) Vgl. Merkblatt zur Bau-Schlichtungsstelle, Rhein-Main, S. 1

vollstreckbare Entscheidung zu erhalten.[11] Die Durchführung des Schiedsgerichtsverfahrens setzt jedoch einen von den Parteien geschlossenen Schiedsvertrag und die Anrufung der Bau-Schlichtungsstelle als Schiedsgericht voraus. Für das Schiedsgerichtsverfahren gelten die Bestimmungen der §§ 1025 - 1048 ZPO entsprechend.

6. Kosten

Für die Inanspruchnahme der Bau-Schlichtungsstelle werden Gebühren erhoben. Nach der Gebührenordnung erhalten die Mitglieder der Bau-Schlichtungsstelle für ihre Tätigkeit, unabhängig von der Höhe des Streitwertes, festgelegte Pauschalbeträge und die entsprechende Mehrwertsteuer.[12] Der Mindestpauschbetrag für den Vorsitzenden beträgt DM 300 zuzüglich einer Kostenpauschale in Höhe von DM 40; der Mindestpauschbetrag der Fachbeisitzer beträgt jeweils DM 200. Neben der Mindestgebühr werden für die Verhandlung mit den Parteien und für die Beratung durch die Bau-Schlichtungsstelle weitere Gebühren erhoben; je angefangene Stunde für den Vorsitzenden DM 100, für die beiden Fachbeisitzer jeweils DM 75. Der Bau-Schlichtungsstelle steht vor Übernahme des Schlichtungsauftrages ferner das Recht zu, bei Streitfällen, die überdurchschnittlichen Arbeits- und Zeitaufwand erfordern, eine Vereinbarung mit den Parteien zu treffen, in der höhere Pauschalsätze festgelegt werden können.[13]

Zur Abgeltung der anfallenden Sachkosten, wie Porto- und Telefongebühren, Fotokopien, Raumkosten oder Kosten des Protokollführers, wird ein Pauschbetrag in Höhe von DM 100 erhoben.

---

11) Vgl. Merkblatt zur Bau-Schlichtungsstelle, Rhein-Main, S. 2
12) Vgl. Gebührenordnung der Bau-Schlichtungsstelle, Rhein-Main, Nr.1
13) Vgl. Gebührenordnung der Bau-Schlichtungsstelle, Rhein-Main, Nr.2

VII. Überblick weiterer von Handwerksorganisationen eingerichteter Schiedsstellen

Nach Errichtung der ersten Schiedsstelle des Kfz-Handwerks im Jahr 1970 wurden im Bereich des Handwerks weitere branchenspezifische Schiedsstellen mit dem Ziel gegründet, bestimmte Streitfälle außergerichtlich im Rahmen eines vorprozessualen Verfahrens zu klären. Grund für die Errichtung der Schiedsstellen dürfte aber auch der Aspekt der Imagepflege der jeweiligen Fachbranche gewesen sein.
Zu den gegründeten Schiedsstellen, deren Anzahl im Vergleich zu den bereits dargestellten relativ gering ist, zählen die Schiedsstelle des:

- Verbandes der Bergungs- und Abschleppunternehmer in Wuppertal und Hannover
- Dachdecker-Handwerks in Regensburg
- Fleischer-Handwerks in Aachen
- Fliesenleger-Handwerks in Trier und Ulm
- Gebäudereiniger-Handwerks in Hamburg
- Gas- und Wasserinstallateur-Handwerks und des Spengler-Handwerks in Wuppertal, Regensburg, München und Ulm
- Heizungsbauer-Handwerks in Regensburg
- Kachelofen- und Luftheizungsbauer-Handwerks in Regensburg
- Karosserie- und Fahrzeugbau-Handwerks in Nürnberg, München und Regensburg
- Kürschner-Handwerks in Berlin
- Maler-Handwerks in Berlin
- Tischler-, Glaser-, Holz-, Kunststoff-, Rolladen- und Jalousiebauer-Handwerks in Hamburg

Diese Aufzählung erhebt keinen Anspruch auf Vollständigkeit. Es liegt vielmehr die Vermutung nahe, daß bei den im Bundesgebiet und West-Berlin bestehenden Innungen oder Kreishandwerkerschaften vereinzelt weitere Schiedsstellen existieren oder die genannten Handwerksorganisationen, auch ohne Errichtung einer

Schiedsstelle, im Rahmen des ihnen zustehenden Vermittlungsrechts schlichtend tätig werden.[1] Da das Vorverfahren und die Verhandlung zur Streitsache vor der jeweiligen Schiedsstellenkommission annähernd identisch sein dürfte, wurde auf weitere Recherchen verzichtet.

1) Vgl. § 91 Abs.1 Nr.8 und 10 HWO, wonach es u.a. Aufgabe der Handwerkskammer ist, Sachverständige zur Erstattung von Gutachten über die Güte der von Handwerkern gelieferten Waren oder bewirkten Leistungen und über die Angemessenheit der Preise zu bestellen und zu vereidigen sowie Vermittlungsstellen zur Beilegung von Streitigkeiten zwischen selbständigen Handwerkern und ihren Auftraggebern einzurichten.

D. Ökonomische Entscheidungskriterien zur Durchführung eines Zivilprozeßverfahrens oder eines außergerichtlichen Vergleichs

I. Das Entscheidungsproblem und dessen Darstellung in Form einer Ergebnismatrix

Entsprechend der Axiomatik des Erwartungsnutzens[1] ist ein Zivilprozeßverfahren nur dann vorteilhaft, wenn für mindestens eine Partei der zu erzielende Nutzen[2] einer Zivilprozeßentscheidung höher liegt als der eines außergerichtlichen Vergleichs. Die Parteientscheidung für ein Zivilprozeßverfahren oder ein vorprozessuales Einigungsverfahren steht folglich in Abhängigkeit von der Höhe der subjektiv bestimmten Einnahmen und Ausgaben im Fall eines Prozesses bzw. im Fall eines außergerichtlichen Vergleichs. Jede der Parteien wird sich für diejenige Alternative mit den höchsten Einnahmen bzw. mit den geringsten Ausgaben entscheiden.
Unter dem Gesichtspunkt, daß den monetären Wertberechnungen subjektive Obsiegens- bzw. Unterliegenswahrscheinlichkeiten in bezug auf Prozeßerfolg bzw. Prozeßniederlage zugrunde liegen, ergibt sich für die Parteien - abgesehen von der realistischen Einschätzung der Wahrscheinlichkeiten - das Entscheidungsproblem, bei welchen unterstellten Wahrscheinlichkeitskombinationen und daraus folgend, bei welchen Erwartungswerten[3] aus ökonomischen Gesichtspunkten ein Zivilprozeßverfahren oder eine außergerichtliche Einigung anzustreben ist.

Orientierungshilfe zur Lösung von Entscheidungsproblemen bietet

---

1) Vgl. zur Axiomatik des Erwartungsnutzens NEUMANN-MORGENSTERN (1961); LUCE-RAIFFA (1957); HERSTEIN-MILNOR (1953); MARSCHAK (1950); zu den unterschiedlichen Axiomensysteme SCHNEEWEISS (1963), S. 203 ff.
2) In der Untersuchung bezieht sich der Nutzen auf die Einnahmen und Ausgaben, die durch die Wahl der entsprechenden Rechtsverfolgung anfallen; zur Nutzentheorie statt aller RAIFFA (1973), S. 71 ff.; DAVIS (1972), S. 60 ff.
3) Die Höhe des Streitwerts und die Prozeßkosten bilden die Grundlage für die Ermittlung des Erwartungswertes.

u.a. die betriebswirtschaftliche Entscheidungstheorie.[4] Zu den wichtigsten Entscheidungshilfen zählen Entscheidungsmodelle, mit denen bei gegebener Zielsetzung die optimale Handlungsmöglichkeit bestimmt werden kann.[5] Da Entscheidungsmodelle jedoch auf die Zukunft gerichtet sind, basieren die Entscheidungen in der Regel auf unsicheren Aktions-, Reaktions- und Umwelterwartungen. Diese Unsicherheit über den wahren Umweltzustand besteht grundsätzlich auch bei der Prozeß- oder Vergleichsentscheidung. Jede der Konfliktparteien hat zwar Vorstellungen über die Wahrscheinlichkeit (p) für einen Prozeßerfolg oder eine Prozeßniederlage,[6] diese Werte können jedoch wegen der subjektiven Einschätzung der Parteien unterschiedlich sein.

In Tab. 23 sind die Erwartungswerte der Konfliktparteien für einige alternative Obsiegenswahrscheinlichkeiten angegeben, und zwar für einen Streitwert in Höhe von DM 5.500 und erstinstanzliche Prozeßkosten in Höhe von DM 3.500. Die Unterschiedlichkeit der Erwartungswerte ergibt sich dadurch, daß z.B. der Kläger glaubt, die dritte Zeile würde sich realisieren, während der Beklagte von der Realisierung der sechsten Zeile ausgeht.

4) Vgl. statt aller BAMBERG-COENENBERG (1989); MAG (1977); MENGES (1974); FERSCHL (1975)
5) Vgl. statt aller BARTELS (1984)
6) Die von den Konfliktparteien zugrunde gelegte Obsiegenswahrscheinlichkeit (p) kann in ihrer Summe grundsätzlich nur den Wert 1 annehmen. Für einen streitigen Rechtsfall ist jedoch typisch, daß die Parteien in der Summe der Wahrscheinlichkeiten zu optimistisch oder - in Ausnahmefällen - zu pessimistisch sind. In diesen Fällen wird die Realität durch die richterliche Entscheidung herbeigeführt.

Obsiegenswahrscheinlichkeit des Klägers	Obsiegenswahrscheinlichkeit des Beklagten	Betrag, den der Kläger aufgrund der Realisierung der Obsiegenswahrscheinlichkeit zu tragen hat			Betrag, den der Beklagte aufgrund der Realisierung der Obsiegenswahrscheinlichkeit zu tragen hat			Gesamte zu erstattende Prozeßkosten	Erwartungswert des Klägers Spalte 6-4	Erwartungswert des Beklagten Spalte 8
P	P	anteilige strittige Forderung	anteilige Prozeßkosten	Σ	anteilige strittige Forderung	anteilige Prozeßkosten	Σ	Σ	E	E
1	0	0,00	0,00	0,00	5.500,00	3.500,00	9.000,00	3.500,00	5.500,00	-9.000,00
8/9	1/9	611,11	388,89	1.000,00	4.888,89	3.111,11	8.000,00	3.500,00	4.500,00	-8.000,00
7/9	2/9	1.222,22	777,78	2.000,00	4.277,78	2.722,22	7.000,00	3.500,00	3.500,00	-7.000,00
6/9	3/9	1.833,33	1.166,67	3.000,00	3.666,67	2.333,33	6.000,00	3.500,00	2.500,00	-6.000,00
5,5/9	3,5/9	2.138,89	1.361,11	3.500,00	3.361,11	2.138,88	5.500,00	3.500,00	2.000,00	-5.500,00
5/9	4/9	2.444,44	1.555,56	4.000,00	3.055,56	1.944,44	5.000,00	3.500,00	1.500,00	-5.000,00
4,5/9	4,5/9	2.750,00	1.750,00	4.500,00	2.750,00	1.750,00	4.500,00	3.500,00	1.000,00	-4.500,00
4/9	5/9	3.055,56	1.944,44	5.000,00	2.444,44	1.555,56	4.000,00	3.500,00	500,00	-4.000,00
3,5/9	5,5/9	3.361,11	2.138,89	5.500,00	2.138,89	1.361,11	3.500,00	3.500,00	0,00	-3.500,00
3/9	6/9	3.666,67	2.333,33	6.000,00	1.833,33	1.166,67	3.000,00	3.500,00	-500,00	-3.000,00
2/9	7/9	4.277,78	2.722,22	7.000,00	1.222,22	777,78	2.000,00	3.500,00	-1.500,00	-2.000,00
1/9	8/9	4.888,89	3.111,11	8.000,00	611,11	388,89	1.000,00	3.500,00	-2.500,00	-1.000,00
0	1	5.500,00	3.500,00	9.000,00	0,00	0,00	0,00	3.500,00	-3.500,00	0,00

Tab. 23: Erwartungswert der Konfliktparteien unter Berücksichtigung unterschiedlicher Obsiegenswahrscheinlichkeiten und der jeweils zu tragenden Prozeßkosten

Das angesprochene Entscheidungsproblem kann in Form einer Ergebnismatrix dargestellt werden, denn die Anzahl der möglichen Handlungsalternativen A_a (a = 1, ..., n) und möglichen Umweltzustände S_s (s = 1, ..., m) kann bei einem Prozeß oder einem vorprozessualen Verfahren ohne wesentliche Einschränkung der Allgemeingültigkeit als endlich angesehen werden. Die allgemeine Form einer Ergebnismatrix bei Risiko zeigt Tab. 24.

	S_1	S_2	...	S_m
	$p(S_1)$	$p(S_2)$	...	$p(S_m)$
A_1	e_{11}	e_{12}	...	e_{1m}
A_2	e_{21}	e_{22}	...	e_{2m}
.	.	.		.
.	.	.		.
.	.	.		.
A_n	e_{n1}	e_{n2}	...	e_{nm}

Tab. 24: Allgemeine Form einer Ergebnismatrix bei Risiko

In bezug auf den exemplarischen Rechtsstreit soll die Ergebnismatrix der jeweiligen Konfliktpartei bewußt einfach gehalten werden; es bestehen zwei Handlungsalternativen:

A_1 = Vorprozessuale Einigung kommt zustande

A_2 = Durchführung eines Zivilprozeßverfahrens

Als Umweltzustände gelten:

S_1 = Außergerichtliche Einigung oder Klage sind für die jeweilige Partei erfolgreich, d.h., der Anspruchsteller erhält den geforderten Geldbetrag und umgekehrt, der Anspruchgegner muß im Erfolgsfall keine monetäre Leistung erbringen

S_2 = Außergerichtliche Einigung und Klage haben keinen Erfolg

S_3 = Die Beilegung des Rechtsstreits erfolgt durch einen gerichtlichen oder außergerichtlichen Vergleich; die Streitsumme und die eventuell anfallenden Prozeßkosten werden von den Parteien je zur Hälfte getragen

Zur Lösung des Entscheidungsproblems - Durchführung eines Zivilprozesses oder Anstrebung einer außergerichtlichen Einigung - muß die Ergebnismatrix, damit ein vollständiges Entscheidungsmodell entsteht, um eine Zielfunktion (Entscheidungsregel) ergänzt werden.
Im weiteren werden diverse betriebswirtschaftliche Entscheidungsregeln[7] unter Risiko dahingehend analysiert, ob mit ihrer Hilfe die optimale Rechtsverfolgungsalternative ausgewählt werden kann.

II. Betriebswirtschaftliche Entscheidungsregeln unter Risiko

1. μ-Kriterium

Beurteilungsmaßstab für die Vorteilhaftigkeit einer Alternative ist nach der μ-Regel der Erwartungswert der Zielgröße.[8]
Diejenige Rechtsverfolgungsalternative, bei der die mathematische Erwartung μ der monetären Leistung am größten bzw. geringsten ist, gilt als optimal.

Formal ergibt sich der Präferenzwert einer Handlungsalternative A_a wie folgt:[9]

$$\Phi\ (A_a) = \sum_{s=1}^{m} p(S_s) \cdot z_{as}$$

7) Vgl. zur Güte der Entscheidungskriterien BUCHNER (1988)
8) Vgl. KRUSCHWITZ (1985), S. 245 f.
9) Vgl. LAUX (1982), S. 149 f.

Z_{as} gibt den Wert der Zielgröße bei Wahl der entsprechenden Alternative A_a (a = 1, ..., n) und bei Eintreten des entsprechenden Umweltzustandes S_s (s = 1, ..., m) an; die Zielfunktion der μ-Regel lautet:

$$\sum_{s=1}^{m} p(S_s) \cdot Z_{as} \Longrightarrow \underset{a}{\text{Max}} \; !$$

Bezogen auf den exemplarischen Rechtsstreit zeigt Tab. 25 zunächst die Entscheidungsmatrix des Anspruchstellers bei einem angenommenen Umweltzustand von S_1 = 60%, S_2 = 10% und S_3 = 30%.

	S_1 (Erfolg)	S_2 (kein Erfolg)	S_3 (Vergleich)	μ
	p = 0,6	p = 0,1	p = 0,3	
A_1 außergerichtlicher Vergleich	5.500	0	2.750	4.125
A_2 Klage	5.500	-9.000	1.000	2.700

Tab. 25: Entscheidungsmatrix des Anspruchstellers

Nach der μ-Regel hat der Anspruchsteller aufgrund des höheren Erwartungswertes Handlungsalternative A_1 den Vorzug zu geben.

Die Entscheidungsmatrix des Anspruchgegners ist bei gleicher Einschätzung der Obsiegenswahrscheinlichkeiten mit S_1 = 10%, S_2 = 60% und S_3 = 30% in Tab. 26 dargestellt.

	s_1 (Erfolg)	s_2 (kein Erfolg)	s_3 (Vergleich)	μ
	p = 0,1	p = 0,6	p = 0,3	
A_1 außergerichtlicher Vergleich	0	-5.500	-2.750	-4.125
A_2 Klage	0	-9.000	-4.500	-6.750

Tab. 26: Entscheidungsmatrix des Anspruchgegners

Auch der Anspruchgegner wird, entsprechend der μ-Regel, Handlungsalternative A_1 bevorzugen, denn der Ausgaben-Erwartungswert bei Durchführung eines Zivilprozesses liegt höher als bei einem außergerichtlichen Vergleich. Die Bevorzugung des außergerichtlichen Vergleichs liegt in den Prozeßkosten begründet. Wenn beiden Handlungsalternativen pro Umweltzustand die gleiche Obsiegenswahrscheinlichkeit zugrunde gelegt wird, ist aufgrund der Prozeßkosten eine Bevorzugung des gerichtlichen Verfahrens stets ausgeschlossen. Unterschiedlich zugrunde gelegte Obsiegenswahrscheinlichkeiten können dagegen, wie die kodifizierte Entscheidungsmatrix des Anspruchgegners in Tab. 27 verdeutlicht, zu einer anderen Entscheidung führen.

	s_1	s_2	s_3	μ
	p = 0,1	p = 0,6	p = 0,3	
A_1	0	-5.500	-2.750	-4.125
	p = 0,5	p = 0,4	p = 0,1	
A_2	0	-9.000	-4.500	-4.050

Tab. 27: Entscheidungsmatrix des Anspruchgegners bei unterschiedlichen Obsiegenswahrscheinlichkeiten

Nach der μ-Regel hat der Anspruchgegner (Tab. 27), im Gegensatz zu der Entscheidungsmatrix in Tab. 26, Handlungsalternative A_2 den Vorzug zu geben. Allerdings sprechen auch berechtigte Argumente für eine Auswahl der Handlungsalternative A_1. Der Anspruchgegner kann z.B. die von der μ-Regel abweichende Entscheidung A_1 mit dem Argument rechtfertigen, daß bei Auswahl der Handlungsalternative A_1 die mögliche Zahlung auf maximal DM 5.500 begrenzt ist und ein Zivilprozeßverfahren mit dem 60-prozentigen Risiko verbunden ist, eine Zahlung in Höhe von DM 9.000 leisten zu müssen. Die Problematik der μ-Regel besteht folglich darin, daß die Risikoeinstellung der Individuen unberücksichtigt bleibt, d.h., das μ-Kriterium kann nur im Falle der Risikoneutralität der Parteien als angemessen erachtet werden.[10]

2. Das μ-σ- Prinzip

Im Gegensatz zum μ-Prinzip verlangt das μ-σ-Prinzip, daß sich ein Entscheider nicht nur am Erwartungswert der Zielgröße μ, sondern auch an der Streuung σ der Zielgrößenwerte um den Erwartungswert orientieren muß.[11] Das μ-σ-Prinzip berücksichtigt also neben der Zielgröße des Erwartungswertes auch die unterschiedliche Risikosituation einer Handlungsalternative.

Präferenzwerte für Risikosituationen werden nach dem μ-σ-Prinzip auf der Grundlage von Erwartungswert μ und Streuung σ bzw. Varianz σ^2 ermittelt.[12] In bezug auf die bereits verwandten Symbole errechnet sich die Varianz als:

$$\sigma_a{}^2 = \sum_{s=1}^{m} p_s(e_{as} - \mu_a)^2$$

---

10) Vgl. statt aller BAMBERG-COENENBERG (1989), S. 88; zur Bewertung der dem μ-Prinzip zugrunde liegenden Annahme D.II.4 dieser Arbeit.

11) Vgl. LAUX (1982), S. 158 f.

12) Vgl. MAG (1977), S. 70

Bezugnehmend auf die Werte in Tab. 27 ergibt sich für Handlungsalternative A_1 eine Varianz bzw. Streuung von

$$\sigma_1^2 = 0{,}1\ (0 + 4.125)^2 + 0{,}6\ (-\ 5.500 + 4.125)^2 + 0{,}3\ (-\ 2.750 + 4.125)^2$$

$$\sigma_1^2 = 3.403.125$$

$$\sigma_1 = 1.844{,}76$$

und für Handlungsalternative A_2

$$\sigma_2^2 = 0{,}5\ (0 + 4.050)^2 + 0{,}4\ (-\ 9.000 + 4.050)^2 + 0{,}1\ (-\ 4.500 + 4.050)^2$$

$$\sigma_2^2 = 18.022.500$$

$$\sigma_2 = 4.245{,}29$$

In Tab. 28 ist die Entscheidungssituation des Anspruchgegners aus Tab. 27, ergänzt um die jeweilige Streuung, neu dargestellt.

	s_1	s_2	s_3	μ	σ
	p = 0,1	p = 0,6	p = 0,3		
A_1	0	-5.500	-2.750	-4.125	1.844,75
	p = 0,5	p = 0,4	p = 0,1		
A_2	0	-9.000	-4.500	-4.050	4.245,29

Tab. 28: Entscheidungssituation des Anspruchgegners ergänzt um die Streuungen

Aus der Entscheidungsmatrix (Tab. 28) wird ersichtlich, daß aufgrund des unterschiedlichen Streuungsmaßes die Auswahl der entsprechenden Rechtsverfolgungsalternative auch von der Risikoeinstellung des Entscheiders abhängig ist. Nach dem μ-σ-Prinzip gilt ein Entscheider als risikoscheu bzw. risikofreudig, wenn er von zwei Alternativen mit annähernd identischem Erwartungswert diejenige mit der kleineren bzw. größeren Streuung bevorzugt.[13] Um eine Entscheidung treffen zu können, welcher Rechtsverfolgungsalternative der Vorzug zu geben ist, respektive um aus dem μ-σ-Prinzip eine Entscheidungsregel ableiten zu können, ist es notwendig, die Präferenzfunktion $\Phi\ (\mu, \sigma)$ zu spezifizieren, z.B. wie folgt:

$\Phi\ (\mu, \sigma) = \mu + \hat{a}\sigma$ oder $\Phi\ (\mu, \sigma) = \mu + \hat{a}\sigma^2$

Der Faktor $\hat{a}$ erfaßt die Risikobereitschaft des Entscheiders. Wird von einem risikofreudigen Entscheider ausgegangen, ist $\hat{a} > 0$, bei einem risikoscheuen Entscheider ist $\hat{a} < 0$.[14]
Im weiteren wird von einem risikofreudigen Anspruchgegner ausgegangen und ein Risikobereitschafts-Faktor von 0,2 unterstellt; für die jeweilige Handlungsalternative ergibt sich formal:

$$\Phi\ (\mu_1, \sigma_1) = -\ 4.125 + (0{,}2 \cdot 1.844{,}76) = -\ 3.756{,}05$$

$$\Phi\ (\mu_2, \sigma_2) = -\ 4.025 + (0{,}2 \cdot 4.245{,}29) = -\ 3.175{,}94$$

Nach dem μ-σ-Prinzip hat der Anspruchgegner, wie Tab. 29 verdeutlicht, Handlungsalternative A_2 den Vorzug zu geben.

---

13) Vgl. LAUX (1982), S. 159
14) Vgl. KRUSCHWITZ (1985), S. 248

	s_1	s_2	s_3	μ	σ	$\Phi(\mu,\sigma)$
	p = 0,1	p = 0,6	p = 0,3			
A_1	0	-5.500	-2.750	-4.125	1.844,75	-3.756,05
	p = 0,5	p = 0,4	p = 0,1			
A_2	0	-9.000	-4.500	-4.050	4.245,29	-3.175,94

Tab 29: Entscheidungsmatrix des Anspruchgegners ergänzt um die Werte der Präferenzfunktion

Auch ein risikofreudiger Anspruchsteller wird zu einer solchen Einschätzung gelangen. Ein risikoscheuer Anspruchsteller wird dagegen, wie in Tab. 30 exemplarisch dargestellt, Handlungsalternative A_1 bevorzugen.

	s_1	s_2	s_3	μ	σ	$\Phi(\mu,\sigma)$	$\Phi(\mu,\sigma)$
	p = 0,6	p = 0,3	p = 0,1			$\hat{a}$ = 0,2	$\hat{a}$ = -0,05
A_1	5.500	0	2.750	3.575	2.475	4.070,00	3.451,25
	p = 0,8	p = 0,1	p = 0,1				
A_2	5.500	-9.000	1.000	3.600	4.409	4.481,80	3.379,55

Tab. 30: Entscheidungssituation des Anspruchstellers unter Berücksichtigung des Erwartungswert-Streuung-Prinzips

Durch Anwendung des μ-σ-Prinzips besteht für Konfliktparteien zwar die Möglichkeit, in relativ einfacher Weise den Erwartungswert und das Risiko einer Handlungsalternative zu berücksichtigen, doch können Entscheidungen, die auf der Grundlage des μ-σ-Prinzips getroffen werden, gegen das Dominanzprinzip[15] verstoßen, d.h., das μ-σ-Prinzip ist mit dem Dominanzprinzip nicht ohne Einschränkungen verträglich. Darüber hinaus wird nach dem μ-σ-Prinzip der zu erzielende Nutzen nur nach der Höhe des Erwartungswerts bestimmt. Unberücksichtigt bleibt, daß einer bestimmten Einnahme oder Ausgabe auch unterschiedliche Nutzenwerte zugrunde liegen können. So kann z.B. eine in der Zeitabfolge frühere Einnahme aufgrund der günstigen Verwendungsmöglichkeit zu einem höheren Nutzen führen als eine später erfolgte höhere Zahlung. Der fehlenden Berücksichtigung unterschiedlicher Nutzenwerte wirkt das Bernoulli-Prinzip entgegen.

3. Das Bernoulli-Prinzip

Der entscheidende Unterschied zwischen den klassischen Entscheidungsregeln und dem Bernoulli-Prinzip besteht in der Verwendung einer Nutzenfunktion,[16] durch welche die individuelle Risikoeinstellung des Entscheiders zum Ausdruck kommt.
Nach dem Bernoulli-Prinzip werden Entscheidungsprobleme unter Risiko grundsätzlich in zwei Schritten gelöst:[17]

(1) Den Ergebniswerten jeder Alternative e_{as} wird mit Hilfe einer Nutzenfunktion U ein Nutzenwert $U(e_{as})$ zugeordnet.

---

15) Vgl. zum Dominanzprinzip FERSCHL (1975), S. 67 ff.; nach der Wahrscheinlichkeitsdominanz ist die Alternative A(1) der Alternative A(2) vorzuziehen, wenn für jede Einnahme die Wahrscheinlichkeit, diese Einnahme mit A(1) zu erzielen nicht kleiner ist als bei A(2) und mindestens eine Einnahme besteht, die von A(1) mit größerer Wahrscheinlichkeit als von A(2) erzielt wird; zum Konflikt zwischen μ-σ-Prinzip und Dominanzprinzip LAUX (1982), S. 161 ff.

16) Der Nutzenbegriff, welcher der Nutzenfunktion zugrunde liegt, wird auch als Risiko-Nutzen, Bernoulli-Nutzen oder von Neumann-Morgenstern-Nutzen bezeichnet.

17) Vgl. LAUX (1982), S. 168

(2) Der jeweilige Nutzenerwartungswert wird berechnet, um den für die Entscheidung relevanten Präferenzwert zu erhalten. Dieser ergibt sich formal als:

$$f\,(A_a) = \sum_{s=1}^{m} p(S_s) \cdot U(e_{as})$$

Die Zielfunktion lautet:

$$\sum_{s=1}^{m} p(S_s) \cdot U(e_{as}) \Longrightarrow \underset{a}{\text{Max}}\ !$$

Zur Verdeutlichung der formalen Funktionsweise wird in Tab. 31 eine vereinfachte Entscheidungssituation dargestellt.[18)]

	S_1	S_2	S_3	S_4
	p=0,4	P=0,1	p=0,2	p=0,3
A_1	80	70	100	90
A_2	60	90	150	80

Tab. 31: Entscheidungssituation zur Veranschaulichung des Bernoulli-Prinzips

Wird in bezug auf die dargestellte Entscheidungssituation z.B. die subjektive Nutzenfunktion U(e) = ln e unterstellt, ist es möglich, eine transformierte Nutzenmatrix aufzustellen und den Erwartungswert des Nutzens zu berechnen (Tab. 32). Die Alternative mit dem höchsten Nutzenerwartungswert ist auszuwählen.

18) Vgl. KRUSCHWITZ (1985), S. 250

	s_1 p=0,4	s_2 p=0,1	s_3 p=0,2	s_4 p=0,3	f
A_1	4,38	4,25	4,61	4,50	4,449
A_2	4,09	4,50	5,01	4,38	4,402

Tab. 32: Transformierte Entscheidungsmatrix zur Veranschaulichung des Bernoulli-Prinzips

In Tab. 32 wurde, um zu einer Auswahlentscheidung zu gelangen, eine bestimmte Nutzenfunktion unterstellt. Daraus folgt, daß das Bernoulli-Prinzip erst dann zu einer Entscheidungsregel führt, wenn die Nutzenfunktion bzw. die Risikonutzenfunktion des Entscheiders eindeutig fixiert ist.
Die Ermittlung der Nutzenfunktion erfolgt in der Regel mit Hilfe eines Verfahrens, das in vier Phasen eingeteilt werden kann:[19]

Phase I: Normierung der Risikonutzenfunktion

Von den Ergebniswerten (e_{as}) werden zwei Ergebniswerte e' und e'' ausgewählt und diesen zwei beliebige Nutzenwerte $U(e_{as})$ zugeordnet. In bezug auf die Entscheidungsmatrix in Tab. 31 wird der maximale und minimale Ergebniswert ausgewählt, d.h. 150 (e_{23}) als e_{max} und 60 (e_{21}) als e_{min}. Diesen Ergebniswerten werden aus Vereinfachungsgründen die Nutzenwerte 1 und 0 zugeordnet; es gilt:

$$U' = U(e_{max}) = 1$$

$$U'' = U(e_{min}) = 0$$

19) Vgl. KRUSCHWITZ (1985), S. 251 ff.

Phase II: Hypothetische Wahlakte

Bei der hypothetischen Wahlakte wird unterstellt, daß der Entscheider in der Lage ist, eine eindeutige Auswahl zu treffen zwischen:

- einer einfachen Chance[20] $\{e_{max}, e_{min}: p^*\}$ und
- einer Alternative mit einer sicheren Einnahme bzw. Ausgabe $\bar{e}_{as}$[21]

Hinsichtlich der Entscheidung bestehen drei Möglichkeiten:

{150, 60: 0,4} » 70	- Der Entscheider bevorzugt die einfache Chance
{150, 60: 0,4} ≈ 70	- Die Alternativen sind für den Entscheider äquivalent
{150, 60: 0,4} « 70	- Der Entscheider bevorzugt die sichere Alternative

Phase III: Bestimmung der Präferenzwahrscheinlichkeiten

Für die alternativen Ausprägungen von $\bar{e}_{as}$ müssen Wahrscheinlichkeiten $p^*(\bar{e}_{as})$ bestimmt werden, damit einfache Chance und

---

20) Als einfache Chance wird eine Alternative bezeichnet, bei der zwei verschiedene Ergebnisgrößen existieren. Das eine Ergebnis, im gegebenen Fall e_{max}, wird mit einer Wahrscheinlichkeit von p* erzielt und das andere Ergebnis, im gegebenen Fall e_{min}, mit einer Restwahrscheinlichkeit von (1-p*).

21) Für die sichere Einnahme gilt $e_{max} \geq \bar{e}_{as} \geq e_{min}$; im konkreten Fall stellt sich die Frage, ob der Entscheider die einfache Chance {150, 60: 0,4} einer sicheren Einnahme von 70 vorzieht.

sichere Einnahme bzw. Ausgabe aus Sicht des Entscheiders äquivalent sind; formal gilt:

$$\{e_{max}, e_{min}: p^*(\bar{e}_{as})\} \approx \bar{e}_{as}$$

Geht der Entscheider von folgendem Sachverhalt aus,

$$\{150, 60: 0{,}1\} \ll 70$$

$$\{150, 60: 0{,}2\} \gg 70$$

liegt die Wahrscheinlichkeit, daß auf die sichere Einnahme verzichtet wird, grundsätzlich zwischen 10% und 20%. Ist dies z.B. bei 15% der Fall, ist die gesuchte Präferenzwahrscheinlichkeit $p^*(70) = 0{,}15$. Im weiteren wird davon ausgegangen, daß folgende Präferenzwahrscheinlichkeiten bestehen:

$\bar{e}_{as}$	60	70	80	90	100	150
$p^*(\bar{e}_{as})$	0	0,15	0,30	0,45	0,60	1

Phase IV: Ermittlung der Nutzenwerte

Für alle Ergebnisgrößen $\bar{e}_{as}$ werden die zugehörigen Nutzenwerte bestimmt. Aus $\bar{e}_{as} \approx \{e_{max}, e_{min}: p^*(\bar{e}_{as})\}$ folgt:

$$U(\bar{e}_{as}) = U\,\{e_{max}, e_{min}: p^*(\bar{e}_{as})\}$$

$$U(\bar{e}_{as}) = p^*(\bar{e}_{as}) \cdot U(e_{max}) + [1 - p^*(\bar{e}_{as})] \cdot U(e_{min})$$

Aus der angegebenen Normierung auf $U(e_{max}) = 1$ und $U(e_{min}) = 0$ resultiert:

$$U(\bar{e}_{as}) = p^*(\bar{e}_{as})$$

d.h., die in Phase III ermittelten Präferenzwahrscheinlichkeiten können unmittelbar als Nutzenwerte verwendet werden. Es entsteht die transformierte Entscheidungsmatrix (Tab. 33), aus der hervorgeht, daß Handlungsalternative A_1 der Vorzug zu geben ist.

	s_1	s_2	s_3	s_4	f
	p=0,4	p=0,1	p=0,2	p=0,3	
A_1	0,30	0,15	0,60	0,45	0,390
A_2	0,00	0,45	1,00	0,30	0,335

Tab. 33: Transformierte Entscheidungsmatrix

Bei Anwendung des Bernoulli-Prinzips auf den zugrunde gelegten Streitfall, dessen Entscheidungssituation in Tab. 34 aus Sicht des Anspruchstellers exemplarisch dargestellt ist, ergeben sich durch das entsprechende Verfahren folgende Werte:

	s_1	s_2	s_3
	p = 0,6	p = 0,3	p = 0,1
A_1	5.500	0	2.750
	p = 0,8	p = 0,1	p = 0,1
A_2	5.500	-9.000	1.000

Tab. 34: Entscheidungssituation des Anspruchstellers

Phase I:

$U' = U(e_{max}) = 1; \quad e_{max} = 5.500$

$U'' = U(e_{min}) = 0; \quad e_{min} = - 9.000$

Phase II und III:

Der Anspruchsteller bestimmt, daß bei einer Wahrscheinlichkeit von 0,45 und einer Zahlung von DM 2.750 beide Handlungsalternativen äquivalent sind. Auf die sichere Einnahme wird verzichtet, wenn die Präferenzwahrscheinlichkeit p* (2.750) bei 0,5 liegt. Als weitere Präferenzwahrscheinlichkeiten werden bestimmt:

$\bar{e}_{as}$	-9.000	0	1.000	2.750	4.500	5.500
$p^*(\bar{e}_{as})$	0	0,1	0,2	0,5	0,75	1

Phase IV:

Nach Zuordnung der Nutzenwerte auf die Ergebnisgrößen entsteht die transformierte Entscheidungsmatrix (Tab. 35):

	s_1	s_2	s_3	
	0,6	0,3	0,1	
A_1	1	0,1	0,5	0,68
	0,8	0,1	0,1	
A_2	1	0	0,2	0,82

Tab. 35: Entscheidungsmatrix des Anspruchstellers unter Berücksichtigung des Bernoulli-Prinzips

Nach dem Bernoulli Prinzip wird der Anspruchsteller (Tab. 35) ein gerichtliches Klageverfahren bevorzugen, da der Nutzenerwartungswert bei Handlungsalternative A_2 höher liegt.

Das Bernoulli-Prinzip, das sich auf fünf Axiome zurückführen läßt,[22] bietet zwar die Möglichkeit, komplexe Entscheidungsprobleme in Teilprobleme zu zerlegen, doch ist dieses Prinzip als rationales Entscheidungskriterium für Risikosituationen nicht unumstritten.[23] Im weiteren wird nur eines der fünf Axiome, das Stetigkeitsprinzip, einer kritischen Analyse unterzogen.

Nach dem Stetigkeitsprinzip besteht in jeder Entscheidungssituation grundsätzlich eine sichere Alternative mit dem Ergebnis $\bar{e}_{as}$ und eine unsichere Alternative mit einer Ergebnisverteilung von $\{e', e'': p^*\}$. Gleichzeitig wird vorausgesetzt, daß $\bar{e}_{as}$ einen Wert von $e' \geq \bar{e}_{as} \geq e''$ annimmt und eine Wahrscheinlichkeit von $1 \geq p^* \geq 0$ existiert, so daß beide Alternativen als äquivalent angesehen werden können.[24] Dieser These kann jedoch entgegengehalten werden, daß in der Realität nicht für jede Entscheidungssituation eine Präferenzwahrscheinlichkeit p* besteht oder, sofern eine solche besteht, der Entscheider nicht immer in der Lage ist, diese eindeutig zu fixieren.

Das erste Gegenargument bezieht sich auf extreme Entscheidungssituationen, d.h., es wird bezweifelt, daß der Entscheider bereit ist, für die Chance eines "kleinen Vorteils" die Gefahr eines "größeren Nachteils", auch wenn dieser nur mit einer geringen Wahrscheinlichkeit eintritt, in Kauf zu nehmen.[25]

Das zweite Gegenargument, die mangelnde Fixierung der Präferenzwahrscheinlichkeiten, läßt sich mit der Unfähigkeit des Entscheiders begründen, eine exakte Abwägung der möglichen Er-

---

22) Zu den fünf Axiomen zählen: Ordinalprinzip, Transitivitätsprinzip, Stetigkeitsprinzip, Dominanzprinzip, Substitutionsprinzip; zu den Axiomen im Detail MENGES (1974), S. 59 ff.; BAMBERG-COENENBERG (1989), S. 86 f.; KRUSCHWITZ (1985), S. 256 f.

23) Vgl. statt aller LAUX (1982), S. 191 ff.

24) Vgl. KRUSCHWITZ (1985), S. 256

25) Vgl. FERSCHL (1975), S. 44 f.

gebnisse e', e'', $\bar{e}_{as}$ vorzunehmen, d.h., der Entscheider wird nicht immer in der Lage sein, für jede Wahrscheinlichkeit eindeutig anzugeben, ob er die einfache Chance oder die sichere Zahlung bevorzugt oder ob er zwischen beiden indifferent ist. Darüber hinaus werden bei dem Bernoulli-Prinzip, wie auch bei den bereits dargestellten Entscheidungsregeln, die sich im Zeitablauf ändernden Umweltbedingungen nicht berücksichtigt, auf die der Entscheider unterschiedlich reagieren kann und welche Einfluß auf die mögliche Einnahme oder Ausgabe haben, z.B. mündliche Verhandlung mit oder ohne Beweisaufnahme.
Dem letzten Kritikpunkt wirkt die flexible Planung entgegen, die im folgenden anhand des Entscheidungsbaumverfahrens dargestellt und in bezug auf die Klärung des Rechtsstreits analysiert wird.

4. Das Entscheidungsbaumverfahren

Durch Anwendung des Entscheidungsbaumverfahrens - ein Verfahren der flexiblen Planung,[26] das die im Zeitablauf veränderten Umweltbedingungen berücksichtigt bzw. vorausplant - besteht für Konfliktparteien die Möglichkeit, in jeder Phase des Rechtsstreits die in Abhängigkeit zur Zielsetzung notwendige Entscheidung zu treffen.
In Abb. 8 ist der etwas vereinfachte Entscheidungsbaum[27] für einen Rechtsstreit dargestellt.

---

26) Vgl. LAUX (1982), S. 251 f.; bei der flexiblen Planung wird nur die zu Beginn des Planungszeitraums zu ergreifende Aktion endgültig festgelegt und für jeden zukünftigen Aktionszeitpunkt ein System von Eventualplänen erstellt. Welcher Plan im zukünftigen Zeitpunkt realisiert wird, hängt von der zu diesem Zeitpunkt jeweiligen Umweltbedingung ab.

27) Vgl. zum Entscheidungsbaum KOBELT (1987), S. 135; der Entscheidungsbaum kennzeichnet nicht nur die Erwartungsstruktur des Entscheiders über die möglichen Umweltentwicklungen, sondern auch die in den einzelnen Zuständen möglichen Aktionen sowie die Endergebnisse der möglichen Aktionsfolgen.

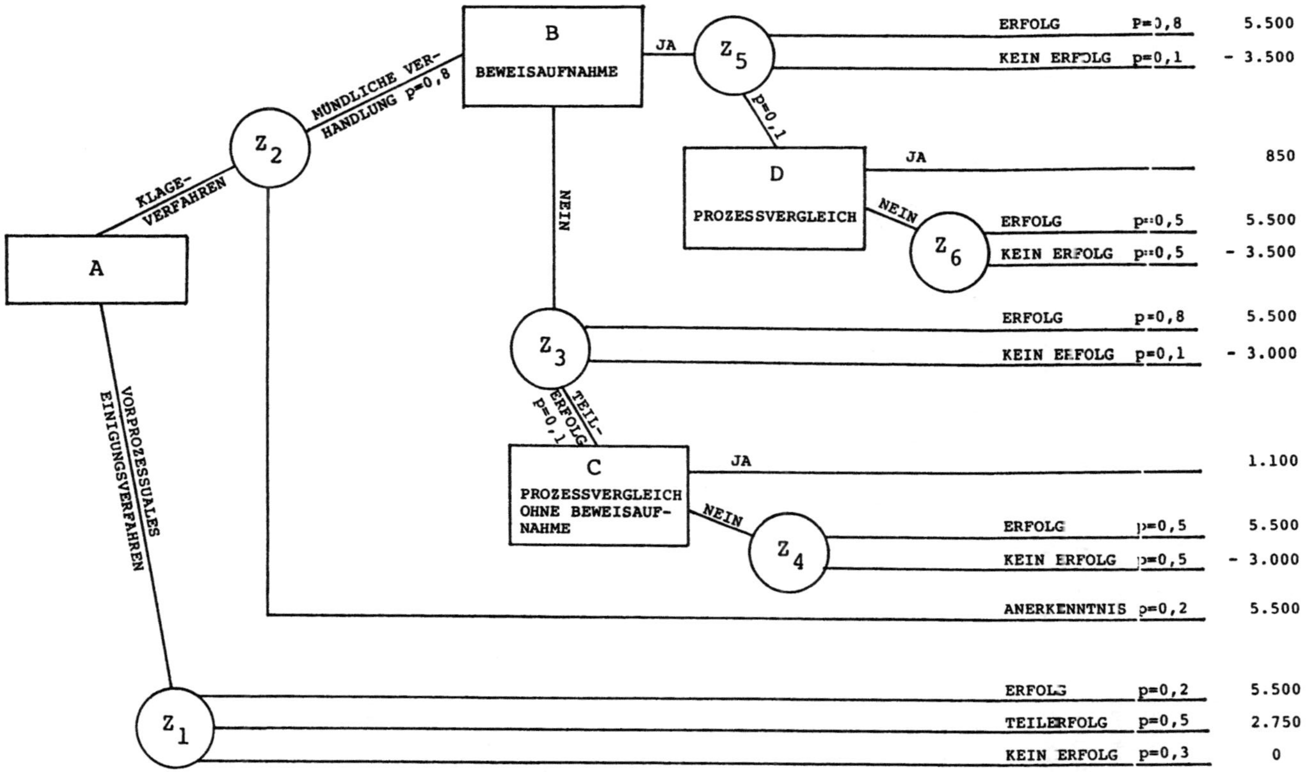

Abb. 8: Entscheidungsbaum des Anspruchstellers

Wie aus Abb. 8 erkennbar, beginnen an der Wurzel des Entscheidungsbaums die beiden Entscheidungskanten für ein Klageverfahren oder ein vorprozessuales Einigungsverfahren. Am Ende der Entscheidungskanten liegen die rund gezeichneten Zufallsknoten, die das Auftreten von Zufallsergebnissen symbolisieren. In diesen Zufallsknoten beginnen auch die Zufallskanten, die das Eintreten des jeweiligen Ereignisses mit der dazugehörigen Wahrscheinlichkeit anzeigen. Die Zufallskanten enden im Entscheidungsknoten, der die mögliche Entscheidungssituation des betreffenden Zeitpunkts bzw. das Endergebnis der möglichen Entscheidungsfolge darstellt.
Ziel des Entscheidungsbaumverfahrens ist es, diejenige Handlungsalternative herauszufinden, deren Erwartungswert am höchsten ist.

Aus Vereinfachungsgründen werden in bezug auf den exemplarischen Rechtsstreit vier Entscheidungsknoten ausgewählt:

A = Durchführung eines Zivilprozeßverfahrens oder Anstrebung eines vorprozessualen Einigungsverfahrens

B = Zivilprozeßverfahren mit oder ohne Beweisaufnahme

C = Zustimmung oder Ablehnung eines Prozeßvergleichs ohne Beweisaufnahme

D = Zustimmung oder Ablehnung eines Prozeßvergleichs nach Beweisaufnahme

Zufallsknoten mit entsprechenden Zufallswahrscheinlichkeiten sind:

Z_1 = Vorprozessuales Einigungsverfahren führt zum Erfolg, Teilerfolg oder Nichterfolg

Z_2 = Beendigung des Rechtsstreits durch Anerkenntnis oder mündliche Verhandlung

Z_3 = Es ergeht ohne Beweisaufnahme klagezusprechendes Sachurteil, klageabweisendes Sachurteil oder Prozeßvergleich

Z_4 = Nach Ablehnung des Prozeßvergleichs ohne Beweisaufnahme erfolgt klagezusprechendes oder klageabweisendes Sachurteil

Z_5 = Nach Beweisaufnahme erfolgt klagezusprechendes Sachurteil, klageabweisendes Sachurteil oder Prozeßvergleich

Z_6 = Nach Beweisaufnahme und Ablehnung des Prozeßvergleichs erfolgt klagezusprechendes oder klageabweisendes Sachurteil

Zur Lösung des Entscheidungsproblems - Durchführung eines Klageverfahrens oder Anstrebung einer vorpozessualen Einigung - wird das rollback-Verfahren angewandt, das auf demselben Grundprinzip beruht wie die dynamische Programmierung.[28] Es wird bei der zeitlich zuletzt liegenden Entscheidung begonnen und für die jeweilige Handlungsalternative der entsprechende Erwartungswert ermittelt. Die Alternative mit dem höchsten Erwartungswert ist auszuwählen bzw. der ermittelte Erwartungswert ist bei dem zeitlich zuvor liegenden Entscheidungsknoten zu berücksichtigen.

---

28) Vgl. LAUX (1982), S. 261 ff.

In bezug auf den exemplarischen Rechtsstreit (Abb. 8) ergeben sich für den Anspruchsteller folgende Werte:

(1) Zustimmung oder Ablehnung des Prozeßvergleichs nach Beweisaufnahme?

Zustimmungswert	Wahrscheinlichkeit	Erwartungswert
850[29]	1	850
Ablehnungswert:		
5.500	0,5	2.750
- 3.500	0,5	- 1.750
Ergebnis im Entscheidungsknoten D:		1.000
Ablehnung des Prozeßvergleichs		

(2) Zustimmung oder Ablehnung des Prozeßvergleichs vor Beweisaufnahme

Zustimmungswert	Wahrscheinlichkeit	Erwartungswert
1.100[30]	1	1.100
Ablehnungswert:		
5.500	0,5	2.750
- 3.000	0,5	- 1.500
Ergebnis im Entscheidungsknoten C:		1.250
Ablehnung des Prozeßvergleichs		

29) Beim Prozeßvergleich erhöhen sich die Prozeßkosten wegen der Vergleichsgebühr des Rechtsanwalts um DM 300.

30) Zustimmungswert = geschätzter Wert

(3) Zivilprozeßverfahren mit oder ohne Beweisaufnahme

Zustimmungswert Beweisaufnahme	Wahrscheinlichkeit	Erwartungswert
5.500	0,8	4.400
- 3.500	0,1	- 350
1.000	0,1	100
		4.150

Ablehnungswert:

5.500	0,8	4.400
- 3.000	0,1	- 300
1.250	0,1	125
Ergebnis im Entscheidungsknoten B: Zivilprozeßverfahren ohne Beweisaufnahme		4.225

(4) Durchführung eines Klageverfahrens oder Anstrebung eines vorprozessualen Einigungsverfahrens

Zustimmungswert Klageverfahren	Wahrscheinlichkeit	Erwartungswert
4.225	0,8	3.380
5.500	0,2	1.100
		4.480

Ablehnungswert:

5.500	0,2	1.100
2.750	0,5	1.375
0	0,3	0

Ergebnis im Entscheidungsknoten A: Einreichung der Klageschrift	2.475

Das Entscheidungsbaumverfahren ist zwar aufgrund der aufgestellten Eventualentscheidungen konzeptionell dem Prinzip der starren Planung überlegen, doch darf nicht unberücksichtigt bleiben, daß in komplexen Entscheidungssituationen der Planungsaufwand bei flexibler Planung eine beträchtliche Größenordnung annehmen kann. Darüber hinaus kann in Zweifel gestellt werden, ob Konfliktparteien in der Lage sind, alle in Frage kommenden Entscheidungssituationen eines Rechtsstreits mit den entsprechenden Wahrscheinlichkeiten zu erkennen und in Form eines Entscheidungsbaums zu erfassen. Auch ist das rollback-Verfahren in seiner Leistungsfähigkeit begrenzt; die zukünftigen Eventualentscheidungen werden auf der Grundlage von Erwartungswerten definiert. Daraus folgt, daß bei der Auswahl der jeweiligen Handlungsalternative wiederum die klassischen Entscheidungsregeln Anwendung finden.

5. Würdigung der betriebswirtschaftlichen Entscheidungsregeln zur Optimierung der Prozeßentscheidung

Den dargestellten betriebswirtschaftlichen Entscheidungsregeln ist eigen, daß bei der Auswahl der jeweiligen Handlungsalternative der Erwartungswert respektive die Obsiegenswahrscheinlichkeit des Entscheiders maßgebend ist,[31] d.h., die jeweilige Konfliktpartei geht davon aus, daß mit der Festlegung der ei-

31) Dies gilt auch für die gemischt ganzzahlige lineare Programmierung auf der Basis von Zustandsbäumen.

genen Obsiegenswahrscheinlichkeit und in deren Ergänzung zu 1 zugleich auch die Obsiegenswahrscheinlichkeit des Kontrahenten definiert ist. Diese Vorgehensweise, in der Praxis weit verbreitet, impliziert, daß die Rechtsstreit-Situation von beiden Konfliktparteien identisch beurteilt wird. Entspricht diese Annahme der Realität, führt sie zweifellos für beide Parteien zu einem optimalen Ergebnis.[32] Ein solches Ergebnis wird aber nur in Ausnahmefällen eintreten, denn die Annahme entspricht im allgemeinen nicht der Realität: Trotz sorgfältiger Abschätzung[33] der Eintrittswahrscheinlichkeit wird in der Regel die zugrunde gelegte Obsiegenswahrscheinlichkeit der Konfliktparteien differieren, also in ihrer Summe nicht dem Wert 1 entsprechen.[34] Zur Lösung des Rechtsstreit-Entscheidungsproblems bedarf es folglich einer Entscheidungsregel, die nicht nur von der Obsiegenswahrscheinlichkeit des Entscheiders ausgeht, sondern von den Erwartungswerten beider Parteien, damit ohne längere Berechnung festgelegt werden kann, bei welchen Wahrscheinlichkeitskombinationen und daraus folgend, bei welchen Parteien-Erwartungswerten ein gerichtliches oder vorprozessuales Verfahren anzustreben ist.[35]

Adams[36] hat in bezug auf die Klärung eines zivilen Rechtsstreits eine solche vereinfachte Entscheidungsregel entwickelt, die nachfolgend analysiert wird.

---

32) Vgl. z.B. Tab. 25 i.V.m. Tab. 26 oder Tab. 29 i.V.m. Tab. 30 dieser Arbeit.

33) Instrumente einer sorgfältigen Abschätzung sind z.B.: Eigene forensische Routine, Literaturrecherche, Suche nach Präzedenzfällen, Befragung von Experten (event. unter Einsatz des Datenbanksystems JURIS), Abschätzung der Beweisproblematik, Überlegungen zur gegnerischen Prozeßtaktik.

34) Vgl. z.B. Tab. 25 i.V.m. Tab. 27 dieser Arbeit.

35) Bei einem außergerichtlichen Vergleich sind die Parteien-Erwartungswerte u.a. auch für die Bestimmung der Vergleichszahlung von Bedeutung.

36) Vgl. ADAMS (1981)

III. Zivilprozeßentscheidungskriterien nach ADAMS

1. Nutzen-Erwartungswerte der Parteien

Adams[1] verwendet für die Bestimmung der Erwartungswerte und zur Entwicklung und Darstellung des Entscheidungsmodells im wesentlichen folgende Nomenklatur:

p_K = Subjektive Wahrscheinlichkeitsannahme des Klägers für einen Prozeßgewinn ($0 \leq p_K \leq 1$)[2]

p_B = Subjektive Wahrscheinlichkeitsannahme des Beklagten für einen Prozeßgewinn ($0 \leq p_B \leq 1$)[2]

G = Strittiger Geldbetrag; der Betrag ist in der Regel mit dem Streitwert identisch

K = Gesamte erstattungsfähige Prozeßkosten, insbesondere Gerichtskosten, Anwaltshonorare und Beweiskosten, $K \geq 0$

E_K = Erwartungswert des Klägers; der Erwartungswert kann positiv oder aufgrund der zu erstattenden Prozeßkosten auch negativ sein

E_B = Erwartungswert des Beklagten; bei einer Prozeßniederlage ist der Erwartungswert negativ, bei einem Prozeßerfolg gleich Null

Mit Hilfe dieser Nomenklatur formuliert Adams die Erwartungswerte der Parteien für einen Zivilprozeß wie folgt:[3]

a) Erwartungswert des Klägers

Der Erwartungswert des Klägers bestimmt sich, abhängig von der angenommenen Obsiegenswahrscheinlichkeit, aus der Differenz des

---

1) Vgl. ADAMS (1981), S. 6
2) Im weiteren auch als Obsiegenswahrscheinlichkeit bezeichnet.
3) Vgl. ADAMS (1981), S. 6 ff.

strittigen Geldbetrages und der anteilig vom Kläger zu erstattenden Prozeßkosten. Formal gilt:

$$E_K = p_K \cdot G - (1 - p_K) \cdot K$$

$$E_K = p_K(G + K) - K$$

Bezogen auf einen Streitwert in Höhe von DM 5.500, erstinstanzlichen Prozeßkosten in Höhe von DM 3.500 und einer angenommenen Obsiegenswahrscheinlichkeit von z.B. 0,5 errechnet sich der Erwartungswert des Klägers wie folgt:

$$E_K = 0{,}5 \cdot 5.500 - (1 - 0{,}5) \cdot 3.500$$

$$E_K = 2.750 - 3.500 + 1.750$$

$$E_K = 1.000$$

b) <u>Erwartungswert des Beklagten</u>

Der Erwartungswert des Beklagten errechnet sich aus der angenommenen Unterliegenswahrscheinlichkeit $(1 - p_B)$ und der daraus resultierenden Verbindlichkeit gegenüber dem Kläger auf Zahlung des anteilig strittigen Geldbetrages sowie der anteilig zu erstattenden Prozeßkosten. Da es sich bei der Zahlung um Ausgaben handelt, ist der Erwartungswert des Beklagten negativ oder im Fall eines Prozeßerfolgs gleich Null.

$$E_B = -(1 - p_B)(G + K)$$

Bei einer angenommenen Obsiegenswahrscheinlichkeit von z.B. 0,5 beträgt der Erwartungswert des Beklagten:

$$E_B = -(1 - 0{,}5)(5.500 + 3.500)$$

$$E_B = -0{,}5 \cdot 9.000$$

$$E_B = -4.500$$

c) Geometrische Darstellung der Erwartungswerte

In Abb. 9 sind die Erwartungswerte des Klägers und des Beklagten geometrisch mit Hilfe von Isoquanten in einem p_K/p_B-Koordinatensystem dargestellt.

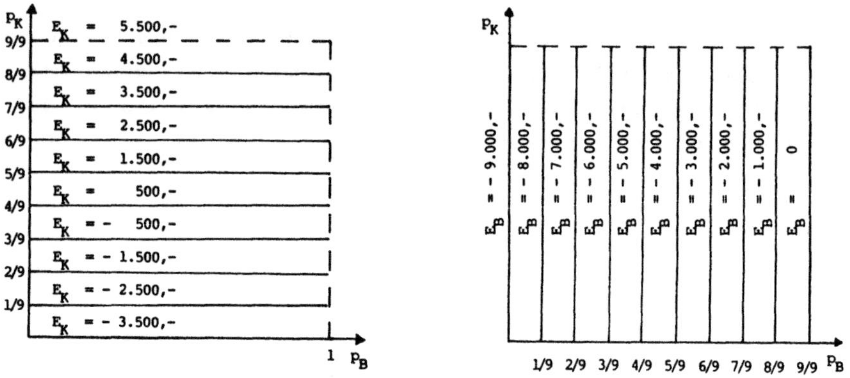

Abb. 9: Erwartungswerte des Klägers — Erwartungswerte des Beklagten

2. Erwartungswert-abhängige Bedingungen für eine Prozeßdurchführung oder einen außergerichtlichen Vergleich

Aus den jeweils ermittelten Erwartungswerten entwickelt Adams Bedingungen dafür, wann es zu einem Prozeß und wann es zu einem außergerichtlichen Vergleich kommen wird.[4]

a) Vergleichsbedingung

Nach Adams ist ein außergerichtlicher Vergleich wegen der Kostenkomponente nur dann vorteilhaft, wenn der Erwartungswert

4) Vgl. ADAMS (1981), S. 9 ff.

des Anspruchstellers kleiner ist als der des Anspruchgegners. Für die Vergleichsbedingung gilt also:

$$E_K < - E_B$$

Bei einem Streitwert von DM 5.500 und einer angenommenen Obsiegenswahrscheinlichkeit von 0,5 ist die Vergleichsbedingung ($E_K < - E_B$) erfüllt. Der Anspruchsteller geht im Fall eines Prozesses davon aus, einen Betrag in Höhe von DM 1.000 zu erhalten und der Anspruchgegner befürchtet, einen Betrag in Höhe von DM 4.500 leisten zu müssen. Durch einen außergerichtlichen Vergleich in Form der Aufteilung des Erwartungswert-Differenzbetrages (DM 3.500), im folgenden als Vergleichsmarge bezeichnet, erlangen die Parteien gegenüber der Prozeßdurchführung einen Kostenvorteil. Wenn sich die Parteien die Vergleichsmarge je zur Hälfte teilen, so hat das zur Folge, daß der Anspruchgegner lediglich einen Betrag in Höhe von DM 2.750 zu leisten hat und der Anspruchsteller durch die geleistete Zahlung gleichzeitig eine höhere Einnahme als bei Durchführung des Prozesses erzielt.

b) <u>Prozeßbedingung</u>

Die Prozeßbedingung ergibt sich aus der Umkehrung der Vergleichsbedingung, d.h., ist der Erwartungswert des Klägers größer als der Erwartungswert des Beklagten, existiert keine Vergleichsmarge und damit auch kein Spielraum für einen Vergleich; es kommt also zum Prozeß.

$$E_K > - E_B$$

3. Ermittlung und geometrische Darstellung des Vergleichs- und Prozeßbereichs

Der Übergang des Vergleichsbereichs in den Prozeßbereich, im weiteren als Vergleichslinie bezeichnet, kann wie folgt als strikte Gleichung formuliert werden:

$$E_K = - E_B$$

Durch Einsetzen der Erwartungswerte und Transformation in eine Achsenabschnittsform ergibt sich:

$$p_K(G + K) - K = (1 - p_B)(G + K)$$

$$1 = p_K(G + K) - K - (1 - p_B)(G + K)$$

$$1 = p_K(G + K) - K - G - K + p_B(G + K)$$

$$1 = p_K(G + K) + p_B(G + K) - 2K - G$$

$$1 = \frac{p_K}{\frac{G + 2K}{G + K}} + \frac{p_B}{\frac{G + 2K}{G + K}}$$

Die Vergleichslinie schneidet sowohl die p_B- als auch die p_K-Achse im Punkt $\frac{G + 2K}{G + K}$ (Abb. 10).[5]

5) Vgl. ADAMS (1981), S. 12

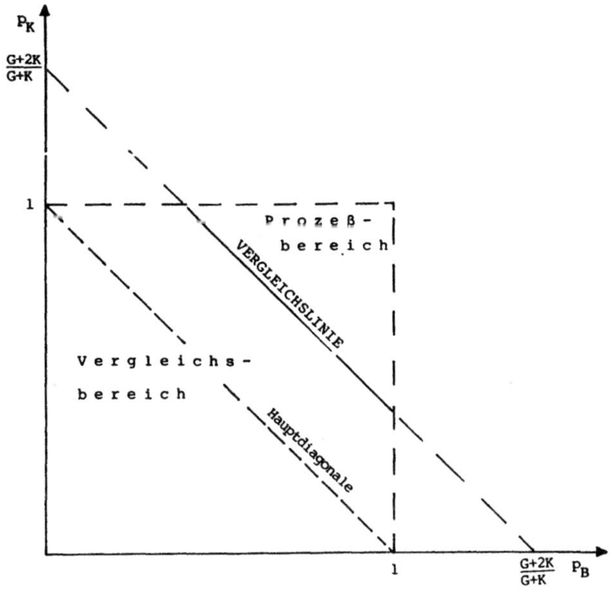

Abb. 10: Geometrische Darstellung der Vergleichslinie

Liegt der Punkt der beiderseitigen Obsiegenswahrscheinlichkeiten überhalb der Vergleichslinie, so kommt es zum Prozeß. Liegt er darunter, ist für die Parteien ein außergerichtlicher Vergleich günstiger. Die Ursache für die Einleitung und Durchführung eines Zivilprozeßverfahrens liegt zunächst einmal in den zu optimistischen Obsiegenswahrscheinlichkeiten der Parteien, wenn also der Punkt der beiderseitigen Obsiegenswahrscheinlichkeiten überhalb der Hauptdiagonalen des Wahrscheinlichkeitsquadrats liegt ($p_K + p_B \geq 1$). Zwar existiert, wie Abb. 10 verdeutlicht, wegen der zu erstattenden Prozeßkosten auch bei inkonsistenten Wahrscheinlichkeiten ($p_K + p_B > 1$) noch ein Vergleichsbereich, doch muß die Inkonsistenz wie folgt limitiert sein: $p_K + p_B \leq \frac{G + 2K}{G + K} \left[= \frac{12{,}5}{9}\right]$.6)

4. <u>Die Vergleichsmarge</u>

Die Vergleichsmarge (M) ist weiter oben als Differenz der Erwartungswerte von Beklagtem und Kläger definiert worden.

$$M = - E_B - E_K$$

Durch Einsetzen der Erwartungswerte ergibt sich folgende Achsenabschnittsform:

$$M = -[- (1 - p_B)(G + K)] - [p_K(G + K) - K]$$

$$1 = G + K - Gp_B - Kp_B - Gp_K - Kp_K + K - M$$

$$1 + Gp_B + Kp_B + Gp_K + Kp_K = G + K + K - M$$

$$1 + p_B(G + K) + p_K(G + K) = G + 2K - M$$

$$1 = \frac{p_B}{\frac{G + 2K - M}{G + K}} + \frac{p_K}{\frac{G + 2K - M}{G + K}}$$

Die Höhe der jeweiligen Vergleichsmarge ist in Abb. 11 geometrisch mit Hilfe von Isoquanten dargestellt.

---

6) Da die Prozeßkosten im Verhältnis zur Höhe des Streitwerts relativ kleiner werden, verschiebt sich bei kleineren Streitwerten die Vergleichslinie nach rechts, bei größeren Streitwerten nach links; vgl. zur Höhe der Prozeßkosten Gliederungspunkt B.IV. dieser Arbeit.

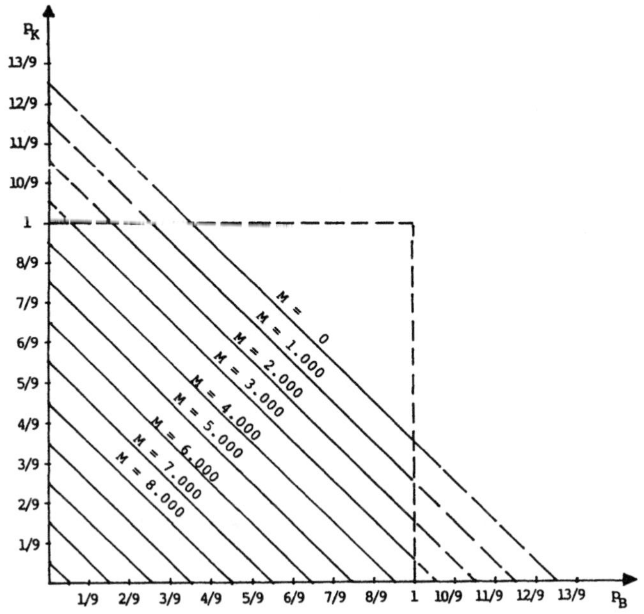

Abb. 11: Höhe der Vergleichsmarge

5. <u>Bestimmung der Vergleichszahlung</u>

Die Vergleichsmarge ist im Rahmen der Verhandlungen zum außergerichtlichen Vergleich auf die Parteien aufzuteilen. Der auf den Kläger entfallende Anteil wird mit V ($0 \leq V \leq 1$) bezeichnet. Der auf den Beklagten entfallende Anteil beträgt demnach $1 - V$.

Der vom Beklagten zu zahlende Betrag ergibt sich dann wie folgt:

$$Z_B = E_B + (1 - V) \cdot M$$ [7)]

---

7) Diese Gleichungen erklären nur formal die Vergleichszahlung, da wegen der Variablen V offenbleibt, in welchem Verhältnis die Vergleichsmarge auf die Parteien aufgeteilt wird.

Dieser Betrag muß, abgesehen vom Vorzeichen, identisch sein mit dem Betrag, den der Kläger erhält.

$$Z_K = E_K + V \cdot M$$ [7]

Im weiteren wird die Bezeichnung Z_B respektive Z_K durch die Bezeichnung Z ersetzt.

Bei einer Aufteilung der Vergleichsmarge im Verhältnis 0,5:0,5 ergibt sich:

$$Z = E_K + 0{,}5\ M$$

Durch Einsetzen der Erwartungswerte erhält man wie folgt die I. Geraden Normalform:

$$Z = \frac{p_K(G + K) - K}{2} + \frac{(1 - P_B)(G + K)}{2}$$

$$-\frac{p_K(G + K)}{2} = -\frac{K}{2} - Z + \frac{(1 - P_B)(G + K)}{2}$$

$$\frac{p_K(G + K)}{2} = \frac{K}{2} + Z - \frac{G + K}{2} + p_B\,\frac{G + K}{2}$$

$$\frac{p_K(G + K)}{2} = \frac{K + 2Z - G - K}{2} + p_B\,\frac{G + K}{2}$$

$$\frac{p_K(G + K)}{2} = \frac{2Z - G}{2} + p_B\,\frac{G + K}{2}$$

$$p_K = p_B + \frac{2Z - G}{G + K}$$

Bezogen auf den exemplarischen Rechtsstreit und einer Aufteilung der Vergleichsmarge im Verhältnis 0,5 : 0,5 zeigt Abb. 12 die Höhe der zu leistenden Vergleichszahlungen, dargestellt mit Hilfe von Isoquanten.

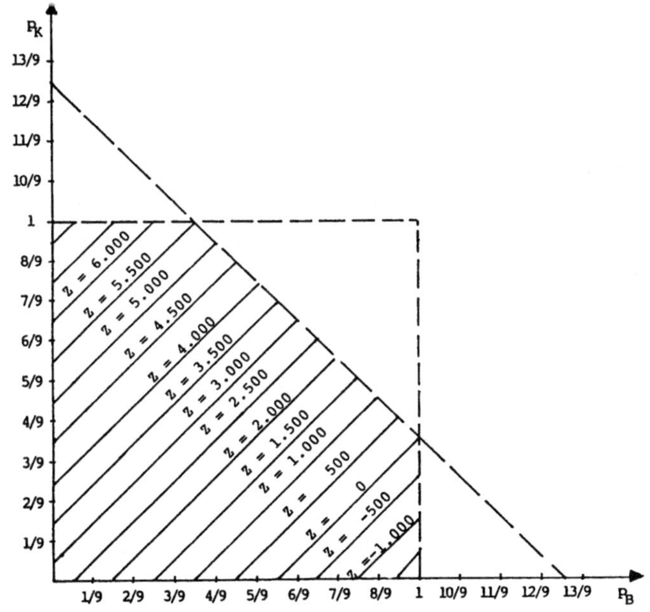

Abb. 12: Höhe der zu leistenden Vergleichszahlung bei Teilung der Marge im Verhältnis 0,5 : 0,5

IV. Vorprozessuale Anerkenntnis- und Stillhaltekriterien

1. Bestimmung des Anerkenntnis- und Stillhaltebereichs

Im Vergleichsbereich müßten die Parteien aus schlichtem Eigennutz einen Vergleich schließen. Da es keine Kriterien für eine gerechte Aufteilung der Vergleichsmarge gibt, entscheidend ist das Geschick bei der Verhandlungsführung, ist das Modell insoweit instabil. Es kann daher auch im Vergleichsbereich wegen überzogener Verhandlungspositionen zu einem Prozeß kommen. Diese Instabilität wird noch verstärkt durch zwei weitere Handlungsalternativen, um die das Adams'sche Modell zu ergänzen ist: Das Anerkenntnis seitens des Anspruchgegners sowie das Stillhalten seitens des Anspruchstellers.

1.1. Anerkenntnisbereich

Die wertmäßig ermittelten Erwartungswerte des Beklagten (Tab. 36) lassen erkennen, daß der Beklagte bei Durchführung des Zivilprozesses und entsprechend niedrigen p_B-Werten einen höheren als den strittigen Betrag zu leisten hat.

p_B	0	1/9	2/9	3/9	3,5/9	4/9	4,5/9	5/9	6/9	7/9	8/9	1
E_B	-9.000	-8.000	-7.000	-6.000	-5.500	-5.000	-4.500	-4.000	-3.000	-2.000	-1.000	0

Tab. 36: Erwartungswerte des Beklagten

Eine Zahlung über den strittigen Geldbetrag hinaus tritt dann ein, wenn gilt:

$$- E_B > G$$

$$(1 - p_B)(G + K) > G$$

$$p_B < \frac{K}{G + K}$$

Bei einer unterstellten Obsiegenswahrscheinlichkeit von $p_B < \frac{K}{G + K}$ $\left[p_B < \frac{3,5}{9}\right]$ ist es also für den Anspruchgegner sinnvoll, den geltend gemachten Anspruch im Rahmen des vorprozessualen Verfahrens anzuerkennen. Das Anerkenntnis hat zur Folge, daß sich die zu leistende Zahlung und damit der Erwartungswert des Anspruchgegners im Bereich $p_B < \frac{K}{G + K}$ auf den strittigen Geldbetrag begrenzt.

1.2. Stillhaltebereich

Weisen die ermittelten Erwartungswerte des Anspruchstellers negative Werte auf, wird der Anspruchsteller grundsätzlich daran interessiert sein, seine Zahlungen auf Null zu begrenzen, also stillzuhalten. Negative Erwartungswerte treten ein, wenn gilt:

$$E_K < 0$$

$$p_K(G + K) - K < 0$$

$$p_K < \frac{K}{G + K}$$

Bei einer Obsiegenswahrscheinlichkeit von $p_K < \frac{K}{G + K}$ $\left[p_K < \frac{3,5}{9}\right]$ ist es also, wie Tab. 37 verdeutlicht, für den Anspruchsteller sinnvoll, auf die gerichtliche Durchsetzung des Anspruchs zu verzichten, d.h., den angedrohten Zivilprozeß zu unterlassen.

p_K	0	1/9	2/9	3/9	3,5/9	4/9	4,5/9	5/9	6/9	7/9	8/9	1
E_K	-3.500	-2.500	-1.500	-500	0	500	1.000	1.500	2.500	3.500	4.500	5.500

Tab. 37: Erwartungswerte des Klägers

2. Auswirkungen des Anerkenntnis- und Stillhaltebereichs auf den bisher festgelegten Vergleichsbereich

Das vorprozessuale Anerkenntnis und das Stillhalten in den Fällen p_B und $p_K \leq \frac{K}{G + K}$ haben zur Folge, daß der von Adams ermittelte Vergleichsbereich einen Anerkenntnis- und Stillhaltebereich enthalten muß (Abb. 13).

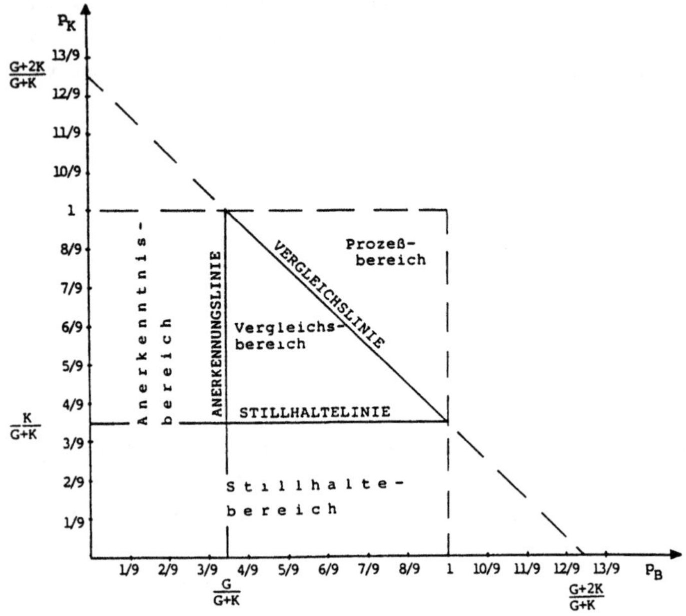

Abb. 13: Anerkenntnis- und Stillhaltebereich

Unter diesen Umständen ist der außergerichtliche Vergleich nur noch in dem um den Anerkenntnis- und Stillhaltebereich verminderten Vergleichsbereich geboten. Um auch im Anerkenntnis- bzw. Stillhaltebereich zu einer Konfliktlösung zu kommen, müssen die Parteien von bestimmten Verhaltensannahmen ausgehen, ob nämlich

der Anspruchsteller/Anspruchgegner bei einer angenommenen Obsiegenswahrscheinlichkeit von p_K bzw. $p_B \leq \frac{K}{G + K}$ stillhalten bzw. anerkennen wird oder das Gegenteil der Fall ist.
Im Rahmen der weiteren Darstellung werden einige Verhaltensannahmen einer ökonomischen Analyse unterzogen.

2.1. Verhaltensannahme I

2.1.1. Festlegung

Als Verhaltensannahme I gilt: Der Anspruchsteller vertritt die Ansicht, daß sich der Anspruchgegner im Anerkenntnisbereich verklagen läßt, und der Anspruchgegner ist der Meinung, daß der Anspruchsteller im Stillhaltebereich klagt.
Bei der zugrunde gelegten Verhaltensannahme wird davon ausgegangen, daß jede Partei unter Inkaufnahme eigener Nutzennachteile daran interessiert ist, den monetären Nutzen des jeweiligen Kontrahenten zu verringern. Um jedoch eine entsprechende ökonomische Analyse vornehmen zu können, bedarf es einer weiteren Annahme über das jeweilige Parteiverhalten, wenn tatsächlich ein Zivilprozeßverfahren droht.
Im weiteren wird davon ausgegangen, daß der Anspruchgegner den Anspruch in Anerkenntnisbereich anerkennt und der Anspruchsteller im Stillhaltebereich auf die Klage verzichtet. Die Inkonsistenz der Verhaltensannahmen - Anerkennung im Anerkenntnisbereich und Klageverzicht im Stillhaltebereich bei gleichzeitig umgekehrter gegnerischen Verhaltensunterstellung - ist in der Praxis durchaus realistisch, denn Konfliktparteien sind im Rahmen des vorprozessualen Verfahrens nicht selten bestrebt, dem jeweiligen Konfliktgegner den Eindruck zu vermitteln, in bezug auf den Rechtsstreit unabhängig von den Kosten zu agieren. Im übrigen ist eine solche inkonsistente Verhaltensannahme nichts Ungewöhnliches, denn auch die von den Parteien zugrunde gelegten Obsiegenswahrscheinlichkeiten addieren sich gewöhnlich zu einem Wert größer 1 und stellen somit ebenfalls eine Inkonsistenz dar.

2.1.2. Mindestforderung, Höchstangebot und Vergleichsmarge im jeweiligen Vergleichsbereich

Unter Berücksichtigung der Verhaltensannahme zeigt Abb. 14 die Mindestforderung (F_K^{min}) des Anspruchstellers und das Maximalangebot (A_B^{max}) des Anspruchgegners für die jeweiligen Teilbereiche des Vergleichsbereichs.

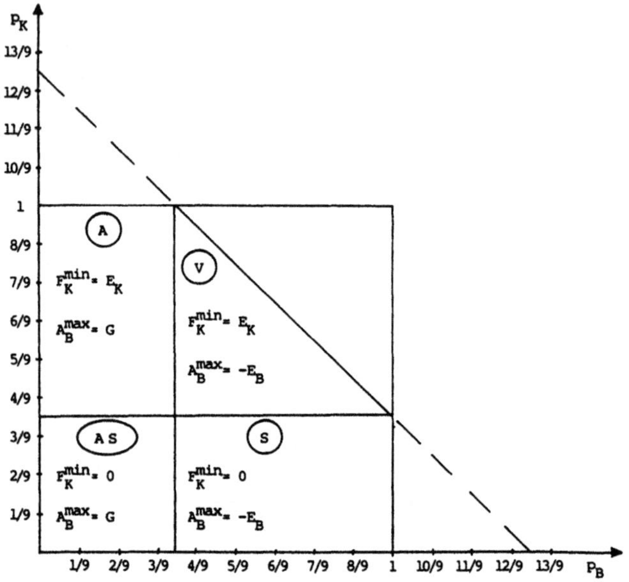

Abb. 14 : Mindestforderung und Maximalangebot der Konfliktparteien in den einzelnen Vergleichsbereichen

Aus der Mindestforderung und dem Höchstangebot der jeweiligen Partei läßt sich formal sehr einfach die Vergleichsmarge bestimmen:

a) Im Vergleichsbereich: $M = - E_B - E_K$

b) Im Anerkenntnisbereich: $M = G - E_K$

c) Im Anerkenntnis- und Stillhaltebereich: $M = G$

d) Im Stillhaltebereich: $M = -E_B$

Durch Einsetzen der entsprechenden Erwartungswertformeln in die jeweilige Margengleichung besteht wiederum die Möglichkeit, die Vergleichsmarge geometrisch darzustellen. Formal gilt:

a) Im Vergleichsbereich

$$M = -[-(1 - p_B)(G + K)] - [p_K(G + K) - K]$$

$$1 = \frac{p_B}{\frac{G + 2K - M}{G + K}} + \frac{p_K}{\frac{G + 2K - M}{G + K}}$$

b) Im Anerkenntnisbereich

$$M = G - [p_K(G + K) - K]$$

$$M = G - p_K(G + K) + K$$

$$p_K(G + K) = G + K - M$$

$$p_K = \frac{G + K - M}{G + K}$$

c) Im Anerkenntnis- und Stillhaltebereich

$$M = G$$

d) Im Stillhaltebereich

$$M = - E_B$$

$$M = (1 - p_B)(G + K)$$

$$p_B(G + K) = G + K - M$$

$$p_B = \frac{G + K - M}{G + K}$$

Die Höhe der Vergleichsmarge, bezogen auf den exemplarischen Rechtsstreit, zeigt Abb. 15 in Form von Isoquanten.

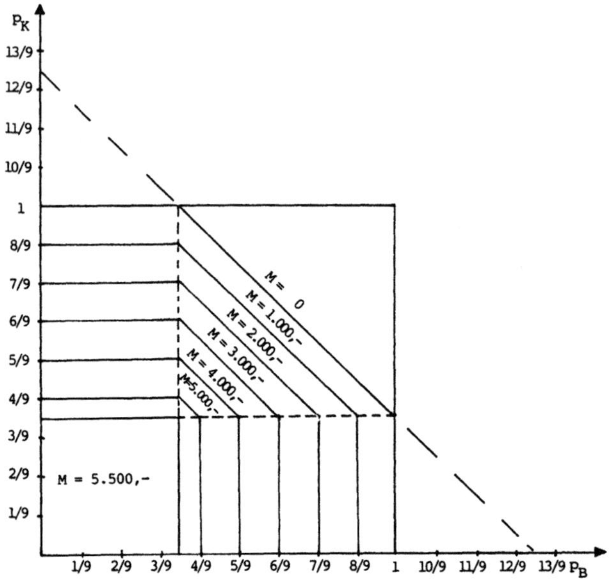

Abb. 15: Vergleichsmarge bei Verhaltensannahme I

2.1.3. Zu leistende Vergleichszahlung

Aus der ermittelten Vergleichsmarge läßt sich die zu leistende Vergleichszahlung ableiten. Es gilt bei einer Aufteilung der Vergleichsmarge, wiederum im Verhältnis 0,5 : 0,5, die Gleichung:

$$Z = F_K^{min} + \frac{M}{2}$$

und für die Teilbereiche des Verhandlungsbereichs:

a) Vergleichsbereich

$$Z = E_K - \frac{E_B + E_K}{2}$$

$$Z = \frac{E_K - E_B}{2}$$

$$Z = \frac{p_K(G + K) - K - [\, -(1 - p_B)(G + K)]}{2}$$

$$2Z = p_K(G + K) - p_B(G + K) + G$$

$$Z = \frac{p_K}{\frac{2Z - G}{G + K}} - \frac{p_B}{\frac{2Z - G}{G + K}}$$

b) Anerkenntnisbereich

$$Z = \frac{G + E_K}{2}$$

$$Z = \frac{G + p_K(G + K) - K}{2}$$

$$p_K = \frac{2Z - G + K}{G + K}$$

c) Anerkenntnis-/Stillhaltebereich

$$Z = \frac{G}{2}$$

d) Stillhaltebereich

$$Z = 0 - \frac{E_B}{2}$$

$$Z = 0 - \left[\frac{-(1 - p_B)(G + K)}{2}\right] = - \left[\frac{-G - K + p_B(G + K)}{2}\right]$$

$$Z = \frac{G + K - p_B(G + K)}{2}$$

$$p_B = \frac{-2Z + G + K}{G + K}$$

Die Höhe der zu leistenden Vergleichszahlung zeigt Abb. 16 in Form von Isoquanten.

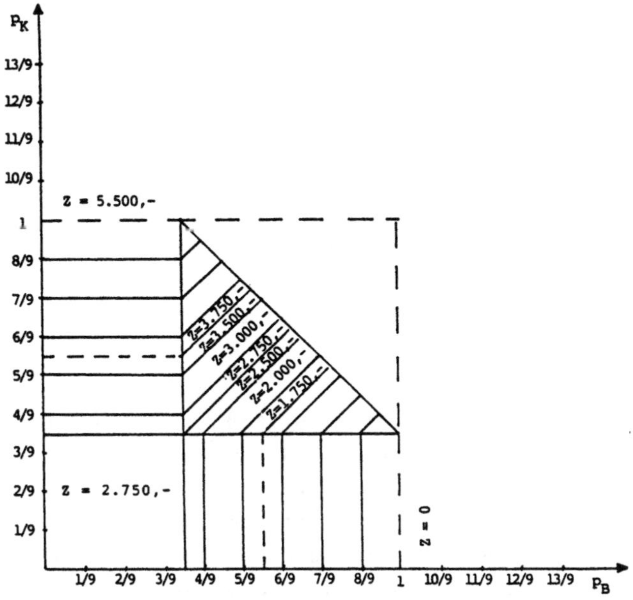

Abb. 16: Höhe der Vergleichszahlung

2.1.4. Ökonomische Durchsetzung des Anspruchs

Aus den ermittelten Vergleichszahlungen resultiert, daß im Bereich $p_K + p_B \leq \frac{G + 2K}{G + K}$ bei Verhaltensannahme I für beide Beteiligte ein Vergleich günstiger ist:

(1) Der Anspruchsteller erzielt durch den Vergleich eine höhere monetäre Leistung als bei gerichtlicher Durchsetzung des Anspruchs und bei entsprechend niedrigen p_K-Werten einen höheren Wert als beim Stillhalten. Bei einer unterstellten Obsiegenswahrscheinlichkeit von z.B. $p_K = 5/9$ erzielt der Anspruchsteller im Bereich $p_B \leq \frac{G}{G + K}$ durch einen Vergleich einen Betrag in Höhe von DM 3.500 und bei gerichtlicher Durchsetzung des Anspruchs lediglich einen Betrag in Höhe von DM 1.500.

(2) Auch der Anspruchgegner hat bei einem Vergleich eine geringere Zahlung als bei gerichtlicher Durchsetzung des Anspruchs zu leisten. Eine unterstellte Obsiegenswahrscheinlichkeit von z.B. $p_B = 5/9$ hat im Bereich $p_K \leq \frac{G}{G + K}$ zur Folge, daß der Anspruchgegner bei gerichtlicher Durchsetzung des Anspruchs einen Betrag in Höhe von DM 4.000 und bei einem Vergleich einen Betrag in Höhe von DM 2.000 zu leisten hat; im Anerkenntnisbereich ergibt sich für den Fall $p_B \leq 3{,}5/9$ ein Betrag in Höhe von DM 5.500 und bei einem Vergleich ein Betrag in Höhe von DM 2.750.

Von ökonomischer Bedeutung ist des weiteren, daß bei der unterstellten Reaktionsannahme kein strukturelles Ungleichgewicht zwischen den Parteien besteht; die Isoquanten der Vergleichsmarge und Vergleichszahlung sind zur Nebendiagonalen symmetrisch. Auch dort, wo sich Anerkenntnis- und Stillhaltebereich überschneiden, tritt kein besonderes Ungleichgewicht ein, sondern nur ein Verhandeln über das Aufteilungsverhältnis der Vergleichsmarge.
Im Hinblick auf den Anerkenntnis- und Stillhaltebereich ist es für die Parteien aus ökonomischen Gesichtspunkten also sinnvoll, den in bezug auf Verhaltensannahme I bestehenden Pessimismus in eine Vergleichsbereitschaft umzuwandeln, da ein Vergleich zu einer moderateren Lösung führt als Anerkenntnis oder Stillhalten.

2.2. Verhaltensannahme II

2.2.1. Festlegung

Als Verhaltensannahme II gilt: Der Anspruchsteller vertritt die Ansicht, daß der Anspruchgegner den Anspruch im Anerkenntnisbereich anerkennt, und der Anspruchgegner ist der Meinung, daß der Anspruchsteller im Stillhaltebereich stillhält.

Bei der zugrunde gelegten Verhaltensannahme gehen beide Parteien von der Annahme aus, daß der jeweilige Konfliktgegner grundsätzlich an der eigenen Nutzenerhöhung interessiert ist und nicht daran, den Nutzen des Kontrahenten unter Inkaufnahme eigener Nutzennachteile zu minimieren.

Verhaltensannahme II läßt eine relativ friedlich verlaufende Klärung des Rechtsstreits vermuten, doch besteht aufgrund der identischen Parteien-Zielsetzung ein Optimierungsproblem, d.h. wie die Parteien den mit einer bestimmten Wahrscheinlichkeit eintretenden Fall nutzenmaximierend ausnutzen, damit der jeweilige Kontrahent im Anerkenntnisbereich den Anspruch anerkennt bzw. im Stillhaltebereich auf eine gerichtliche Durchsetzung des Anspruchs verzichtet. Zur Lösung des Optimierungsproblems wird im folgenden von zwei unterschiedlichen Z-Funktionen ausgegangen:

* Z^V-Funktion = Zahlung des Anspruchgegners an den Anspruchsteller im Rahmen eines Vergleichs; die Annahme der Aufteilung der Vergleichsmarge im Verhältnis 0,5 : 0,5 bleibt bestehen

* Z^P-Funktion = Erwartete Zahlung des Anspruchgegners an den Anspruchsteller bei gerichtlicher Entscheidung des Streitfalls

Diese Funktionen sind aus der Sicht des Anspruchstellers von p_B und aus der Sicht des Anspruchgegners von p_K abhängig.
Bevor auf die Anerkenntnisbereitschaft des Anspruchgegners und die Stillhaltebereitschaft des Anspruchstellers eingegangen wird, soll zunächst anhand eines Grundmodells die Z^V- und Z^P-Funktion aus Sicht der jeweiligen Konfliktpartei dargestellt werden.

2.2.2. Darstellung der Z^V- und Z^P-Funktion aus Sicht des Anspruchstellers

Das Grundmodell für die Z^V- und Z^P-Funktion aus Sicht des Anspruchstellers ergibt sich, wenn durch die Z^V- und Z^P-Funktion, die im $Z/p_K/p_B$-Koordinatensystem eingebettet ist, ein Schnitt für ein bestimmtes p_K* gelegt wird. In Abb. 17 wird von einer Obsiegenswahrscheinlichkeit von p_K* = 5/9 und einem Streitwert in Höhe von DM 5.500 ausgegangen:

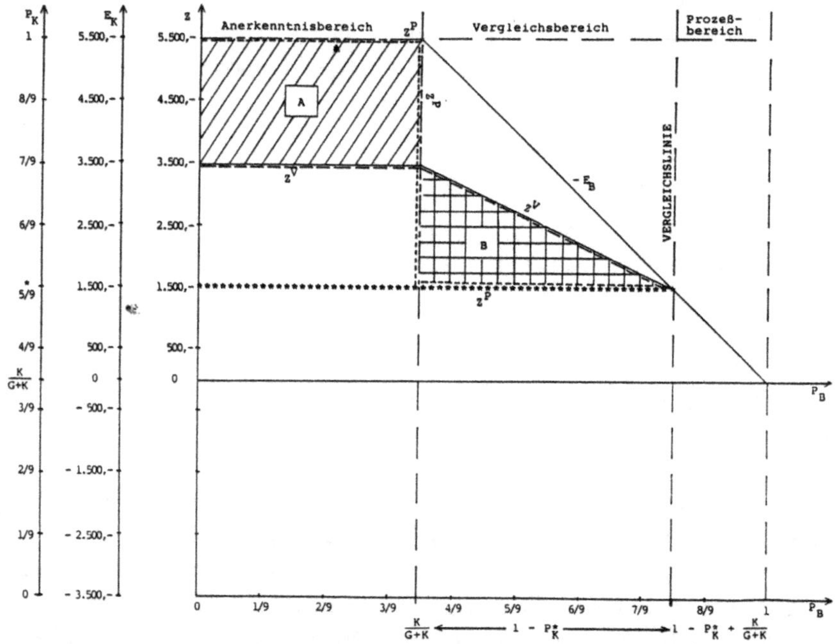

Abb. 17: Z^V- und Z^P-Funktion des Anspruchstellers bei einer angenommenen Obsiegenswahrscheinlichkeit von p_K* = 5/9

Die Z^V- und Z^P- Funktionen kommen wie folgt zustande:

(a) Der Funktionsverlauf der positiv gesetzten **Erwartungswerte des Anspruchgegners** ($- E_B$) ist unabhängig von dem gewählten p_K*; er beginnt im Punkt $p_K = 1$, $p_B = 0$ mit dem Anerkenntnisbetrag G bzw. DM 5.500, hat im Punkt $p_B = \frac{K}{G + K}$ bzw. $\frac{3,5}{9}$ einen Knick und fällt dann linear bis zum Punkt $p_B = 1$, $Z = 0$.

(b) Die angenommene Obsiegenswahrscheinlichkeit $p_K* = 5/9$ definiert zugleich den **Erwartungswert des Anspruchstellers** $E_K* = 1.500$, eine Parallele zur Abszisse. Im Punkt $p_B = 1 - p_K* + \frac{K}{G + K} = \frac{7,5}{9}$ bzw. $E_K = 1.500$ schneidet die Erwartungswertfunktion des Anspruchstellers die des Anspruchgegners; in diesem Punkt sind folglich die Erwartungswerte der Konfliktparteien identisch. Durch den Schnittpunkt der Erwartungswertfunktionen wird gleichzeitig die Vergleichslinie bestimmt; links zur Vergleichslinie liegt der Vergleichsbereich, rechts der Prozeßbereich.

(c) Die **Z^P-Funktion** hat im Anerkenntnisbereich, sofern das Kriterium $\frac{3,5}{9} = \frac{K}{G + K} \leq p_K* \leq 1$ erfüllt ist, den Wert $G = 5.500$ und springt im Vergleichsbereich auf den Erwartungswert des Klägers.

(d) Die **Z^V-Funktion** nimmt im Bereich $p_B \leq \frac{K}{G + K}$ und einer Aufteilung der Vergleichsmarge im Verhältnis 0,5:0,5 den Wert $\frac{G + E_K*}{2}$ an und im Vergleichsbereich bis zur Vergleichslinie den Wert $\frac{E_K* - E_B}{2}$.

(e) Der Ordinatenwert der schraffierten Fläche A (DM 2.000) ist der Betrag, den der Anspruchsteller aufgrund der Androhung des Zivilprozesses und der daraus resultierenden gegnerischen Anerkennung des Anspruchs mehr erzielt als bei einem Vergleich.

(f) Der Ordinatenwert der schraffierten Fläche B ist der Betrag, den der Anspruchsteller aufgrund der gerichtlichen Durchsetzung des Anspruchs in Relation zu dem möglich gewesenen Vergleich einbüßt.

In Abb. 17 ist ein p_K* Wert aus dem Bereich $\frac{K}{G+K} \leq p_K^* \leq 1$ verwendet worden; ein p_K* Wert aus dem Bereich $0 \leq \frac{K}{G+K}$ verändert den Verlauf der Z^V- und Z^P-Funktion nicht:

* Die Z^P-Funktion nimmt im Anerkenntnisbereich den Wert G an und springt im Punkt $p_K = \frac{K}{G+K}$ auf $E_K^* = 0$, d.h., außerhalb des Anerkenntnisbereichs ist es für den Anspruchsteller wegen der zu erstattenden Prozeßkosten sinnvoll, auf eine gerichtliche Durchsetzung des Anspruchs zu verzichten.

* Die Z^V-Funktion nimmt im Bereich $p_B \leq \frac{K}{G+K}$ den Wert $\frac{G}{2}$ an und außerhalb des Bereichs bis zum Punkt $p_B = 1$ (Vergleichslinie) den Wert $-\frac{E_B}{2}$.

2.2.3. Darstellung der Z^V- und Z^P-Funktion aus Sicht des Anspruchgegners

Das Grundmodell für den Anspruchgegner läßt sich analog zu dem des Anspruchstellers entwickeln. Für $p_B^* = 5/9$ ergeben sich die in Abb. 18 dargestellten Z^V- und Z^P-Funktionen.

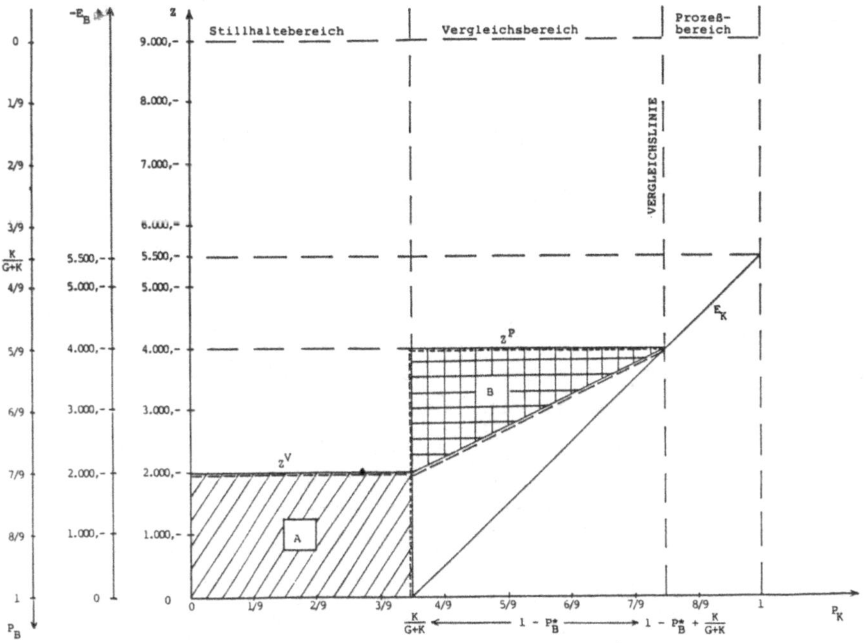

Abb. 18: z^V- und z^P-Funktion des Anspruchgegners bei einer angenommenen Obsiegenswahrscheinlichkeit von $p_B^* = 5/9$

Auf eine Erläuterung des Modells wird, da weitgehend mit den Ausführungen zu dem Modell des Anspruchstellers identisch, verzichtet.

2.2.4. Informationsannahmen zur Lösung des Optimierungsproblems

Zur Lösung des Optimierungsproblems, Klärung des Streitfalls unter Berücksichtigung der beiderseitigen Zielsetzung der Nutzenmaximierung, bedarf es einer weiteren Informationsannahme; der Annahme, mit welcher Wahrscheinlichkeit der jeweilige Kontrahent glaubt, im konkreten Streitfall im Anerkenntnis-, Stillhalte-, Vergleichs- oder Prozeßbereich zu liegen. Im weiteren wird von zwei unterschiedlichen Informationsannahmen ausgegangen.

2.2.4.1. Einschätzung der gegnerischen Obsiegenswahrscheinlichkeit mit der Regel von Laplace

Fehlende Informationen der Parteien über die jeweilige gegnerische Selbsteinschätzung der Obsiegenswahrscheinlichkeit lassen die Annahme zu, daß jede mögliche Obsiegenswahrscheinlichkeit des Kontrahenten als gleich wahrscheinlich unterstellt wird. Diese Unterstellung, als Laplace Regel bekannt,[8] hat zur Folge, daß die Fläche des schraffierten Rechtecks A (Abb. 17 und Abb. 18) den Erwartungswert des Anerkennungsvorteils darstellt. Analog entspricht die schraffierte Fläche des Dreiecks B dem Erwartungswert des Prozeßnachteils.
Aus den Erwartungswerten des Anerkenntnisvorteils und des Prozeßnachteils läßt sich ableiten: Solange die Fläche des Rechtecks A größer ist als die Fläche des Dreiecks B, ist die Einleitung und gegebenenfalls die Durchführung des Prozesses günstiger als ein vorprozessualer Vergleich. Es gilt formal:

$$\text{Fläche A} \geq \text{Fläche B}$$

$$\frac{G - E_K^*}{2} \cdot \frac{K}{G + K} \geq \frac{1}{2} \cdot \frac{G - E_K^*}{2} (1 - p_K^*)$$

$$p_K^* \geq 1 - 2 \frac{K}{G + K}$$

8) Vgl. statt aller MENGES (1974), S. 181 f.

Entsprechendes gilt für den Beklagten:

Fläche A $\geq$ Fläche B

$$\frac{-E_B^*}{2} \cdot \frac{K}{G + K} \geq -\frac{1}{2} \cdot \frac{E_B^*}{2} (1 - p_B^*)$$

$$p_B^* \geq 1 - 2 \frac{K}{G + K}$$

Nach der Regel von Laplace ist es, sofern $p_K \geq 1 - 2 \frac{K}{G + K} = \frac{2}{9}$ oder $p_B \geq 1 - 2 \frac{K}{G + K} = \frac{2}{9}$ erfüllt ist, aus ökonomischen Gesichtspunkten also sinnvoll, den Rechtsstreit in Form eines Zivilprozesses klären zu lassen. Bei Nichterfüllung der Bedingung und der Maßgabe, daß weder der Anspruchsteller noch der Anspruchgegner eine Obsiegenswahrscheinlichkeit von größer $1 - 2 \frac{K}{G + K}$ zugrunde legt, ist ein außergerichtlicher Vergleich geboten.
Aus dem gewonnenen Ergebnis resultiert, daß der Prozeßbereich zu Lasten des Vergleichsbereichs erheblich vergrößert wird, da Konfliktparteien schon bei relativ kleinen Obsiegenswahrscheinlichkeiten ein gerichtliches Verfahren mit dem Ziel anstreben, den Kläger zum Stillhalten bzw. den Beklagten zur Anerkennung zu bewegen.

2.2.4.2. Subjektive Einschätzung der gegnerischen Obsiegenswahrscheinlichkeit

Das Rechtsstreit-Entscheidungsproblem kann zwar mit Hilfe der Laplace-Regel gelöst werden, doch wird die der Laplace-Regel zugrunde liegende Annahme, jede Wahrscheinlichkeit des Kontrahenten als gleich wahrscheinlich zu unterstellen, der Realität im allgemeinen nicht gerecht. Konfliktparteien haben in der Regel, nicht zuletzt wegen des vorprozessualen Einigungsversuchs, eine annähernde Vorstellung über die Selbsteinschätzung des

Kontrahenten. Diese subjektive Einschätzung kann sehr einfach in das entwickelte Modell (Abb. 17) integriert werden. Aus Vereinfachungsgründen wird im weiteren der mit dem Dreieck B gemessene Prozeßnachteil durch ein entsprechend großes Rechteck ersetzt. Diese Umgestaltung zeigt Abb. 19 aus Sicht des Anspruchstellers:

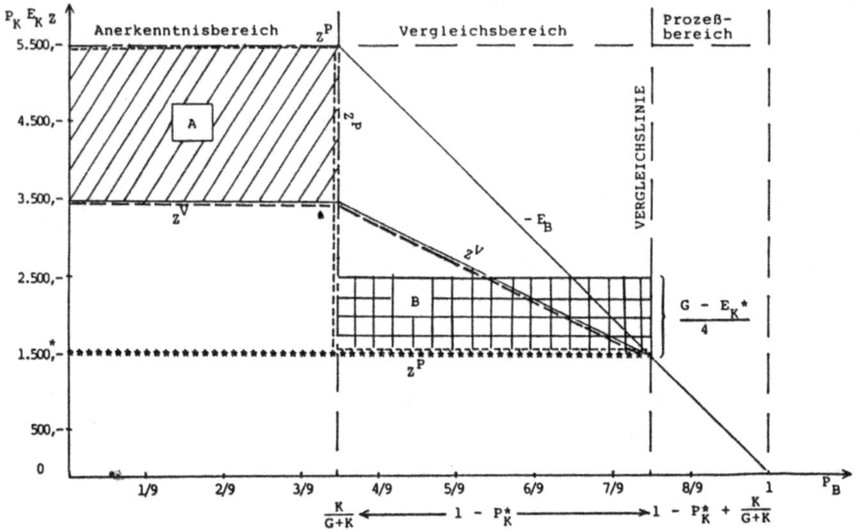

Abb. 19: Umgestaltung des Dreiecks B in ein gleichgroßes Rechteck

Zur Lösung des Rechtsstreit-Entscheidungsproblems besteht für den Anspruchsteller grundsätzlich folgende Aufgabe:[9]

(1) Bestimmung der eigenen Obsiegenswahrscheinlichkeit p_K*, im gegebenen Fall z.B. 5/9

(2) Festlegung, in welchen Grenzen die Obsiegenswahrscheinlichkeit des Beklagten liegen muß, damit dieser bereit ist, den

9) Diese Aufgabe gilt analog für den Beklagten.

Anspruch anzuerkennen, einen Vergleich zu schließen oder einen Prozeß zu führen; formal ergibt sich für die jeweilige Alternative:

a) Anerkennung (A): $p_B \leq \frac{K}{G + K}$ bzw. $p_B \leq \frac{3,5}{9}$; die Länge des A-Intervalls beträgt $\frac{K}{G + K}$

b) Vergleich (V): $\frac{K}{G + K} \leq p_B \leq 1 - p_K{}^* + \frac{K}{G + K}$ bzw. $\frac{3,5}{9} \leq p_B \leq \frac{7,5}{9}$; die Länge des V-Intervalls beträgt $1 - p_K{}^*$

c) Prozeß (P): $1 - p_K{}^* + \frac{K}{G + K} \leq p_B \leq 1$; $\frac{7,5}{9} \leq p_B \leq 1$ die Länge des P-Intervalls beträgt $p_K{}^* - \frac{K}{G + K}$

(3) Bestimmung von Wahrscheinlichkeiten, die angeben, mit welcher Wahrscheinlichkeit der Anspruchsteller glaubt, daß der Anspruchgegner mit seiner zugrunde gelegten Obsiegenswahrscheinlichkeit im Anerkennungs-, Vergleichs- oder Prozeßintervall liegt; im weiteren mit p_A, p_V, p_P bezeichnet. Im gegebenen Fall bestimmt der Anspruchsteller eine Wahrscheinlichkeit von: $p_A = 0,2$; $p_V = 0,5$; $p_P = 0,3$.

(4) Berechnung der Erwartungswerte für das jeweilige Rechteck unter Berücksichtigung der Wahrscheinlichkeiten p_A und p_V.

Aus den errechneten Erwartungswerten folgt:

Ist der Erwartungswert des Vorteils aus der erzwungenen Anerkennung kleiner als der Erwartungswert des Nachteils aus dem

Prozeß, ist ein Vergleich geboten; es gilt formal:

$$\frac{G - E_K}{2} \cdot p_A < \frac{G - E_K}{4} \cdot p_V$$

und für den exemplarischen Streitfall:

$$\frac{5.500 - 1.500}{2} \cdot 0,2 < \frac{5.500 - 1.500}{4} \cdot 0,5$$

$$400 < 500$$

Ein Vergleich ist also nur dann vorteilhaft, wenn die Wahrscheinlichkeit, mit der die Obsiegenswahrscheinlichkeit des Beklagten im Vergleichsbereich liegt, mindestens doppelt so hoch ist wie die Wahrscheinlichkeit, mit der die Obsiegenswahrscheinlichkeit des Beklagten im Anerkennungsbereich liegt. Daraus folgt, daß ein Vergleich nicht nur durch die Erfüllung der Prozeßbedingung nach Adams verhindert wird, sondern auch durch den Versuch der gewinnmaximierenden Ausnutzung einer eventuell vorliegenden Anerkennungs- bzw. Stillhaltebereitschaft. Die festgelegte Bedingung ersetzt jedoch nicht die Prozeß- und Vergleichsbedingung nach Adams, sondern es handelt sich um eine Bedingung, die zusätzlich einzuhalten ist, wenn ein Vergleich zustande kommen soll.

Abb. 20 zeigt eine p_K*/p_B* Kombination mit den entsprechenden Wahrscheinlichkeiten p_A, p_S, p_V und p_P bei der die Vergleichsbedingung nach Adams erfüllt ist, nicht aber die neu festgelegte Bedingung. Abb. 21 stellt einen Fall dar, der zwar unter dem Gesichtspunkt von Anerkennung und Stillhalten zum Vergleich führen würde, nicht aber nach der Prozeßbedingung nach Adams.

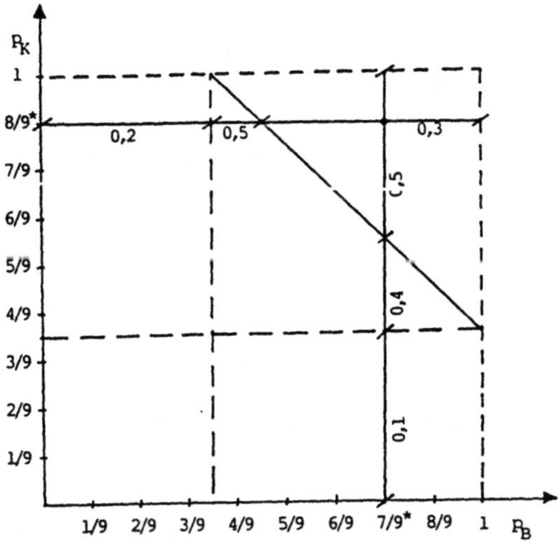

Abb. 20: Ausnutzung der Anerkennungs- bzw. Stillhaltebereitschaft verhindern Adams'schen Vergleich

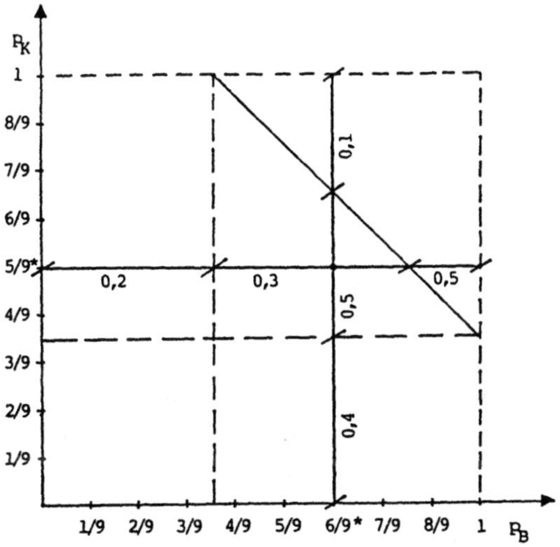

Abb. 21: Erfüllung der Adams'schen Prozeßbedingung; Vergleich unter Anerkennungs- und Stillhaltegesichtspunkten möglich

V. Einflußfaktoren auf das entwickelte Entscheidungsmodell

Das Modell von Adams erweist sich erstaunlicherweise als so allgemein, daß es im weiteren möglich ist, die Wirkung folgender Sonderfälle auf den Prozeß- und Vergleichsbereich zu untersuchen:[1)]

- Unterschiedliche Beurteilung des Streitgegenstandes
- Ein- oder zweiseitige Prozeßkostenbefreiungen
- Kostenerstattung
- Gerichtliche Verfahrensdauer
- Inanspruchnahme außergerichtlicher Institutionen

Diese Sonderfälle zeichnen sich alle dadurch aus, daß sie G oder K für eine oder für beide Parteien verändern. Die Wirkung dieser Sonderfälle läßt sich daher leicht ableiten aus

- den Achsenabschnitten der Vergleichslinie: $\frac{G + 2K}{G + K}$
- den Achsenabschnitten des Anerkenntnis- bzw. Stillhaltebereichs: $\frac{K}{G + K}$

1. Divergierende Beurteilung des Streitgegenstandes

Im Entscheidungsmodell wird davon ausgegangen, daß der Streitgegenstand für beide Parteien den gleichen "Wert" aufweist. Diese Annahme ist in bezug auf die Höhe des monetären Betrages korrekt, jedoch kann der Streitsache von den Parteien unterschiedliche Bedeutung beigemessen werden. Speziell in Musterprozessen wird die Bedeutung der Streitsache deutlich; neben Erhalt des monetären Betrages besteht das zusätzliche Interesse an einer gerichtlichen Klärung der Rechtslage, um in vergleichbaren Streitfällen entsprechend der gerichtlichen Entscheidung agieren zu können.

---

1) Vgl. zu den Einflußfaktoren auch ADAMS (1981), S. 32 ff.

Beurteilungsasymmetrien haben zur Folge, daß sich bei einer höheren Bewertung des Streitgegenstandes durch den Anspruchsteller beide o.g. Achsenabschnitte verringern, d.h., der Stillhaltebereich wird kleiner, und der Prozeßbereich wird größer. Entsprechendes gilt, wenn der Anspruchgegner G höher als nominal bewertet.

2. Prozeßkostenbelastung

Je höher ceteris paribus die Prozeßkosten desto kleiner ist der Prozeßbereich und umgekehrt (Abb. 10). Eine ein- oder zweiseitige Prozeßkostenbefreiung der Parteien, hervorgerufen durch Rechtsschutzversicherungen, oder eine teilweise Prozeßkostenbefreiung, hervorgerufen durch die eventuelle steuerliche Geltendmachung von Prozeßkosten oder Gewährung von Prozeßkostenhilfe, haben eine Vergrößerung des Prozeßbereichs zur Folge. Mit einer Verringerung der Kosten geht natürlich auch eine Verkleinerung des Anerkenntnis- bzw. Stillhaltebereichs einher.

3. Kostenerstattung

Nach § 91 ZPO hat die unterliegende Partei der obsiegenden die zur Rechtsverfolgung oder Rechtsverteidigung notwendigen Kosten zu erstatten.[2] Immaterielle Nutzenverluste, wie z.B. der mit dem Rechtsstreit verbundene Ärger, und bestimmte materielle Nutzenverluste des Obsiegenden, wie Vertretungskosten durch den hauseigenen Juristen oder Zeitverlust, der über dem pauschal entschädigten Zeitaufwand liegt, bleiben nach § 91 ZPO von der Erstattung ausgeschlossen. Eine solche Nichterstattung kann als Erhöhung von K interpretiert werden. Der Anerkenntnis- bzw. Stillhaltebereich wird größer, der Prozeßbereich wird kleiner.

---

2) Vgl. zu den erstattungsfähigen Kosten Gliederungspunkt B.IV.3. dieser Arbeit.

4. Gerichtliche Verfahrensdauer

In der Prozeßpraxis sind die in § 246 BGB und § 352 HGB festgelegten Prozentsätze für Verzugszinsen in der Regel nicht hinreichend, um dem Kläger einen vollen Ersatz seiner durch die lange Prozeßdauer (Tab. 38) verursachten Opportunitätskosten zu gewähren. Diese Zinsverluste vermindern G. Der Stillhaltebereich wird größer, der Prozeßbereich wird kleiner. Dieser Vergrößerung des Vergleichsbereichs wirkt jedoch der eventuell bestehende Verzögerungsgewinn des Anspruchgegners prozeßtreibend entgegen.
Neben dem Aspekt der Prozeßzinsen bewirkt die lange Prozeßdauer (Tab. 38) vorwiegend bei Privatpersonen auch eine gewisse Prozeßmüdigkeit, d.h., im Zeitablauf sinkt der Erwartungswert des Prozesses mit der Folge eines erhöhten Zahlungsangebots des Beklagten und einer verminderten Mindestforderung des Klägers; es kommt zu einer Vergrößerung des Vergleichsbereichs.

	Landgerichte		Oberlandesgerichte	
	Bei den insgesamt erledigten Verfahren ab ersten Eingang in der ersten Instanz 96.910	Bei den durch streitiges Urtei erledigten Verfahren ab ersten Eingang in der ersten Instanz 54.160	Bei den insgesamt erledigten Verfahren ab ersten Eingang in der ersten Instanz 59.744	Bei den durch streitiges Urteil erledigten Verfahren ab ersten Eingang in der ersten Instanz 27.868
Gesamtdauer des Verfahrens				
bis 1 Jahr	43.704 (45,1%)	21.009 (38,8%)	14.704 (24,6%)	4.469 (16,0%)
1 - 2 Jahre	42.829 (44,2%)	26.493 (48,9%)	27.312 (45,7%)	13.658 (49,0%)
2 - 3 Jahre	8.260 (8,5%)	5.320 (9,8%)	10.867 (18,2%)	6.001 (21,5%)
3 - 4 Jahre	1.565 (1,6%)	1.000 (1,8%)	3.797 (6,3%)	2.078 (7,5%)
4 - 5 Jahre	374 (0,4%)	243 (0,5%)	1.589 (2,7%)	877 (3,2%)
über 5 Jahre	178 (0,2%)	95 (0,2%)	1.505 (2,5%)	785 (2,8%)
ø Gesamtdauer je Verfahren in Monaten	14,8	15,8	21,7	23,6

Tab. 38: Durchschnittliche Gesamtdauer eines Zivilprozeßverfahrens

5. Inanspruchnahme außergerichtlicher Institutionen

Die zeitliche Ausdehnung gerichtlicher Verfahren, die relativ hohen Gerichts- und Anwaltskosten und die oftmals für einen Nichtjuristen undurchschaubare gerichtliche Verfahrensform mit einer oft schwer verständlichen Fachsprache haben dazu geführt, vermehrt nach Möglichkeiten einer außergerichtlichen Streitbeilegung zu suchen. Durch außergerichtliche Einigungsversuche kann in vielen Fällen der Rechtsfriede dauerhafter wiederhergestellt werden als bei gerichtlichen Verfahren, da im Gegensatz zum Urteil die außergerichtliche Einigung von der Zustimmung und dem inneren Willen der Parteien getragen wird.[3]
Außergerichtliche Einigungen werden insbesondere durch Schiedsstellen gefördert, denn das Entscheidungsgremium der Schiedsstelle fungiert in erster Linie als schlichtender Vermittler. Positiv zu beurteilen ist des weiteren, daß für die Inanspruchnahme der Schiedsstelle keine bzw. nur geringe Gebühren erhoben werden, das Schiedsstellenverfahren nicht an die Verfahrensvoraussetzungen der ZPO gebunden ist, das Verfahren wegen des fehlenden Instanzenzuges und der fachkundigen Zusammensetzung der Schiedsstellenkommission relativ schnell abgeschlossen ist, Rechtsanwaltskosten entfallen und, sofern eine gütliche Einigung zwischen den Konfliktparteien scheitert, auch nach erlassenem Schiedsspruch der ordentliche Rechtsweg beschritten werden kann.

Die nicht anfallenden Prozeß- und Rechtsanwaltskosten bei Inanspruchnahme von Schiedsstellen führen grundsätzlich zu einer Verringerung des Vergleichsbereichs und zu einem Wegfall des Anerkenntnis- und Stillhaltebereichs. Die Vergleichslinie verschiebt sich auf die Hauptdiagonale des Wahrscheinlichkeitsquadrats (Abb. 22).

---

3) Vgl. HECK (1984), S. 121

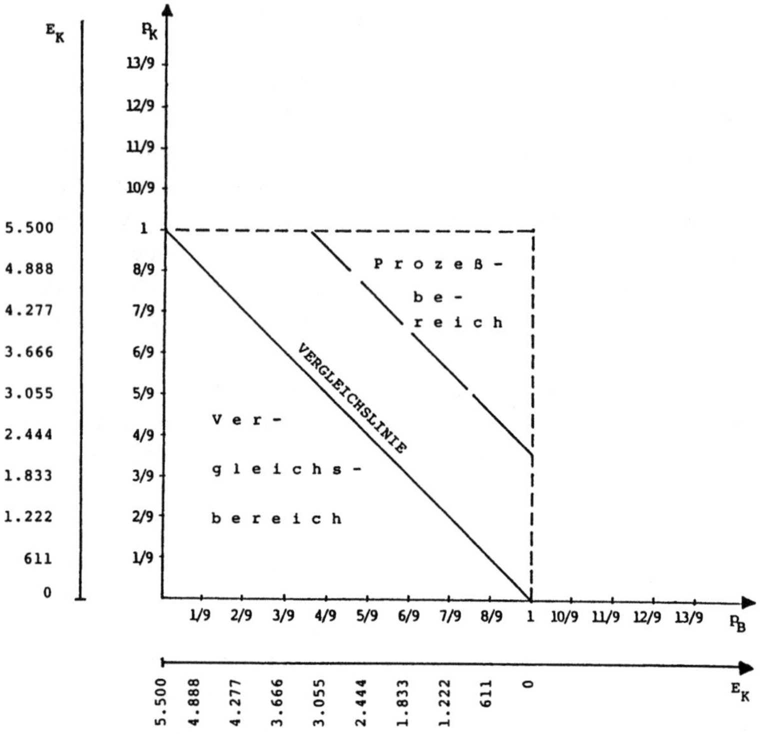

Abb. 22: Vergleichsbereich und Erwartungswerte der Parteien bei Inanspruchnahme einer Schiedsstelle

In Abhängigkeit von den zugrunde gelegten Obsiegenswahrscheinlichkeiten ergeben sich folgende Möglichkeiten:

(1) Liegt die Summe der Obsiegenswahrscheinlichkeiten der Parteien auf der Vergleichslinie, gilt also $p_K + p_B = 1$, sind die Erwartungswerte der Parteien konsistent. Der Anspruchgegner ist bereit, den geforderten Betrag zu leisten.

(2) Liegt die Obsiegenswahrscheinlichkeit unterhalb der Vergleichslinie im Bereich $p_K + p_B < 1$, bestehen zur Konfliktlösung zwei Möglichkeiten. Der Rechtsstreit kann, da die Mindestforderung des Anspruchstellers geringer als das Höchstangebot des Anspruchgegners ist, mit Zahlung des geforderten Betrages zum Vorteil des Anspruchgegners oder mit Aufteilung der Vergleichsmarge unter den Parteien beendet werden. Im Fall von $p_K = 5/9$ und $p_B = 3/9$ ergibt sich eine zu leistende Zahlung in Höhe von DM 3.055 oder bei Aufteilung der Vergleichsmarge im Verhältnis 0,5 : 0,5 eine Vergleichszahlung in Höhe von DM 3.360,50.

(3) Ist die Summe der Obsiegenswahrscheinlichkeiten größer als 1, dann kommt es in der Regel zum Schiedsspruch. Die im Schiedsspruch zugesprochenen Obsiegenswahrscheinlichkeiten werden mit $p_K{*}$ und $p_B{*}$ bezeichnet, wobei notwendigerweise gilt $p_K{*} + p_B{*} = 1$.

Im weiteren stellt sich die Frage, unter welchen Voraussetzungen der Schiedsspruch stabil ist, d.h., die Parteien nicht veranlaßt, ein gerichtliches Verfahren einzuleiten.

a) Das ist der Fall, wenn dem Anspruchsteller von der Schiedsstelle mindestens der Betrag zugesprochen wird, den er in einem Prozeß erwartet. Es muß also gelten:

$$p_K{*}G \geq p_K G - (1 - p_K)K$$

Die Ungleichung wird im weiteren nach p_K aufgelöst.

$$p_K{*}G \geq p_K G - K + p_K K$$

$$p_K{*}G \geq p_K(G + K) - K$$

$$-p_K(G + K) \geq - p_K{*}G - K$$

$$p_K \leq p_K{*} \frac{G}{G + K} + \frac{K}{G + K}$$

$$p_K \leq p_K{*}\left[1 - \frac{K}{G + K}\right] + \frac{K}{G + K}$$

$$p_K \leq p_K{*} + \frac{K}{G + K} (1 - p_K{*})$$

$$p_K \leq pK{*} + \frac{K}{G + K} p_B{*} \qquad (1)$$

b) Des weiteren muß gelten, daß der Anspruchgegner höchstens so viel zahlen muß wie bei einem Prozeß:

$$(1 - p_B{*})G \leq (1 - p_B)(G + K)$$

$$p_K{*}G \leq G + K - p_B(G + K)$$

$$p_B(G + K) \leq G + K - p_K{*}G$$

$$p_B \leq 1 - p_K{*} \frac{G}{G + K}$$

$$p_B \leq p_K{*} + p_B{*} - p_K{*} \frac{G}{G + K}$$

$$p_B \leq p_B{*} + p_K{*}(1 - \frac{G}{G + K})$$

$$p_B \leq p_B{*} + \frac{K}{G + K} p_K{*} \qquad (2)$$

Wenn es also im Anschluß an einen Schiedsspruch nicht zu einem Zivilprozeß kommen soll, dann muß der Punkt der zu erwartenden

Obsiegenswahrscheinlichkeiten in einem Gebiet liegen, das durch (1) und (2) beschränkt wird:

- Die Obsiegenswahrscheinlichkeit des Anspruchstellers (p_K) muß kleiner/gleich sein dem Obsiegensprozentsatz des Schiedsspruchs (p_K*) und dem p_B*-fachen von $\frac{K}{G + K}$

- Die Obsiegenswahrscheinlichkeit des Anspruchgegners (p_B) muß kleiner/gleich sein dem Obsiegensprozentsatz des Schiedsspruchs (p_B*) und dem p_K*-fachen von $\frac{K}{G + K}$

Es stellt sich die Frage, wie man diese Restriktion konstruieren kann.
Ausgehend vom Punkt p_K*/p_B* wächst die Restriktion für p_K um das (p_B* $\frac{K}{G + K}$)-fache, und die Restriktion p_B wächst um das (p_K* $\frac{K}{G + K}$ -fache. Der Schnittpunkt dieser beiden Restriktionen liegt also ausgehend vom Punkt p_K*/p_B* auf einem Vektor mit der Steigung $\frac{p_K*}{p_B*}$.

Der Vektor endet, wenn gilt:

$$p_KG - (1 - p_K)K \leq p_K{*}G \leq G + K - p_B(G + K)$$

$$p_KG + p_KK - K = G + K - p_B(G + K)$$

$$- G - 2K = - p_K(G + K) - p_B(G + K)$$

$$1 = \frac{p_K}{\frac{G + 2K}{G + K}} + \frac{p_B}{\frac{G + 2K}{G + K}}$$

Das ist die Bedingung für die Vergleichslinie. In Abb. 23 sind die Restriktionen (1) und (2) eingezeichnet.

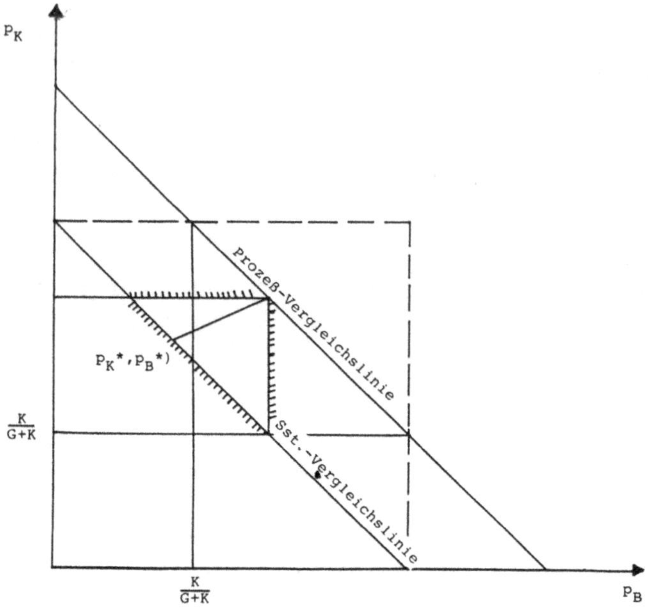

Abb. 23: Restriktionen für das beiderseitige Stillhalten nach einem Schiedsspruch

Liegen die beiderseitigen Obsiegenswahrscheinlichkeiten nach einem Schiedsspruch in dem gestrichelt umrandeten Bereich, dann werden sich die Beteiligten mit dem Schiedsspruch abfinden, andernfalls kommt es zu den klassischen Folgerungen gemäß Adams. Die Befriedung durch ein Schiedsstellenverfahren scheint relativ klein zu sein, dennoch dürfte die Schiedsstelle äußerst befriedend sein, weil in diesem Verfahren die Obsiegenswahrscheinlichkeiten der Parteien im allgemeinen in Richtung auf den Schiedsspruch verändert bzw. beeinflußt werden. Es ist geradezu die Kunst der Schiedsrichter, die Einstellungen der Parteien in dieser Weise zu modifizieren.

VI. Zusammenfassung

Zur institutionellen Austragung ziviler Rechtsstreitigkeiten stehen ordentliche Gerichte, Schiedsgerichte und Schiedsstellen als voneinander unabhängige Rechtsverfolgungsinstitutionen zur Verfügung. Dieser positiv zu beurteilende Freiheitsgrad stellt Rechtsschutzsuchende gleichzeitig vor das Entscheidungsproblem, welcher Rechtsverfolgungsalternative unter rechtlichen und ökonomischen Gesichtspunkten der Vorzug zu geben ist.
Zur Lösung des Entscheidungsproblems kann vorliegende Arbeit nur einen Beitrag leisten, denn die unterschiedliche Rechtslage des Einzelfalls, die Komplexität der Gesetzesvorschriften, die variierenden Verteidigungsargumente des Konfliktgegners und die unterschiedlich zugrunde gelegten Obsiegenswahrscheinlichkeiten der Parteien lassen die Entwicklung eines allgemeingültigen Lösungskonzepts scheitern. Um zur Lösung des Entscheidungsproblems beizutragen, wurde in vorliegender Untersuchung der Versuch unternommen, die notwendigen rechtlichen Voraussetzungen zur erfolgreichen Durchsetzung eines Rechtsanspruchs aufzuzeigen sowie ökonomische Entscheidungsregeln aufzustellen, die in ihrer Gesamtheit und unter individueller Berücksichtigung der Gegebenheiten des einzelnen Streitfalls eine Entscheidungshilfe bei der Auswahl der entsprechenden Rechtsverfolgungsalternative bieten.

Die Ergebnisse der Arbeit werden abschließend kurz skizziert:

(1) Die Anrufung eines ordentlichen Gerichts ist wegen der relativ hohen Prozeßkosten, insbesondere bei geringen Streitwerten, mit einem hohen Kostenrisiko verbunden; die notwendigen Aufwendungen zur Prozeßführung werden dem Kläger nur im Fall eines klagezusprechenden Sachurteils erstattet, dem Beklagten nur im Fall eines klageabweisenden Prozeß- oder Sachurteils (§ 91 ZPO). Das Wissen, unter welchen rechtlichen Voraussetzungen ein entsprechendes Urteil ergeht, reduziert nicht nur das Kosten- und Erfolgsrisiko eines Pro-

zesses, sondern kann unter Umständen auch dazu führen, die Anstrebung eines Zivilprozeßverfahrens zu unterlassen oder das Verfahren durch entsprechende Prozeßhandlungen der Parteien vor richterlichem Urteilsspruch zu beenden.

Zur erfolgreichen Durchsetzung des Rechtsanspruchs muß der Kläger eine zulässige und schlüssige Klage nachweisen, während der Beklagte, um ein klageabweisendes Prozeß- oder Sachurteil zu erreichen, das Vorliegen einer solchen Klage anzweifeln oder bestreiten wird. Vor Inanspruchnahme eines ordentlichen Gerichts sind wegen des Erfolgs- und Kostenrisikos also folgende Punkte zu klären: Rechtliche Voraussetzungen an eine zulässige und schlüssige Klageschrift, mögliche Verteidigungsstrategie des Beklagten in bezug auf den geltend gemachten Anspruch, einzuhaltende Verfahrensvorschriften eines Zivilprozesses sowie Art und Höhe der anfallenden Prozeßkosten. Hilfestellung zur diesbezüglichen Klärung bieten die Ausführungen im ersten juristischen Teil der vorliegenden Untersuchung. In diesem wird auch das Mahnverfahren dargestellt, eine besondere Verfahrensart des Zivilprozesses, das bei unstreitigen Forderungen auf einfachere, schnellere und kostengünstigere Art die Erlangung eines Vollstreckungstitels ermöglicht.

(2) Die Austragung ziviler Rechtsstreitigkeiten vor Schiedsstellen ist im Gegensatz zu ordentlichen Gerichten auf wenige, in der jeweiligen Geschäfts- und Verfahrensordnung festgelegte zivile Rechtsstreitigkeiten begrenzt. Die Begrenzung liegt in der Institution begründet. Schiedsstellen sind nicht vom Staat errichtete Rechtsverfolgungsinstitutionen, sondern von Handwerksorganisationen errichtete Schlichtungsstellen, für deren Inanspruchnahme keine oder nur sehr geringe Gebühren erhoben werden.
Primäres Ziel des Entscheidungsgremiums der Schiedsstelle ist es, eine gütliche Einigung unter den Konfliktparteien zu erreichen. Erst nach gescheitertem Einigungsversuch wird über den Rechtsstreit durch Schiedsspruch entschieden. Bei

Nichtakzeptanz des Schiedsspruchs steht den Parteien das Recht zu, die Klärung des Rechtsstreits einem ordentlichen Gericht zu übertragen.
Der Vorteil der Inanspruchnahme einer Schiedsstelle besteht darin, daß ein "neutraler Dritter" mit den Konfliktparteien sachlich über den Streitfall verhandelt und erst nach gescheitertem Einigungsversuch ein Schiedsspruch gefällt wird. Das Entscheidungsgremium der Schiedsstelle übernimmt also in erster Linie eine Aufgabe, zu deren Bewältigung Konfliktparteien nicht in der Lage sind: Sachliche Klärung des Rechtsstreits ohne Entrichtung von Prozeßkosten und ohne Ausschluß des ordentlichen Gerichtsweges.

(3) Ein Vergleich von einzuhaltenden Verfahrensvoraussetzungen und Verfahrensvorschriften bei ordentlichen Gerichten und Schiedsstellen sowie die Höhe der jeweiligen Verfahrenskosten lassen den Schluß zu, daß die Vorteile einer vorprozessualen Einigung gegenüber einer gerichtlichen Entscheidung überwiegen. Eine solche Schlußfolgerung ist jedoch, da die Prozeßentscheidung oder die Entscheidung zur vorprozessualen Einigung immer auch eine betriebswirtschaftliche Entscheidung ist, ohne ökonomische Analyse als betriebswirtschaftliches Ergebnis nicht vertretbar. Im ökonomischen Teil der Untersuchung werden daher klassische betriebswirtschaftliche Entscheidungsregeln unter Risiko dahingehend untersucht, ob mit deren Hilfe die optimale Rechtsverfolgungsalternative ausgewählt werden kann. Die Analyse macht deutlich, daß ein optimales Ergebnis erreicht wird, wenn die Konfliktparteien die Rechtsstreit-Situation identisch beurteilen. Eine identische Beurteilung wird jedoch in der Realität nur in Ausnahmefällen eintreten, denn im allgemeinen addieren sich die zugrunde gelegten Obsiegenswahrscheinlichkeiten der Parteien auf einen Wert, der größer als Eins ist.
Um zu einer Entscheidungsregel zu gelangen, die das Rechtsstreit-Entscheidungsproblem realitätsnäher zum Ausdruck bringt, wird auf das von Adams entwickelte Zivilprozeßmo-

dell Bezug genommen. Aus dem Modell läßt sich ableiten, daß ein außergerichtlicher Vergleich nur dann angestrebt wird, wenn der Erwartungswert des Anspruchstellers kleiner ist als der Erwartungswert des Anspruchgegners ($E_K < - E_B$), ein Prozeß dagegen, wenn die Bedingung $E_K > - E_B$ erfüllt ist. Wegen der Prozeßkosten existiert zwar auch bei inkonsistenten Wahrscheinlichkeiten ($p_B + p_K \geq 1$) noch die Möglichkeit zu einem Vergleich, doch muß die Inkonsistenz auf $p_B + p_K \leq \frac{G + 2K}{G + K}$ limitiert sein.

Nach Adams ist grundsätzlich ein Vergleich geboten, wenn die zugrunde gelegten Obsiegenswahrscheinlichkeiten der Parteien in dem ermittelten Vergleichsbereich liegen. Der Vergleich wird nach Adams durch Aufteilung der Vergleichsmarge unter den Parteien erreicht. Da es aber keine Kriterien für eine gerechte Aufteilung der Vergleichsmarge gibt, entscheidend ist das Geschick bei der Verhandlungsführung, ist das Modell insoweit instabil, d.h., auch wenn die Obsiegenswahrscheinlichkeiten im Vergleichsbereich liegen, kann wegen überzogener Verhandlungsführung ein Zivilprozeßverfahren angestrebt werden. Die Instabilität wird verstärkt durch zwei weitere Handlungsalternativen, das Anerkenntnis des geltend gemachten Anspruchs seitens des Anspruchgegners und das Stillhalten seitens des Anspruchstellers.

(4) Aus einer Weiterentwicklung des Adams'schen Modells ergibt sich, daß bei einer Obsiegenswahrscheinlichkeit von $p_B \leq \frac{K}{G + K}$ die Anerkennung des Anspruchs und bei $p_K \leq \frac{K}{G + K}$ die Nichtdurchführung des Zivilprozesses unter ökonomischen Gesichtspunkten sinnvoll ist, d.h., ein außergerichtlicher Vergleich ist nur noch in dem um den Anerkenntnis- und Stillhaltebreich verminderten Vergleichsbereich geboten. Um auch im Anerkenntnis- bzw. Stillhaltebereich zu einer Konfliktlösung zu gelangen, müssen die Konfliktparteien von bestimmten Verhaltensannahmen ausgehen. Der Annahme, ob der Anspruchsteller/Anspruchgegner bei einer angenommenen Ob-

siegenswahrscheinlichkeit von p_K bzw. $p_B \leq \frac{K}{G + K}$ anerkennen bzw. stillhalten wird oder nicht. Abhängig von dem Parteiverhalten und der zugrunde gelegten Obsiegenswahrscheinlichkeit gelangt man zu dem Ergebnis, daß ein Vergleich für den Anspruchsteller nur dann vorteilhaft ist, wenn die Wahrscheinlichkeit, mit der die Obsiegenswahrscheinlichkeit des Beklagten im Vergleichsbereich liegt, mindestens doppelt so hoch ist wie die Wahrscheinlichkeit, mit der die Obsiegenswahrscheinlichkeit des Beklagten im Anerkennungsbereich liegt. Entsprechendes ergibt sich aus der Sicht des Beklagten. Daraus folgt, daß ein Vergleich nicht nur durch die Erfüllung der Prozeßbedingung nach Adams verhindert wird, sondern auch durch den Versuch der gewinnmaximierenden Ausnutzung einer eventuell vorliegenden Anerkennungs- bzw. Stillhaltebereitschaft.

(5) Jeder Modellbildung ist eigen, sich auf das Wesentliche zu konzentrieren. Einflußfaktoren auf das entwickelte Entscheidungsmodell, insbesondere die Inanspruchnahme von außergerichtlichen Institutionen, werden im letzten Teil der ökonomischen Untersuchung analysiert. Die Einflußfaktoren zeichnen sich alle dadurch aus, daß sie den Streitwert oder die Prozeßkosten für eine oder für beide Parteien verändern.
Die nicht anfallenden Prozeß- und Rechtsanwaltskosten bei Inanspruchnahme einer Schiedsstelle führen grundsätzlich zu einer Verringerung des Vergleichsbereichs und zu einem Wegfall des Anerkenntnis- und Stillhaltebereichs. Der ermittelte Bereich, in welchem die Parteien bei einer Obsiegenswahrscheinlichkeit von $p_B + p_K \geq 1$ den Schiedsspruch akzeptieren, scheint gering. Dennoch dürfte die Schiedsstelle äußerst befriedend sein, weil in diesem Verfahren die Obsiegenswahrscheinlichkeiten der Parteien im allgemeinen in Richtung auf den Schiedsspruch verändert bzw. beeinflußt werden. Es ist geradezu die Kunst der Schiedsrichter, die Einstellungen der Parteien in dieser Weise zu modifizieren.

Anlage I

BADEN-WÜRTTEMBERG

Schiedsstelle der Innung
des Kfz-Handwerks
Rheinstraße 146
7570 Baden-Baden
Tel (07221) 53830

Schiedsstelle für das
Kfz-Handwerk
Bismarckallee 6
7800 Freiburg/Breisgau
Tel. (0761) 36473-75

Schiedsstelle für das
Kfz-Handwerk
Schellengasse 2
7100 Heilbronn a. N.
Tel. (07131) 85971

Schiedsstelle für das
Kfz-Handwerk
Ebertstraße 16a
7500 Karlsruhe
Tel. (0721) 386664

Schiedsstelle für das
Kfz-Handwerk
Palmstraße 6
7850 Lorrach
Tel. (07621) 2639

Schiedsstelle fur das
Kfz-Handwerk im
Handwerkskammerbezirk
Mannheim
Industriestraße 2
6800 Mannheim
Tel. (0621) 25857

Schiedsstelle fur das
Kfz-Handwerk
Wasserstraße 17
7600 Offenburg
Tel. (0781) 25786

Schiedsstelle fur das
Kfz-Handwerk Region
Nordschwarzwald
Zerrennerstraße 47
7530 Pforzheim
Tel. (07231) 13140

Schiedsstelle fur das
Kfz-Handwerk
Burgplatz 1
7410 Reutlingen
Tel. (07121) 241230

Schiedsstelle fur das
Kfz-Handwerk
Adenauerstraße 1
7768 Stockach 1
Tel. (07771) 7857

Schiedsstelle fur das
Kfz-Handwerk Stuttgart
Lombacher Straße 22
7000 Stuttgart 80
(Vaihingen)
Tel. (0711) 734078-79

Schiedsstelle für das
Kfz-Handwerk im
Handwerkskammerbezirk
Ulm
– Geschaftsstelle –
Postfach 1821
7950 Biberach
Tel (07351) 7861

BAYERN

Schiedsstelle für das
Kfz-Handwerk Schwaben
Robert-Bosch-Straße 1
8900 Augsburg
Tel. (0821) 76035

Schiedsstelle für das
Kfz-Handwerk Oberfranken
Friedrichstraße 19
8580 Bayreuth
Tel. (0921) 66037

Schiedsstelle für das
Kfz-Handwerk
Alte Regensburger Straße 11
8300 Landshut
Tel. (0871) 75005

Schiedsstelle für das
Kfz-Handwerk
Munchen/Obb.
Goethestraße 17
8000 Munchen 2
Tel (089) 594491

Schiedsstelle für das
Kfz-Handwerk Mittelfranken
Hermannstraße 21
8500 Nurnberg
Tel. (0911) 658040

Schiedsstelle für das
Kfz-Handwerk
Ludwigstraße 6
8400 Regensburg
Tel. (0941) 55485

Schiedsstelle für das
Kfz-Handwerk Unterfranken
Plattnerstraße 4
8700 Würzburg
Tel. (0931) 56466

BERLIN

Schiedsstelle für das
Kfz-Handwerk
Selerweg 15
1000 Berlin 41
Tel. (030) 7915062

BREMEN

Schlichtungsstelle des
Kfz-Handwerks
Benningsenstraße 2–6
2800 Bremen
Tel. (0421) 4994-0

Schiedsstelle für das
Kfz-Handwerk
Columbusstraße 6
2850 Bremerhaven
Tel. (0471) 185-32

HAMBURG

Schlichtungsstelle des
Kfz-Handwerks
Amsinckstraße 39
2000 Hamburg 1
Tel. (040) 2399256

HESSEN

Schiedsstelle für das
Kfz-Handwerk
Reuterallee 71
6100 Darmstadt-Eberstadt
Tel. (06151) 53400

Schiedsstelle für das
Kfz-Gewerbe
Heerstraße 149
6000 Frankfurt/Main 90
Tel. (069) 762091

Schiedsstelle für das
Kfz-Handwerk
Rhabanusstraße 33
6400 Fulda
Tel. (0661) 74082

Schiedsstelle für das
Kfz-Handwerk
Scheidemannplatz 2
3500 Kassel
Tel. (0561) 13280

Schiedsstelle für das
Kfz-Handwerk
Seibertstraße 4
6330 Wetzlar
Tel. (06441) 42567

Schiedsstelle für das
Kfz-Handwerk
Umgehungsstraße 1
3550 Marburg 7
Tel. (06421) 43066

Schiedsstelle für das
Kfz-Handwerk
Otto-Schengenpflug-Str. 16
6050 Offenbach-Bieber
Tel. (0611) 893066

Schiedsstelle für das
Kfz-Handwerk
Rheinstraße 36
Postfach 3768
6200 Wiesbaden 1
Tel. (06121) 372095

Schiedsstelle für das
Kfz-Handwerk Oberhessen
Goethestraße 32
6300 Gießen
Tel. (0641) 77082

NIEDERSACHSEN

Schlichtungsstelle für das
Kfz-Handwerk Ostfriesland
Straße des Handwerks 2
2960 Aurich 1
Tel. (04941) 3157

Schiedsstelle für das
Kfz-Handwerk
Braunschweig
– Geschäftsstelle Peine –
Kantstraße 33
3150 Peine
Tel. (05171) 16844

Schiedsstelle für das
Kfz-Handwerk
Reinhäuser Landstraße 9
3400 Göttingen
Tel. (0551) 75071/72

Schiedsstelle Hannover
– Geschäftsstelle –
Tiestestraße 18
3000 Hannover 1
Tel. (0511) 854287

Schiedsstelle Hildesheim
– Geschaftsstelle Peine –
Kantstraße 33
3150 Peine
Tel. (05171) 16844

Schiedsstelle Emsland
– Geschaftsstelle –
Bögenstraße 7
4450 Lingen
Tel. (0591) 3516-5253

Schlichtungsstelle fur das
Kfz-Handwerk
Friedenstraße 6
2120 Luneburg
Tel. (04131) 7120

Schlichtungsstele des
Oldenburgischen
Kfz-Handwerks
Theaterwall 32
2900 Oldenburg/Old.
Tel. (0441) 232-213

Schiedsstelle des
Kfz-Handwerks
Kokschе Straße 32
4500 Osnabruck
Tel. (0541) 54555

Schlichtungsstelle für das
Kfz-Handwerk
Im Neuwerk 19
2160 Stade
Tel. (04141) 61074

Anschriften der Schiedsstellen des Kraftfahrzeug-Handwerks

NORDRHEIN-WESTFALEN

Schiedsstelle für das
Kfz-Handwerk
Heinrichsallee 72
5100 Aachen
Tel. (0241) 509060

Schiedsstelle für das
Kfz-Handwerk Arnsberg
Goethestraße 38
5760 Arnsberg 1
Tel. (02932) 21088

Schiedsstelle der Innung
des Kfz-Handwerks
Bergheim
Kölner Straße 2
5020 Frechen
Tel. (02234) 52222

Schiedsstelle der
Innungen des Kfz-
Handwerks Bielefeld
Gütersloh, Herford,
Lübbecke und Minden
Hans-Sachs-Straße 2
4800 Bielefeld 1
Tel. (0521) 5800925

Schiedsstelle für das
Kfz-Handwerk Bochum
Bruckstraße 70
4630 Bochum
Tel. (0234) 13018-19

Schiedsstelle für das
Kfz-Handwerk
Spessartstraße 48–50
5300 Bonn 1
Tel. (0228) 631826

Schiedsstelle für das
Kfz-Handwerk
Gladbecker Straße 24
4250 Bottrop
Tel. (02041) 23044

Schiedsstelle bei der
Innung des Kfz- und
Mechaniker-Handwerks
Lippe – Sitz Detmold
Paulinenstraße 36
4930 Detmold
Tel. (05231) 22896-97

Schiedsstelle bei der
Innung des Kfz-Handwerks
Dortmund + Lunen
Reinoldistraße 7–9
4600 Dortmund 1
Tel. (0231) 5493-170

Schiedsstelle für das
Kfz-Handwerk
Dusseldorfer Straße 166
4100 Duisburg 1
Tel. (0203) 660005 .

Schiedsstelle für das
Kfz-Handwerk
Schützenstraße 14
5160 Düren
Tel. (02421) 14071

Schiedsstelle für das
Kfz-Handwerk
Klosterstraße 73
4000 Düsseldorf
Tel. (0211) 357065

Schiedsstelle für das
Kfz-Handwerk
Katzenbruchstraße 71
4300 Essen 1
Tel. (0201) 31891-96

Schiedsstelle für das
Kfz-Handwerk
Euskirchen/Schleiden
Eichendorffstraße 44–46
5350 Euskirchen
Tel. (02251) 61018

Schiedsstelle für das
Kfz-Handwerk
Gabelsbergerstraße 13
4650 Gelsenkirchen
Tel. (0209) 21451-52

Schiedsstelle für das
Kfz-Handwerk
Hochstraße 45
5800 Hagen
Tel. (02331) 15078-79

Schiedsstelle für das
Kfz-Handwerk
Karlstraße 15
5860 Iserlohn
Tel. (02371) 22745-46

Schiedsstelle für das
Kfz-Handwerk
Baierstraße 4
5170 Julich
Tel. (02461) 55339

Schiedsstelle der Innung
des Kfz-Handwerks Koln
Frankenwerft 35
5000 Koln 1
Tel. (0221) 233101

Schiedsstelle der Innung
des Kfz-Handwerks
Krefeld
Westwall 122
4150 Krefeld 1
Tel. (02151) 339183

Schiedsstelle des
Kfz-Handwerks
Rhein-Wupper/Leverkusen
Opladener Platz 5
5090 Leverkusen
Tel. (02171) 45461

Schiedsstelle des
Kfz-Handwerks
Sauerfelder Straße 10
5888 Lüdenscheid
Tel. (02351) 3536

Schiedsstelle für das
Kfz-Handwerk
Meschede/Brilon
Stiftsplatz 6
5778 Meschede
Meschede Tel. (0291) 6054
Brilon Tel. (0291) 1940

Schiedsstelle der
Kfz-Innung Mettmann
Am Rathaus 1–3
4020 Mettmann
Tel. (02104) 75028

Schiedsstelle des
Kfz-Handwerks Moers,
Geldern, Kleve und Wesel
Wilhelm-Schroeder-Str. 7
4130 Moers 1
Tel. (02841) 29061

Schiedsstelle des
Kfz-Handwerks
Pescherstraße 111–115
4050 Monchengladbach 1
Tel. (02161) 4690

Schiedsstelle des
Kfz-Handwerks Mulheim-
Ruhr/Oberhausen
Zunftmeisterstraße 26
4330 Mülheim/Ruhr
Tel. (0208) 470051-52

Schiedsstelle des
Kfz-Handwerks
Weseler Straße 4
4400 Munster/Westf.
Tel. (0251) 40037

Schiedsstelle des
Kfz-Handwerks
Oberstraße 18–24
4040 Neuss
Tel. (02101) 22702

Schiedsstelle der Innung
des Kfz-Handwerks
Paderborn
Waldenburger Straße 19
4790 Paderborn
Tel. (05251) 7941

Schiedsstelle der Innung
des Kfz-Handwerks
Recklinghausen
Dortmunder Straße 18
4350 Recklinghausen
Tel. (02361) 41021

Schiedsstelle fur das
Kfz-Handwerk
Siegen/Olpe/Wittgenstein
Fürst-Johann-Moritz-Str. 3
5900 Siegen 1
Tel. (0271) 5806-86

Schiedsstelle fur das
Kfz-Handwerk
Wilhelmstraße 74
5200 Siegburg
Tel. (02241) 65021

Schiedsstelle bei der
Innung des
Kfz-Handwerks
Soest-Lippstadt
Postfach 305
Warburger Straße 3
4770 Soest
Tel. (02921) 16038

Schiedsstelle fur das
Kfz-Handwerk der Stadte
Remscheid und Solingen
Heinestraße 5
Postfach 100666
5650 Solingen 1
Tel. (02122) 24061

Schiedsstelle für das
Kfz-Handwerk
Theodor-Heuss-Platz 5–7
Postfach 100447
4060 Viersen 1
Tel. (02162) 3707-11

Schiedsstelle der Innung
Ennepe-Ruhr
Kurt-Schuhmacher-Str. 18
5810 Witten
Tel. (02302) 81016

RHEINLAND-PFALZ

Schiedsstelle fur das Kfz-
Handwerk Nahe-Hunsruck
Rudesheimer Straße 34
6550 Bad Kreuznach
Tel. (0671) 2249

Schiedsstelle Pfalzisches
Kraftfahrzeuggewerbe
Mannheimer Straße 132
6750 Kaiserslautern
Tel. (0631) 42686

Schiedsstelle für das
Kfz-Handwerk
Hoevelstraße 19
5400 Koblenz
Tel. (0261) 41053

Schiedsstelle für das Kfz-
Handwerk Rheinhessen
Göttelmannstraße 1
6500 Mainz
Tel. (06131) 24900

Schiedsstelle fur das
Kfz-Handwerk
Rhein-Lahn-Westerwald
Schloßstraße 80
Postfach 1708
5450 Neuwied
Tel. (02631) 20943

Schiedsstelle fur das
Kfz-Handwerk
Loebstraße 18
5500 Trier
Tel. (0651) 22001

SAARLAND

Gemeinsame
Schiedsstelle fur das
Kfz-Handwerk und den
Gebrauchtwagenhandel
im Saarland
Hindenburgstraße 69
6600 Saarbrucken
Tel. (0681) 53090/99

SCHLESWIG-HOLSTEIN

Schlichtungsstelle
Schleswig-Holstein
Saarbruckenstraße 54
2300 Kiel 1
Tel. (0431) 660236

Anschriften der Schiedsstellen des Kraftfahrzeug-Handwerks

Anlage II

Emblem über die Mitgliedschaft des Kraftfahrzeug-Betriebes in der Innung

Anlage III

Schiedsstellen des Gebrauchtwagenhandels:

Bayern
Schiedsstelle für den
Gebrauchtwagenhandel
Goethestraße 17
8000 München 2

Schiedsstelle für den
Gebrauchtwagenhandel
Hermannstraße 21
8500 Nürnberg 70

Berlin
Schiedsstelle für den
Gebrauchtwagenhandel
Selerweg 15
1000 Berlin 41

Bremen
Schiedsstelle für den
Gebrauchtwagenhandel
Ansgaritorstraße 24
2800 Bremen 1

Hamburg
Schiedsstelle für den
Kraftfahrzeughandel
Billstraße 41
2000 Hamburg 28

Hessen
Schiedsstelle für den
Gebrauchtwagenhandel
Heerstraße 149
6000 Frankfurt 90

Schiedsstelle für den
Gebrauchtwagenhandel
Oberhessen
Goethestraße 32
6300 Gießen

Schiedsstelle für den
Gebrauchtwagenhandel
Scheidemannplatz 2
3500 Kassel

Schiedsstelle für den
Gebrauchtwagenhandel
Umgehungsstraße 2
3550 Marburg-St. Cappel

Schiedsstelle für den
Gebrauchtwagenhandel
In der Reuterallee 71
6100 Darmstadt

Schiedsstelle für den
Gebrauchtwagenhandel
Berliner Straße 252
6050 Offenbach

Schiedsstelle für den
Gebrauchtwagenhandel
Seibertstraße 4
6330 Wetzlar

Niedersachsen
Schiedsstelle für den
Gebrauchtwagenhandel
Schaumburgstraße 18
3000 Hannover 21

Nordbaden-Württemberg
Schiedsstelle für den
Gebrauchtwagenhandel
Lombacher Straße 22
7000 Stuttgart 80

Nordrhein-Westfalen
Schiedsstelle für den
Gebrauchtwagenhandel
Franz-Lohe-Straße 21
5300 Bonn 1

Schiedsstelle für den
Kraftfahrzeughandel
Westfalen
Haumannstraße 18
4600 Dortmund-Marten

Pfalz
Schiedsstelle
Pfälzisches Kfz-Gewerbe
Mannheimer Straße 132
6750 Kaiserslautern

Rheinland
Schiedsstelle Mittelrhein
Hoevelstraße 19
5400 Koblenz

Schiedsstelle Trier
Loebstraße 18
5500 Trier

Schiedsstelle Nahe-Hunsrück
Rüdesheimer Straße 34
6550 Bad Kreuznach

Schiedsstelle Rheinhessen
Ernst-Ludwig-Straße 10
6500 Mainz-Weisenau

Schiedsstelle Rhein-Lahn-Westerwald
Schloßstraße 80
5450 Neuwied

Saarland
Schiedsstelle für den
Gebrauchtwagenhandel
im Saarland
Hindenburgstraße 69
6600 Saarbrücken 6

Schleswig-Holstein
Schiedsstelle für den
Kraftfahrzeughandel
Holtenauerstr. 98
2300 Kiel

Südbaden
Schiedsstelle für den
Kraftfahrzeughandel
Rheinstraße 146
7570 Baden-Baden

Schiedsstelle für den
Kraftfahrzeughandel
Bismarckallee 6
7800 Freiburg

Schiedsstelle für den
Kraftfahrzeughandel
Palmstraße 6
7850 Lörrach

Schiedsstelle für den
Kraftfahrzeughandel
Wasserstraße 17
7600 Offenburg

Schiedsstelle für den
Kraftfahrzeughandel
Konrad-Adenauer-Str. 1
7768 Stockach

Anschriften der Schiedsstellen des Kraftfahrzeug-Handels

Anlage IV

Schiedsstellen der Textilreinigungen

Schiedsstelle für
Textilpflege
p.A. Verbraucherzentrale
Berlin e.V.
Bayreuther Straße 40
1000 Berlin 30
Tel. (030) 240251

Schiedsstelle für
Textilreinigungsrekla-
mationen
p.A. Verbraucherzentrale
des Landes Bremen e.V.
Ansgaritorstr. 3
2800 Bremen 1
Tel. (0421) 318526

Schlichtungsstelle für
Textil- und Reinigungs-
reklamationen
p.A. Verbraucherzentrale
Nordrhein-Westfalen
Mintropstraße 27
4000 Düsseldorf 1
Tel. (0211) 38090

Schiedsstelle für
Textilreinigungsschäden
p. A. Verbraucherzentrale
Hessen e.V.
Berliner Straße 27
6000 Frankfurt/Main 1
Tel. (069) 288231

Schiedsstelle der
Textilreiniger-Innung
p. A. Verbraucherzentrale
Hamburg e.V.
Holstenwall 12
2000 Hamburg 36
Tel. (040) 352794

Schiedsstelle für
Textilreinigungsrekla-
mationen
p.A. Verbraucherzentrale
Niedersachsen e. V.
Georgswall 1
3000 Hannover
Tel. (0511) 326191

Schlichtungsstelle für
Textilreinigung
p.A. Verbraucherzentrale
Kiel e.V.
Bergstraße 24
2300 Kiel
Tel. (0431) 51286/87

Schiedsstelle für
Textilreinigungsreklama-
tionen
p. A. Verbraucherzentrale
Bayern e. V.
Haydnstraße 7
8000 München 2
Tel. (089) 539188/89

Schiedsstelle für
Textilreinigungs-
reklamationen
p. A. Verbraucherberatung
Nürnberg
Albrecht-Dürer-Platz 6
8500 Nürnberg 1
Tel. (0911) 24521

Schiedsstelle für
Textilreinigungsschäden
p. A. Verbraucherzentrale
Baden-Württemberg e.V./
Verbraucherzentrale
Rheinland-Pfalz e.V.
Augustenstraße 6
7000 Stuttgart 1
Tel. (0711) 610923

Anschriften der Schiedsstellen des textilen Reinigungsgewerbes

Literaturverzeichnis

ADAMS, Michael: Ökonomische Analyse des Zivilprozesses, Königstein/Ts. 1981

ADAMS, Michael: Ist die Ökonomie eine imperialistische Wissenschaft ? - Über Nutz und Frommen der ökonomischen Analyse des Rechts -, in: Jura (1984), 7, S. 337 - 349

ARENS, Peter: Zivilprozeßrecht - Erkenntnisverfahren, Zwangsvollstreckung -, 4. überarbeitete Auflage, München 1988

ASSMANN, Heinz-Dieter: Die Transformationsprobleme des Privatrechts und die Ökonomische Analyse des Rechts - Chancen und Grenzen der privatrechtlichen Verwertbarkeit der Ökonomischen Analyse des Rechts -, in: Ökonomische Analyse des Rechts, hrsg. von Heinz-Dieter Assmann, Christian Kirchner, Erich Schanze, Kronberg/Ts. 1978, S. 21 - 74

BAR, Christian von: Internationales Privatrecht, Erster Band, München 1987

BARTELS, Hans G[eorg]: Übungen zur quantitativen Betriebswirtschaftslehre, München 1984

BAMBERG, Günter, Adolf Gerhard COENENBERG: Betriebswirtschaftliche Entscheidungslehre, 5. überarbeitete Auflage, München 1989

BASSENGE, Peter, Gerhard HERBST: Gesetz über die Angelegenheiten der freiwilligen Gerichtsbarkeit, Rechtspflegergesetz, Kommentar, 5. neubearbeitete und erweiterte Auflage, Heidelberg 1990

BAUMBACH, Adolf, Wolfgang LAUTERBACH: Zivilprozeßordnung mit Gerichtsverfassungsgesetz und anderen Nebengesetzen, Kurz-Kommentar, Bd. 1, 48. neubearbeitete Auflage, München 1990

BAUMANN, Jürgen: Grundbegriffe und Verfahrensprinzipien des Zivilprozeßrechts, 2. Auflage, Stuttgart - Berlin - Köln - Mainz 1979

BAUMGÄRTEL, Gottfried: Einführung in das Zivilprozeßrecht, 7. völlig neubearbeitete Auflage, Frankfurt 1986

BAUR, Fritz: Zivilprozeßrecht, 6. Auflage, Neuwied - Frankfurt 1989

BAUR, Fritz, Rolf STÜRNER: Zwangsvollstreckungs-, Konkurs- und Vergleichsrecht, 11. völlig neubearbeitete und erweiterte Auflage, Heidelberg 1983

BENDER, Rolf, Rolf SCHUMACHER: Erfolgsbarrieren vor Gericht - Eine empirische Untersuchung zur Chancengleichheit im Zivilprozeß des Instituts für Rechtstatsachenforschung Stuttgart e.V. -, Tübingen 1980

BERNHARDT, Wolfgang: Zivilprozeßrecht, 3. völlig neubearbeitete Auflage, Berlin 1968

BETTERMANN, Karl August: Die Unabhängigkeit der Gerichte und der gesetzliche Richter, in: Grundrechte, hrsg. von Karl August Bettermann, Hans Carl Nipperdey und Ulrich Scheuner, Bd. 3, 2. Halbband, Berlin 1959, S. 523 - 642

BLANKENBURG, Erhard: Schlichtung und Vermittlung - Alternativen zur Ziviljustiz ?, in ZRP, 15 (1982), 1, S. 6 - 8

BLEUTGE, Peter: Gesetz über die Entschädigung von Zeugen und Sachverständigen, Kommentar, Essen 1987

BLOMEYER, Arwed: Zivilprozeßrecht - Erkenntnisverfahren -, 2. völlig überarbeitete Auflage, Berlin 1985

BÖKEMEIER, Horst: Der Hessische Schiedsmann, hrsg. vom Hessischen Ministerium der Justiz, S. 2 - 8

BORK, Reinhard: Der Begriff der objektiven Schiedsfähigkeit, in: ZZP, (1987), Bd. 100, 3, S. 249 - 272

BRUNNER, Rudolf: Jugendgerichtsgesetz, Kommentar, 8. neubearbeitete und erweiterte Auflage, Berlin - New York 1986

BRUNS, Rudolf: Die Beweisführung im Prozeß, in: Humane Justiz, Die deutschen Landesberichte zum ersten internationalen Kongreß für Zivilprozeßrecht in Genf 1977, hrsg. von Peter Gilles, 1. Auflage, Kronberg/Ts. 1977, S. 137 - 146

BUCHNER, Andreas: Entscheidungsregeln auf dem Prüfstand, Ein Simulationsexperiment, Frankfurt - Bern - New York - Paris 1988

BULL, Hans-Joachim: Prozeßkunst - Führungen durch den Zivilprozeß -, Berlin - Frankfurt 1964

BUMILLER, Ursula, Karl WINKLER: Freiwillige Gerichtsbarkeit - Gesetz über die Angelegenheiten der freiwilligen Gerichtsbarkeit, Kurz-Kommentar, 4. neubearbeitete Auflage, München 1987

BUNDESFACHVERBAND CHEMISCHREINIGUNG-FÄBEREI E.V.: Tips zur Textilpflege von Ihrem Fachmann, Hannover 1979, S. 1 - 49

BUNDESMINISTER DER JUSTIZ: Guter Rat ist nicht teuer - Das Beratungshilfegesetz und das Gesetz über die Prozeßkostenhilfe, 12. Auflage, Köln 1987

CRAUSHAAR, Götz: Zivilprozeß und Zwangsvollstreckung, Stuttgart - Berlin - Köln - Mainz 1979

CUBE, Felix von, Walther HADDING: Recht in unserer Gesellschaft, 2. aktualisierte Auflage, Hannover 1978

DAVIS, Morton, D[avid]: Spieltheorie für Nichtmathematiker, Titel der Originalausgabe: Game Theory - A Nontechnical Introduction, New York - London 1970, Deutsche Übersetzung von Martin RIESE und Edith SCHMUTZER, München - Wien 1972

DEMANT, Bernd, Jörg DOTTERWEICH: Ergebnisse aus einer Umfrage über die Praxis der Schieds- und Schlichtungsstellen, in: Bundesanzeiger, 36 (1984), 237 a, S. 11 - 114

DEUBNER, Karl Günther, Arwed BLOMEYER: Grundprobleme der Erledigung der Hauptsache, in: JS, 2 (1962), 6, S. 205 - 215

DEUTSCHER TEXTILREINIGUNGSVERBAND: Aus der Statistik der Schiedsstellen, in: DTV intern (1989), 7, S. 14 - 15

ERMAN, Walter: Handkommentar zum Bürgerlichen Gesetzbuch, hrsg. von Harm Peter Westermann, 8. neubearbeitete Auflage, Bd. 1, Münster 1973

EYERMANN, Erich, Ludwig FRÖHLER: Handwerksordnung, Kommentar, 3. neubearbeitete Auflage, München 1973

FERSCHL, Franz: Nutzen und Entscheidungstheorie - Einführung in die Logik der Entscheidungen -, Bd. 10, Opladen 1975

FREUND, Herbert: Der gerichtliche Vergleich - Methode rationaler Konfliktlösung oder naive Utopie ? -, in: Deutsche Richterzeitung 59 (1981), S. 221 - 224

FURTNER, Georg: Das Urteil im Zivilprozeß, 5. völlig neubearbeitete Auflage, München 1985

GEROLD, Wilhelm, Herbert SCHMIDT: Bundesgebührenordnung für Rechtsanwälte, Kommentar, 9. neubearbeitete Auflage, München 1987

GLOSSNER, Ottoarndt: Das Schiedsgericht in der Praxis, 2. neubearbeitete und erweiterte Auflage, Heidelberg 1978

GOTTWALD, Walther: Alternativen zum zivilen Justizverfahren, in: ZRP, 15 (1982), 1, S. 28 - 30

GROETSCHEL, Otto: Gebühren bei erledigter Hauptsache, in: NJW, 29 (1976), 43, S. 1971, 1972

GRUNSKY, Wolfgang: Grundlagen des Verfahrensrechts, 2. neubearbeitete Auflage, Bielefeld 1974

GRUNSKY, Wolfgang: Arbeitsgerichtsgesetz, Kommentar, 6. neubearbeitete Auflage, München 1990

HANEL, Erich: Das Beschwerdeverfahren in der Schiedsstelle, in: Autohaus, (1982), 8, S. 2424 - 2426

HARTMANN, Peter: Ein Jahr Vereinfachungsnovelle, in: NJW, 31 (1978), 30, S. 1457 - 1464

HARTMANN, Peter, Jan ALBERS: Kostengesetze, Kommentar, 23. neubearbeitete Auflage, München 1989

HECK, Hans-Joachim: Schieds- und Schlichtungsstellen im Handwerk, in: Bundesanzeiger, 36 (1984), 237 a, S. 121 - 124

HEGENBARTH, Rainer: Neue Köpfe für die alte Hydra ? - Die Entgerichtlichung von Verbraucherstreitigkeiten -, in: Jahrbuch für Rechtssoziologie und Rechtstheorie, hrsg. von Rüdiger Voigt, Bd. 9, Opladen 1983, S. 152 - 171

HEINTZMANN, Walther: Zivilprozeßrecht I - Erkenntnisverfahren erster Instanz und Gerichtsverfassung -, in: Schaeffers Grundriß des Rechts und der Wirtschaft, Bd. 6, Heidelberg 1985

HELDRICH, Andreas: Zivilrecht, in: Einführung in das deutsche Recht, München 1983, S. 43 - 73

HERSTEIN, I., N., John MILNOR: An axiomatic approach to measurable utility, in: Econometrica, 21 (1953), S. 291 - 297

HEYMANN, Ernst: Handelsgesetzbuch, Kommentar, Berlin - New York 1989

JAUERNIG, Othmar: Zwangsvollstreckungs- und Konkursrecht, 18. völlig neubearbeitete Auflage, München 1987

JAUERNIG, Othmar: Zivilprozeßrecht, 22. Auflage, München 1988

KEIDEL, Theodor, Joachim KUNTZE: Freiwillige Gerichtsbarkeit, Handausgabe des Gesetzes über die Angelegenheiten der freiwilligen Gerichtsbarkeit mit Erläuterungen, 12. neubearbeitete Auflage, München 1987

KELLER, Rolf: Die Automation des Mahnverfahrens, in: NJW, 34 (1981), 22, S. 1184 - 1188

KIRCHNER, Christian: Ökonomische Analyse des Rechts: Interdisziplinäre Zusammenarbeit von Ökonomie und Rechtswissenschaft, in: Ökonomische Analyse des Rechts, hrsg. von Heinz-Dieter Assmann, Christian Kirchner, Erich Schanze, Kronberg/Ts. 1978, S. 75 - 91

KISSEL, Otto Rudolf: Gerichtsverfassungsgesetz, Kommentar, München 1981

KOBELT, Andreas: Optimierung der Zivilprozeßentscheidung, unveröffentlicht, Frankfurt 1987

KOHLER, Klaus: Die moderne Praxis des Schiedsgerichtswesens in der Wirtschaft, in: Schriftenreihe des Instituts für Rechtssoziologie und Rechtstatsachenforschung der Freien Universität Berlin, hrsg. von Ernst E. Hirsch, Bd. 8, Berlin 1967, S. 11 - 149

KOKEMOHR, D.: Bindendes Schiedsgutachten der Schiedsstelle für das Kfz-Handwerk, in: NJW, 29 (1976), 21/22, S. 972

KORNBLUM, Udo: Probleme der schiedsrichterlichen Unabhängigkeit, München 1968

KORNDÖRFER, Wolfgang: Unternehmensführungslehre - Einführung, Entscheidungslogik, Soziale Komponenten im Entscheidungsprozeß -, 7. völlig überarbeitete und erweiterte Auflage, Wiesbaden 1989

KROPHOLLER, Jan: Internationales Privatrecht auf der Grundlage des Werkes von Paul Heinrich Neuhaus - Die Grundbegriffe des Internationalen Privatrechts -, Tübingen 1990

KRUSCHWITZ, Lutz: Investitionsrechnung, 2. neubearbeitete und erweiterte Auflage, Berlin - New York 1985

LACKNER, Karl: Strafgesetzbuch mit Erläuterungen, 18. neubearbeitete Auflage, München 1989

LAPPE, Friedrich: Justizkostenrecht, München 1982

LAPPE, Friedrich: Wie teuer ist mein Recht ?, 2. Auflage, München 1987

LARENZ, Karl: Methodenlehre der Rechtswissenschaft, 5. Auflage, Berlin - Heidelberg - New York - Tokio 1983

LAUX, Helmut: Entscheidungstheorie - Grundlagen -, Berlin - Heidelberg - New York 1982

LEIBHOLZ, Gerhard, Hans-Justus RINCK: Grundgesetz für die Bundesrepublik Deutschland, Kommentar an Hand der Rechtsprechung des Bundesverfassungsgerichts, 6. Auflage, Bd. II, Köln 1990

LIEBER, Joachim: Mahnbescheid - Was tun ?, hrsg. vom Hessischen Minister der Justiz, Wiesbaden 1987

LOHMANN, Hans-Wolfgang: Schiedsstellen des Kfz-Handwerks, in: Bundesanzeiger, 36 (1984), 237 a, S. 127, 128

LÖRCHER, Gino: Kein Schiedsspruch ohne Unterschrift des Vorsitzenden ?, in: BB, 43 (1988), 2, S. 78, 79

LUCE, Robert, Duncan, Howard RAIFFA: Games and decisions, introduction and critical survey, New York - London - Sidney 1957

LÜKE, Gerhard: Zur Erledigung der Hauptsache, in: Festschrift für Friedrich Weber zum 70. Geburtstag, hrsg. von Erhard Bökelmann, Wolfram Henckel, Günter Jahr, Berlin - New York 1975, S. 323 - 335

LUHMANN, Niklas: Legitimation durch Verfahren, hrsg. von Heinz Maus, Friedrich Fürstenberg, Neuwied - Berlin 1969

MAG, Wolfgang: Entscheidung und Informationen, 1. Auflage, München 1977

MARKL, Hermann: Gerichtskostengesetz, Kommentar, 2. völlig neubearbeitete Auflage, Berlin - New York 1983

MARSCHAK, Jacob: Rational behavior, uncertain prospects and measurable utility, in: Econometrica, 18 (1950), S. 111 - 141

MAUNZ, Theodor, Günter DÜRIG: Grundgesetz, Kommentar, Bd. IV, München 1990

MAYER, Herbert: Die Automation des gerichtlichen Mahnverfahrens, in: NJW, 36 (1983), 3, S. 92 - 95

MENGER, Christian-Friedrich: Zum Stand der Meinungen über die Unterscheidung von öffentlichem und privatem Recht, in: Fortschritte des Verwaltungsrechts, Festschrift für Hans J[ulius] Wolff zum 75. Geburtstag, hrsg. von Christian-Friedrich Menger, München 1973, S. 149 - 166

MENGES, Günter: Grundmodelle wirtschaftlicher Entscheidungen - Einführung in moderne Entscheidungstheorien unter besonderer Berücksichtigung volks- und betriebswirtschaftlicher Anwendung -, 2. erweiterte Auflage, Düsseldorf 1974

METTENHEIM, Christoph von: Der Grundsatz der Prozeßökonomie im Zivilprozeß, Diss., Berlin 1970

MICKLITZ, Hans W.: Schiedsstellen für Verbraucher bei Textilreinigungsreklamationen, in: Verbraucher Rundschau, hrsg. von der Arbeitsgemeinschaft der Verbraucher e.V. Bonn, (1981), 12, S. 2 - 15

MODEL, Otto, Carl CREIFELDS: Staatsbürger-Taschenbuch, 23. neubearbeitete Auflage, München 1987

MÖSSNER, Jörg Manfred: Die einseitige Erklärung der Erledigung in der Hauptsache, in: NJW, 23 (1970), 5, S. 175 - 179

NEUMANN, John von, Oskar MORGENSTERN: Theory of games and economic behavior, 3. Auflage, Princeton 1953; Deutsche Übersetzung: Spieltheorie und wirtschaftliches Verhalten, übersetzt von M. LEPPIG, Würzburg 1961

OHNE VERFASSERANGABE: Vordruck für den Mahn- und den Vollstrekkungsbescheid

PALANDT und Bearbeiter: Bürgerliches Gesetzbuch, Kommentar, 49. neubearbeitete Auflage, München 1990

PFEUFFER: Rechtsweg für Streit zwischen Wohnungseigentümern, in: MDR, 38 (1984), 11, S. 942

PLETT, Konstanze: Bauschlichtung - eine Alternative wozu ? -, Erste Erkenntnisse aus der Begleitforschung zur Frankfurter Bau-Schlichtungsstelle, in: Bundesanzeiger, 36 (1984), 237 a, S. 153 - 159

POSNER, Richard A.: Recht und Ökonomie - Eine Einführung - , in: Ökonomische Analyse des Rechts, hrsg. von Heinz-Dieter Assmann, Christian Kirchner, Erich Schanze, Kronberg/Ts. 1978, S. 93 - 112

PREIBISCH, Wolfgang: Außergerichtliche Vorverfahren in Streitigkeiten der Zivilgerichtsbarkeit, Diss., Berlin 1982

PRESSE- UND INFORMATIONSAMT DER BUNDESREGIERUNG: Schlichten ist besser als Richten - Beratung und Vermittlung in Streitfällen -, veröffentlicht in der Reihe: Ratschläge und Hinweise, Bonn 1989, S. 43 - 61

RAAPE, Leo, Fritz STURM: Internationales Privatrecht, Bd. I, 6. neubearbeitete Auflage, München 1977

RAIFFA, Howard: Einführung in die Entscheidungstheorie, Titel der Originalausgabe: Decision Analysis, Introductory Lectures on Choises under Uncertainty, Deutsche Übersetzung von Armin MUCHA, München - Wien 1973

RIEDEL, Fritz, Heinrich SUSSBAUER: Bundesgebührenordnung für Rechtsanwälte, Kommentar, 6. neubearbeitete Auflage, München 1988

RIEDEL, H.: Rechtspflegergesetz und Handbuch für Rechtspfleger, Kommentar, 5. Auflage, in völlig neuer Bearbeitung, Wiesbaden 1987

RIMMELSPACHER, Bruno: Notizen der Rechtswegabgrenzung, in: Festschrift für Friedrich Weber zum 70. Geburtstag, hrsg. von Erhard Bökelmann, Wolfram Henckel, Günter Jahr, Berlin - New York 1975, S. 357 - 381

RIMMELSPACHER, Bruno: Öffentliches und privates Interesse als Kriterium der Rechtswegzuständigkeit ?, in: JZ, 30 (1975), 5/6, S. 165, 166

ROEHL, Sabine, Klaus F. ROEHL: Alternativen zur Justiz ?, in: Deutsche Richterzeitung 57 (1979), S. 33 - 38

ROEHL, Wolfgang: Richtspruch oder Kompromiß - Die Beendigung von Arbeitsgerichtsverfahren durch streitiges Urteil und Prozeßvergleich - Ein theoretisches Erklärungsmodell und seine Konfrontation mit empirischen Daten -, Diss., Frankfurt - Bern - New York 1985

RÖHL, Klaus F.: Der Vergleich im Zivilprozeß - Eine Alternative zum Urteil ? -, in : Jahrbuch für Rechtssoziologie und Rechtstheorie, hrsg. von Erhard Blankenburg u.a., Bd. 6, Opladen 1980, S. 279 - 315

ROSENBERG, Leo, Karl Heinz SCHWAB: Zivilprozeßrecht, 14. Auflage, München 1986

ROTTLEUTHNER, Hubert, Magret ROTTLEUTHNER-LUTTER: Die Dauer von Gerichtsverfahren - Evaluation der ZPO-Vereinfachungsnovelle -, 1. Auflage, Baden-Baden 1990

SALGER, Hannskarl: Oberlandesgerichte und Bundesgerichtshof, in: Karlsruher Kommentar zur Strafprozeßordnung und zum Gerichtsverfassungsgesetz, hrsg. von Gerd Pfeiffer, 2. neubearbeitete Auflage, München 1987, S. 1764 - 1798

SCHELLHAMMER, Kurt: Die Arbeitsmethode des Zivilrichters, 10. völlig überarbeitete Auflage, Heidelberg 1990

SCHELLHAMMER, Kurt: Zivilprozeß - Theorie, Praxis, Fälle -, 2. völlig neubearbeitete Auflage, Heidelberg 1984

SCHILKEN, Eberhard: Gerichtsverfassungsrecht, Köln - Berlin - Bonn - München 1990

SCHLOSSER, Peter: Das Recht der internationalen privaten Schiedsgerichtsbarkeit, 2. völlig neubearbeitete Auflage, Tübingen 1989

SCHMIDT-BLEIBTREU, Bruno, Franz KLEIN: Kommentar zum Grundgesetz für die Bundesrepublik, 6. völlig neubearbeitete und erweiterte Auflage, Neuwied - Darmstadt 1983

SCHMIDT, Eike: Der Zweck des Zivilprozesses und seine Ökonomie, Frankfurt/Main 1973

SCHMIDT-RÄNTSCH, Günther, Jürgen SCHMIDT-RÄNTSCH: Deutsches Richtergesetz, 4. neubearbeitete Auflage, München 1988

SCHNEEWEISS, Hans: Entscheidungskriterien bei Risiko, Berlin - Heidelberg - New York 1967

SCHNEEWEISS, Hans: Nutzenaxiomatik und Theorie des Messens, in: Statistische Hefte, 4 (1963), S. 178 - 220

SCHNEIDER, Egon: Die neue Rechtsprechung zum Prozeßkostenhilferecht I, in: MDR, 39 (1985), 6, S. 441 - 445

SCHNEIDER, Egon: Die neue Rechtsprechung zum Prozeßkostenhilferecht II, in: MDR, 39 (1985), 7, S. 529 - 533

SCHNEIDER, Egon: Streitwert-Kommentar für den Zivilprozeß, 8. völlig neubearbeitete Auflage, Frankfurt 1989

SCHÖNKE, Adolf, Kurt KUCHINKE: Zivilprozeßrecht, 9. völlig neubearbeitete Auflage, Karlsruhe 1969

SCHRADER, Siegfried, Karl-Friedrich STEINERT: Zivilprozeß, in: Handbuch der Rechtspraxis, Bd. 1 a, 7. neubearbeitete und erweiterte Auflage, München 1990

SCHWAB, Karl Heinz, Gerhard WALTER: Schiedsgerichtsbarkeit, Systematischer Kommentar zu den Vorschriften der Zivilprozeßordnung, des Arbeitsgerichtsgesetzes, der Staatsverträge und der Kostengesetze über das privatrechtliche Schiedsgerichtsverfahren, 4. völlig neubearbeitete Auflage, München 1990

SCHWYTZ, Ingo: Schiedsklauseln und Schiedsrichtervertrag mit einer Einführung in das schiedsgerichtliche Verfahren, in: Heidelberger Musterverträge, hrsg. von der Verlagsgesellschaft Recht und Wirtschaft mbH, Heft 45, Heidelberg 1976

SIEGER, Albrecht, Hans-Joachim MUSIELAK: Das Recht des Handweks, Kommentar zur Handwerksordnung nebst anderen für das Handwerksrecht bedeutsamen Rechtsvorschriften und Bestimmungen, 2. Auflage, München 1984

SPREMANN, Klaus: Asymmetrische Informationen, in ZfB 60 (1990), 5/6, S. 561 - 586

STATISTISCHES BUNDESAMT: Rechtspflege, Fachserie 10, Reihe 2, Zivilgerichte und Strafgerichte 1988, Wiesbaden 1990

STATISTISCHES BUNDESAMT: Statistisches Jahrbuch für die Bundesrepublik Deutschland, Wiesbaden 1990

STEIN, [Friedrich], [Martin] JONAS: Zivilprozeßordnung, Kommentar, 20. Auflage, Bd. I, Tübingen 1984

STEIN, [Friedrich], [Martin] JONAS: Zivilprozeßordnung, Kommentar, 20. Auflage, Bd. IV, Teilband II, Tübingen 1988

STIFTUNG WARENTEST: Kummer mit den Klauseln, in: test (1987), 11, S. 1022, 1023

STIFTUNG WARENTEST: Freiwillige Selbstkontrolle gegen Nepp und Pfusch, in: test (1970), 6, S. 259 - 261

STIFTUNG WARENTEST: Schlichten besser als richten ?, in: test (1987), 7, S. 624 - 629

STREMPEL, Dieter: Anmerkungen aus rechts- und forschungspolitischer Sicht, in: Bundesanzeiger, 36 (1984), 237 a, S. 115 - 117

STREMPEL, Dieter: Alternativen in der Ziviljustiz - Bericht über Bestandsaufnahme und Forschungsvorhaben des Bundesministers der Justiz, in: Jahrbuch für Rechtssoziologie und Rechtstheorie, hrsg. von Rüdiger Voigt, Bd. 9, Opladen 1983, S. 186 - 195

STRUCK, Gerhard: Der Abschluß des Prozeßvergleichs als Ausbildungsproblem, in: JUS 15 (1975), 12, S. 762 - 768

THOMAS, Heinz, Hans PUTZO: Zivilprozeßordnung, Kommentar, 15. Auflage, München 1987

ULMER, Peter, Hans Erich BRANDNER, u.a.: AGB-Gesetz, Kommentar zum Gesetz zur Regelung des Rechts der Allgemeinen Geschäftsbedingungen, 6. neubearbeitete und erweiterte Auflage, Köln 1989

VOGT, Hans-Egon: Der Zivilprozeß, 8. Auflage, Bad Homburg v.d.H. 1986

WASSERMANN, Rudolf: Der soziale Zivilprozeß - Zur Theorie und Praxis des Zivilprozesses im sozialen Rechtsstaat -, Neuwied - Darmstadt 1978

WEBER, Theodor: Gütliche Beilegung und Verhandlungsstil im Zivilprozeß, in: Deutsche Richterzeitung 56(1978), S. 166 - 169

WIECZOREK, Bernhard: Zivilprozeßordnung und Gerichtsverfassungsgesetz, 2. erweiterte und verbesserte Auflage, Berlin 1966

WOLF, Manfred: Gerichtsverfassungsrecht aller Verfahrenszweige, 6. völlig neubearbeitete Auflage, München 1987

WURM, Carl, Hermann WAGNER: Das Rechtsformularbuch - Praktische Erläuterungen und Muster für das Bürgerliche Recht, Arbeits-, Handels- und Gesellschaftsrecht mit steuer- und kostenrechtlichen Hinweisen, 12. völlig neubearbeitete Auflage, Köln 1989

ZANKL, Peter, Frank ZANKL: Prozeßkostenrisiko-Tabelle, in: BB (1987), 13, Beilage 9, S. 2 - 8

ZEISS, Walter: Zivilprozeßrecht, 7. Auflage, Tübingen 1989

ZENTRALVERBAND DES KFZ-GEWERBES: Das Kfz-Gewerbe 1989 - Zahlen und Fakten -, hrsg. von der Wirtschaftsgesellschaft des Kraftfahrzeuggewerbes mbH, Bonn 1990, S. 2 - 19

ZENTRALVERBAND DES KFZ-GEWERBES: Geschäftsbericht 1977/1978, Stand: 01.04.1978, S. 9 - 87

ZENTRALVERBAND DES KFZ-HANDWERKS: Leitfaden für Öffentlichkeitsarbeit der Schiedsstellen des Kfz-Handwerks, hrsg. von der Wirtschaftsgesellschaft des Kfz-Gewerbes mbH, 1976, S. 1 - 48

Verzeichnis der Gesetze, Richtlinien, Urteile etc.

Arbeitsgerichtsgesetz in der Fassung der Bekanntmachung vom 02.07.1979, BGBl. I, S. 853, ber. S. 1036, zuletzt geändert durch Gesetz zur Änderung des Betriebsverfassungsgesetzes vom 20.12.1988, BGBl. I, S. 2312

Beurkundungsgesetz vom 28.08.1969, BGBl. I, S. 1513, zuletzt geändert durch Gesetz zur Änderung und Ergänzung beurkundungsrechtlicher Vorschriften vom 20.02.1980, BGBl. I, S. 157

Bürgerliches Gesetzbuch vom 18.08.1896, RGBl., S. 195, zuletzt geändert durch das Gesetz zur Verbesserung der Rechtsstellung des Mieters bei Begründung von Wohnungseigentum an vermieteten Wohnungen vom 20.07.1990, BGBl. I, S. 1456

Bundesgebührenordnung für Rechtsanwälte vom 26.07.1957, BGBl. I, S. 907, zuletzt geändert durch das Erste Gesetz zur Änderung des Gesetzes zur Durchführung der Richtlinie des Rates der Europäischen Gemeinschaften vom 22.03.1977 zur Erleichterung der tatsächlichen Ausübung des freien Dienstleistungsverkehrs der Rechtsanwälte vom 14.03.1990, BGBl. I, S. 479

Bundesrechtsanwaltsordnung vom 01.08.1959, BGBl. I, S. 565, zuletzt geändert durch das Gesetz zur Änderung des Berufsrechts der Rechtsanwälte und der Patentanwälte vom 13.12.1989, BGBl. I, S. 2135

Deutsches Richtergesetz in der Fassung der Bekanntmachung vom 19.04.1972, BGBl. I, S. 713, zuletzt geändert durch Gesetz zur Änderung des Arbeitsgerichtsgesetzes und anderer arbeitsrechtlicher Vorschriften vom 26.06.1990, BGBl. I, S. 1206

Einführungsgesetz zum Gerichtsverfassungsgesetz vom 27.01.1877, RGBl., S. 77

Gerichtskostengesetz in der Fassung der Bekanntmachung vom 15.12.1975, BGBl. I, S. 3047, zuletzt geändert durch Gesetz zur Regelung des Geschäftswertes bei land- und forstwirtschaftlichen Betriebsübergaben und zur Änderung sonstiger kostenrechtlicher Vorschriften vom 15.06.1989, BGBl. I, S. 1082

Gerichtsverfassungsgesetz in der Fassung der Bekanntmachung vom 09.05.1975, BGBl. I, S. 1077, zuletzt geändert durch das Gesetz zur Ausführung von Sorgerechtsübereinkommen und zur Änderung des Gesetzes über die Angelegenheiten der freiwilligen Gerichtsbarkeit sowie anderer Gesetze vom 05.04.1990, BGBl. I, S. 701

Gesetz, betreffend die Einführung der Zivilprozeßordnung vom 30.01.1877, RGBl., S. 244, zuletzt geändert durch das Gesetz zur Vereinfachung und Beschleunigung gerichtlicher Verfahren (Vereinfachungsnovelle) vom 03.12.1976, BGBl. I, S. 3281

Gesetz gegen den unlauteren Wettbewerb vom 07.06.1909, RGBl., S. 499, zuletzt geändert durch Gesetz zur Stärkung des Schutzes des geistigen Eigentums und zur Bekämpfung der Produktpiraterie vom 07.03.1990, BGBl. I, S. 422

Gesetz gegen Wettbewerbsbeschränkungen vom 27.07.1957, BGBl. I, S. 1081, in der Fassung der Bekanntmachung vom 20.02.1990, BGBl. I, S. 235

Gesetz über das Wohnungseigentum und das Dauerwohnrecht (Wohnungseigentumsgesetz) vom 15.03.1951, BGBl. I, S. 175, ber. S. 209, zuletzt geändert durch das Steuerbereinigungsgesetz vom 14.12.1984, BGBl. I, S. 1493

Gesetz über den Widerruf von Haustürgeschäften und ähnlichen Geschäften vom 16.01.1986, BGBl. I, S. 122

Gesetz über die Angelegenheiten der freiwilligen Gerichtsbarkeit vom 17.05.1898, RGBl., S. 189, in der Fassung der Bekanntmachung vom 20.05.1898, RGBl., S. 771, zuletzt geändert durch Gesetz zur Neuordnung des Kinder- und Jugendhilferechts vom 26.06.1990, BGBl. I, S. 1163

Gesetz über die Entschädigung von Zeugen und Sachverständigen in der Bekanntmachung vom 01.10.1969, BGBl. I., S. 1756, zuletzt geändert durch Gesetz zur Neustrukturierung des Post- und Fernmeldewesens und der Deutschen Bundespost vom 08.06.1989, BGBl. I, S. 1026

Gesetz über die Zwangsversteigerung und die Zwangsverwaltung in der Fassung der Bekanntmachung vom 20.05.1898, RGBl., S. 713, zuletzt geändert durch Gesetz zur Änderung unterhaltsrechtlicher, verfahrensrechtlicher und anderer Vorschriften vom 20.02.1986, BGBl. I, S. 301

Gesetz zur Regelung der Miethöhe vom 18.12.1974, BGBl. I, S. 3603, 3604, zuletzt geändert durch das Gesetz zur Erhöhung des Angebots an Mietwohnungen vom 20.12.1982, BGBl. I, S. 1912

Gesetz zur Regelung des Rechts der Allgemeinen Geschäftsbedingungen (AGB-Gesetz) vom 09.12.1976, BGBl. I, S. 3317, zuletzt geändert durch das Poststrukturgesetz vom 08.06.1989, BGBl. I., S. 1026

Grundgesetz für die Bundesrepublik Deutschland vom 23.05.1949, BGBl., S. 1, zuletzt geändert durch das Fünfunddreißigste Gesetz zur Änderung des Grundgesetzes (Artikel 21 Abs.1) vom 21.12.1983, BGBl. I, S. 1481

Grundsätze des anwaltlichen Standesrechts; Richtlinien gemäß § 177 Abs.2 Nr.2 BRAO, festgestellt von der Bundesrechtsanwaltskammer am 21.06.1973, Stand: 01.08.1977

Handelsgesetzbuch vom 10.05.1987, RGBl., S. 219, zuletzt geändert durch Gesetz zur Durchführung der EG-Richtlinie zur Koordinierung des Rechts der Handelsvertreter vom 23.10.1989, BGBl. I, S. 1910

Jugendgerichtsgesetz in der Fassung der Bekanntmachung vom 11.12.1974, BGBl. I., S. 3427, zuletzt geändert durch das Gesetz zur Änderung des Gesetzes zur Neuordnung des Kinder- und Jugendhilferechts vom 26.06.1990, BGBl. I, S. 1163

Justizbeitreibungsordnung vom 11.03.1937, RGBl. I, S. 298, zuletzt geändert durch Gesetz zur Änderung des Gesetzes über Ordnungswidrigkeiten, des Straßenverkehrsgesetzes und anderer Gesetze vom 07.07.1986, BGBl. I, S. 977

Patentgesetz in der Fassung der Bekanntmachung vom 16.12.1980, BGBl. 1981 I, S. 1, zuletzt geändert durch das Gesetz zur Stärkung des Schutzes des geistigen Eigentums und zur Bekämpfung der Produktpiraterie vom 07.03.1990, BGBl. I, S. 422

Rechtspflegergesetz vom 05.11.1969, BGBl. I, S. 2065, zuletzt geändert durch Gesetz zur Neuordnung des Kinder- und Jugendhilferechts vom 26.06.1990, BGBl. I, S. 1163

Strafgesetzbuch in der Fassung der Bekanntmachung vom 10.03.1987, BGBl. I, S. 945, ber. S. 1160, zuletzt geändert durch Gesetz zur Neuordnung des Kinder- und Jugendhilferechts vom 26.06.1990, BGBl. I, S. 1163

Zivilprozeßordnung in der Fassung vom 12.09.1950, BGBl. III, S. 310-4, zuletzt geändert durch Gesetz zur Erleichterung des Wohnungsbaus im Planungs- und Baurecht sowie zur Änderung mietrechtlicher Vorschriften vom 17.05.1990, BGBl. I, S. 926

Urteilsverzeichnis

BGH vom 14.07.1960	VIII ZR 174/59	NJW, 13 (1960), 43, S. 1952, 1953
BGH vom 06.11.1962	VI ZR 29/62	NJW, 16 (1963), 9, S. 389, 390
BGH vom 20.10.1964	VI ZR 101/63	NJW, 18 (1965), 3, S. 106, 107
BGH vom 20.06.1967	IV ZR 201/65	NJW, 20 (1967), 43, S. 2012 - 2014
BGH vom 14.04.1976	VIII ZR 288/74	NJW, 29 (1976), 29, S. 1315, 1316
BGH vom 28.09.1977	I ARZ 474/77	NJW, 31 (1978), 7, S. 321
BGH vom 13.07.1983	VIII ZR 107/82	NJW, 36 (1983), 51, S. 2944

BGH vom 14.07.1987	X ZR 38/86	BB, 42 (1987), 35/36, S. 2395 - 2399
OLG vom 14.11.1975	20 U 184/74	NJW, 29 (1976), S. 7

Entscheidungen des Bundesgerichtshofs in Zivilsachen

BGHZ 8/239;	BGHZ 23/340;	BGHZ 34/339;	BGHZ 38/ 71;
BGHZ 16/388;	BGHZ 34/200;	BGHZ 35/340;	BGHZ 41/311;
BGHZ 18/315;	BGHZ 34/241;	BGHZ 36/365;	BGHZ 46/278;

Verzeichnis der Geschäfts- und Verfahrensordnungen etc.

Geschäfts- und Verfahrensordnung der Schiedsstelle der Innungen für das Kfz-Handwerk/-Gewerbe, Bielefeld, Gütersloh, Herford, Lübbecke und Minden

Geschäftsordnung der Schlichtungsstelle für das Kfz-Handwerk, Hamburg

Geschäfts- und Verfahrensordnung der Schiedsstelle Rheinhessen für das Kfz-Handwerk, Mainz

Geschäfts- und Verfahrensordnung der Schiedsstelle Nürnberg für das Kfz-Handwerk

Geschäftsordnung der Schiedsstellen für das Kfz-Handwerk im Handwerkskammerbezirk Ulm, Anlage 1 zur Vereinbarung über die Errichtung einer Schiedsstelle vom 23.05.1978, S. 1 - 3

Vereinbarung über die Errichtung einer Schiedsstelle für das Kfz-Handwerk im Handwerkskammerbezirk Ulm, S. 1 - 5

Muster-Geschäfts- und Verfahrensordnung der Schiedsstelle für das Kraftfahrzeughandwerk/-gewerbe, hrsg. vom Zentralverband des Kfz-Gewerbes, Stand: Januar 1989

Rundschreiben des Landesinnungsverbands des Kfz-Handwerks Hessen vom 11.12.1978, Nr. 89

Bedingungen für die Ausführung von Arbeiten an Kraftfahrzeugen, Anhängern, Aggregaten und deren Teile - Kfz-Reparaturbedingungen 1977 -, hrsg. vom Zentralverband des Kfz-Handwerks, Stand: April 1977

Bedingungen für die Ausführung von Arbeiten an Kraftfahrzeugen, Anhängern, Aggregaten und deren Teilen und für Kostenvoranschläge - Kfz-Reparaturbedingungen 1988 -, Stand: Januar 1989

Geschäfts- und Verfahrensordnung der Schiedsstelle Bochum für das Kfz-Gewerbe

Geschäfts- und Verfahrensordnung der Schiedsstellen für den Gebrauchtwagenhandel, Koblenz

Geschäfts- und Verfahrensordnung der Schiedsstelle für den Gebrauchtwagenhandel der Mitgliedsbetriebe der Kfz-Innung Wetzlar und der angeschlossenen Innungen des Kfz-Handwerks

Leitfaden für die Gebrauchtwagen-Schiedsstellen des Kfz-Handels, hrsg. vom Zentralverband des Kfz-Gewerbes, S. 1 - 32

Antragsformblatt der Schlichtungsstelle für Textilreinigungs- und Wäschereischäden, Nürnberg

Arbeitsgemeinschaft der Verbraucherverbände e.V., Die Verbraucher-Zentralen, in: Verbraucher-Rundschau (1989), 2, S. 20 - 24

Begutachtungsantrag der Schiedsstellen für Textilreinigungsschäden, Stuttgart

Informationsblatt über die Schiedsstelle für Textilpflege, hrsg. von der Verbraucherzentrale Berlin, S. 1

Kurzbericht über die Tätigkeit der Verbraucherzentrale Berlin im Jahre 1988, hrsg. von der Verbraucherzentrale Berlin, S. 1 - 11

Geschäftsordnung des Schlichtungsausschusses der Innung für Radio- und Fernsehtechnik-Handwerk, Hamburg

Geschäfts- und Verfahrensordnung der Schiedskommission der Radio- und Fernsehtechniker-Innung, Mönchengladbach - Viersen - Neuss - Grevenbroich zur gütlichen Erledigung von Streitigkeiten zwischen Kunden und Radio- und Fernsehtechnikerwerkstätten über Reparaturleistungen

Geschäfts- und Verfahrensordnung des Schlichtungsausschusses der Innung für Radio- und Fernsehtechnik Wuppertal und Bergisch-Land

Geschäftsordnung der Bauschlichtungsstelle bei der Handwerkskammer Dortmund, Stand 12.04.1984

Gebührenordnung der Bau-Schlichtungsstelle bei der Handwerkskammer Rhein-Main, Frankfurt

Geschäftsordnung der Bau-Schlichtungsstelle bei der Handwerkskammer Rhein-Main, Frankfurt

Formblatt zur Beauftragung der Bau-Schlichtungsstelle bei der Handwerkskammer Rhein-Main, Frankfurt

Merkblatt zur Bau-Schlichtungsstelle bei der Handwerkskammer Rhein-Main, Frankfurt, S. 1, 2

Schiedsgerichtsordnung der Schlichtungsstelle für Baustreitigkeiten; Schiedsgericht der Schwäbischen Bauwirtschaft, Stuttgart

GPSR Compliance

The European Union's (EU) General Product Safety Regulation (GPSR) is a set of rules that requires consumer products to be safe and our obligations to ensure this.

If you have any concerns about our products, you can contact us on ProductSafety@springernature.com

In case Publisher is established outside the EU, the EU authorized representative is:

Springer Nature Customer Service Center GmbH
Europaplatz 3
69115 Heidelberg, Germany

Batch number: 10815964

Printed by Printforce, the Netherlands